Lucía Etxebarria

Nosotras que no somos como las demás

Lucía
Etxebarria

Nosotras que no somos como las demás

Ediciones Destino
Colección
Áncora y Delfín
Volumen 853

Diseño de la cubierta: Pablo San José
Fotografía de la cubierta: Martín Sampedro

Provença, 260. 08008 Barcelona
www.edestino.es
Primera edición: abril 1999
Reimpresiones: 1999[9], 2000[2]
Decimotercera edición: septiembre 2000
ISBN: 84-233-3121-0
Depósito legal: B. 40.207-2000
Impreso por Romanyà Valls, S. A.
Verdaguer, 1. Capellades (Barcelona)

PRÓLOGO

No son como los demás...

Cada niña o niño en el mundo nace y crece integrado en una cultura particular y desde el momento de su nacimiento las costumbres en las que ha nacido configuran su experiencia y comportamiento. Las personas se preocupan por socializar a sus hijos desde pequeños en una conducta aceptable para el grupo. Pero algunas culturas desarrollan costumbres que llegan a ser muy perjudiciales para sus miembros, de forma que, a veces, un rasgo cultural que fue valioso en un momento anterior de la historia del grupo se va elaborando y reproduciendo hasta que llega a ser socialmente contraproducente. Es lo que se conoce en antropología como *elaboración asocial de un rasgo cultural.*

En cualquier momento de la historia los intentos de cuestionar las formas tradicionales de hacer y pensar son recibidos con desprecio y/o animadversión. Es normal que en los momentos de cambio cultural las conductas que no se adecuan a las expectativas tradicionales puedan crear confusión e incomodidad. Aunque las conexiones entre los roles que adoptamos y nuestra identidad sexual –lo que sentimos que significa ser hombre o mujer– sean arbitrarias, se nos ha condicionado para que creamos que están inextricablemente unidas. Cuando cuestionamos la validez de estas conexiones rebasamos los límites de lo socialmente aceptable y nos damos de narices con la desaprobación. Lógico.

Es propio de la naturaleza humana dar por supuesto lo conocido y aprendido, lo que forma parte del universo mental cotidiano, sin detenerse a analizarlo. Pero cuando ciertos hechos dejan de darse por supuestos y se examinan a la luz de una mentalidad crítica, el resultado de confrontar los esquemas mentales heredados con la realidad dará lugar a un replanteamiento de los aspectos profundos del pensamiento social, así como a un ataque desde los sectores más conservadores dirigido hacia quien los haya cuestionado. Un análisis que ponga en tela de juicio las premisas sobre las que descansan las instituciones se enfrenta normalmente a una profunda resistencia. El cuestionamiento de las creencias, valores y formas de actuación que se han dado por buenos durante mucho tiempo supone una amenaza para la identidad y la autoestima de muchas personas, situándolas a la defensiva.

Los planteamientos y reivindicaciones del movimiento feminista, o de lo que se ha dado en llamar *post feminisno, tercera ola feminista* o *feminisno del poder* (versus *feminismo de la diferencia*), esto es, las reivindicaciones de una serie de mujeres que han crecido en una sociedad que ya asume, teóricamente pero no en la práctica, la igualdad de derechos y deberes de hombres y mujeres, constituyen un ejemplo de un universo mental puesto en entredicho tras examinar una realidad que se daba por hecho. De esta manera algunas mujeres no nos conformamos con trabajos infravalorados, infrapagados o no pagados en absoluto. Algunas mujeres estamos hartas de que nuestro aspecto importe más que nuestras acciones. Algunas mujeres no admitimos que nos llamen ninfómanas si demostramos nuestros intereses sexuales o lesbianas cuando reclamamos nuestro derecho a no satisfacer por imposición los de otros. A algunas mujeres no nos gusta que se cuestione nuestra decisión de vivir solas aduciendo que hemos sido incapaces de encontrar un hombre de verdad. Algunas mujeres reclamamos salarios iguales y guarderías subvencionadas.

Hombres y mujeres vivimos experiencias en parte idénticas y en parte distintas, y nuestra visión del mundo, desgraciadamente, está condicionada a ser diferente en función de nuestro género. A los que opinen lo contrario les recordaré que en la empresa española un 2 % de los ejecutivos de alto nivel y un 99 % de las secretarias son mujeres, que en la Real Academia de la Lengua Española hay 45 académicos y una académica, que en Europa hay 57 ministras y 515 ministros, que el 20 % de las mujeres en España sufren habitualmente malos tratos por parte de sus compañeros sentimentales, que de entre las diez mil mujeres que trabajan en nuestro Ministerio de Hacienda sólo dos asumen responsabilidades de director general, y que un aterrador 25 % de las españolas han sido violadas o han sufrido un intento de violación.

Algunas mujeres no nos sentimos a gusto en este estado de cosas. Esto no quiere decir que no nos gusten los hombres. Tenemos o hemos tenido padres, hermanos y amantes hombres, a los que queremos y respetamos. Simplemente reivindicamos un orden social más equitativo que redundaría en beneficio de todo el sistema, no sólo en el nuestro propio. No hemos venido a proclamar la lucha de sexos, sino a abrir un debate acerca de la necesidad de replantear la vigencia de unos roles obsoletos sobre lo que en nuestra sociedad se considera masculino y femenino, que lejos de ser producto de una tendencia natural son construcciones sociales destinadas a reforzar la separación artificial entre hombres y mujeres, una distancia creada para mantener una estructura de poder desequilibrada e injusta que nos perjudica a la postre a ambos sexos.

Algunas mujeres protestamos.

Y a estas mujeres está dedicado este libro.

En el principio era un libro de relatos...

Pero me he descubierto incapaz de crear un personaje y abandonarlo a su suerte, sin más, sin darle más espacio por el que moverse que unas miserables páginas. Así que las protagonistas de mis cuentos reaparecieron en otros cuentos, se conocieron, se sedujeron, intercambiaron experiencias, siguieron adelante... y al final, creo, optaron por abandonarme y se marcharon en busca de un lugar más confortable, mejor ventilado, menos negro que el universo de mis fantasías. Así que advierto al lector que estos relatos (o capítulos) deben leerse en el orden en el que están planteados, como si se tratase de una novela.

Desiderata se escribió por encargo. Por encargo de Miguel Munárriz (alias ememe), para ser más precisos. *El Mundo* estaba buscando autores para escribir unos relatos por entregas que se publicarían en el verano de 1998, y a Miguel, mira tú por dónde, se le ocurrió mi nombre para escribir el correspondiente al tema amor (entendiendo amor como erotismo, según me explicó, y no entraré aquí en digresiones sobre los diferentes significados que la palabra amor pueda tener para cada quien). La Misión que el Poder en la Sombra (alias MM) me encomendaba era la siguiente: el agente Etxebarría debía escribir un relato que tuviera exactamente cuarenta y dos páginas –ni una más ni una menos–, divididas en seis entregas de siete páginas cada una. Cada una de ellas debía constituir una entidad en sí misma, como un subcuento dentro de un cuento. Y el trabajo debería entregarse en quince días, sin retrasos.

–Pero eso es imposible, Miguel –protesté.

–¿Quinientas mil pesetas? –dijo él.

–¿Quién ha dicho imposible? –dijo Etxebarria.

Alquiler obliga.

Me las vi y me las deseé para componer la historia. Lo que quería dar a entender a través de la narración era que en nuestra vida sexual cometemos a menudo el error de interiorizar jerarquías y supuestas oposiciones para restringir la diferencia, el abanico de posibilidades, y nos obligamos a nosotros mismos a efectuar elecciones morales y eróticas antes de que hayamos sido capaces de descubrir lo que hay por elegir. Es decir, la mayoría damos por bueno lo que se nos ha enseñado sobre el sexo antes de intentar averiguar por nuestra propia cuenta y riesgo si lo que nos han dicho se adapta a lo que somos de verdad. Se trataba de un relato erótico, pero también iniciático, y por lo tanto quería que las escenas carnales fueran lo más variadas posibles. Hay pues una de sexo heterosexual, una de sexo lésbico, un trío, y mi escena favorita: la del sexo con una máquina.

El sexo con máquinas no es una fantasía exclusivamente mía (no soy tan original) y lo cierto es que existen numerosos precedentes literarios sobre el tema, desde Villiers de L'Isle Adam *(La Eva Futura)* hasta Charles Bukowski *(La Máquina de Follar)*.[1] Pero no me basé precisamente en la literatura para concebir mi diabólico artefacto. Me lo describió un amigo que aseguraba haberlo visto en Internet. En cuanto a La Rueca de Mesalina, es cierto que existen varios grabados renacentistas que la muestran (con instrucciones de uso y todo). El resto de las piezas enumeradas en Desiderata (cuya primera versión se publicó originalmente bajo el título Geometría del Deseo) han sido ya diseñadas y comercializadas, y pueden encargarse en la siguiente dirección de Internet: *www. goodvibes.com. toys/souv.html*

Me gustaría desde aquí enviar un saludo (quizá

1. Para más información véase el libro *Máquinas de Amar*, de Pilar Pedraza, publicado en Editorial Valdemar.

alguien se lo transmita, quién sabe) a los inspiradores del relato, de los que nunca volví a saber (malas jugadas del tiempo y la distancia): Abby Cooke, Grahame Foreman y Andy McMullen. La protagonista de la historia se llama Lilian en honor de una de mis mejores amigas, Lilian Nibby, cuyo cálido apoyo –vía epistolar– y comprensión durante los dos últimos años me ha servido de mucha más ayuda de la que ella cree.

Imago fue el resultado de otro encargo, que esta vez vino de la mano de Pote Huertas. Pote quería que una selección de jóvenes autores (si se entiende por joven a alguien que ya ha rebasado la treintena) escribiéramos cada uno un cuento, de tema libre, que figuraría en la antología *Páginas Amarillas*. Como siempre, el plazo que se me concedía para su redacción era francamente exiguo (por utilizar un eufemismo y no llamarle tirano al pobre Pote). Recién llegada de los encuentros literarios de Verines, escribí en apenas tres días una historia sobre mi experiencia allí, que se pretendía muy filosófica y que sólo despertó el atávico instinto marujil que bulle en el fondo de todo escritor (al fin y al cabo no somos más que vampiros de historias ajenas). A día de hoy todavía me preguntan con quién me acosté en Verines. Bien, entra dentro de lo posible que me mantuviera célibe durante mi estancia en Asturias, y en cualquier caso el protagonista de la historia no es más que un símbolo. En mi opinión las atracciones desmedidas y repentinas hacia una persona no son más que un indicativo de nuestra conciencia: buscamos en otro lo que nos falta, y también buscamos en otro una serie de características que nos recuerdan a alguien que amamos en el pasado (nuestro padre o nuestra madre, en la gran mayoría de los casos) y que ha dejado una impronta indeleble en nuestra manera de enfrentarnos a la experiencia erótica y amorosa. Los placeres son ecos, como se dice en **Mnemosina**. De modo que la anécdota del cuento no es sino una excusa para intentar explicar mi particular concepto de la pasión. Pero casi nadie lo entendió así. Luis García Martín y Marcos Giralt, entre otros, no dejaron de azuzarme para que les revelara, en plena fase etílica de la exaltación de la amistad, la verdadera identidad de Él. Desde aquí agradezco su discreción y muchas cosas más...

Fiat lux se escribió gracias a la generosísima ayuda de Nuria Navarro y su novio que me dejaron su piso en Barcelona durante quince días, para que pudiera escribir libre de agobios, de llamadas de teléfono, de inoportunas visitas de amigos y mensajeros, acosos de periodistas, etc. Nunca se lo agradeceré suficiente.

No deja de ser curioso que la mujer que inspiró (al menos en lo físico) el personaje de Carlota, y cuyo nombre tomé prestado para bautizar a la Carlota surgida de mi imaginación, no se mostrara nada satisfecha con el relato, que, según ella, era «pradista, pedante y pretencioso» (las tres pes que en su opinión descalifican una prosa). En cualquier caso, conste que yo sigo queriendo a Carlota igual que siempre y agradeciéndole en el alma que me salvara la vida en su momento. Conste también que no comparto la significación peyorativa que ella atribuye al adjetivo pradista.

La estancia en Barcelona no sólo dio para escribir **Fiat lux** sino para inspirar otro relato, **Acqua**, que surgió en mi cabeza a raíz del ejercicio. Cada mañana antes de sentarme a escribir en la mesa del comedor del piso de Nuria (lo de sentarse a escribir es un decir, en realidad me pasaba la mayoría del tiempo mirando al mar desde la cristalera), bajaba a la playa y nadaba unos cuantos kilómetros, desde la playa hasta el malecón. La historia de la chica que pierde a su hermano y lo recupera en el mar está inspirada en una que me contó Eugenia (lo siento, no sé tu apellido) una tarde en la coctelería Chicote, aunque, por supuesto, la historia narrada por mí difiere mucho de su experiencia. Ni Eugenia estuvo nunca enamorada de su hermano ni tuvo que aguantar una familia como la que yo he descrito. En realidad el cuento trataba de exorcizar dos de mis obsesiones: la fijación por el mar, presente en gran parte de mi (escasa) narrativa, y la imposibilidad de borrar de la memoria el trauma que representa la muerte inesperada de los seres queridos. He querido rendir un homenaje a través de este cuento a tres de mis grandes amores: Carlos Ackerman, que murió con las patillas puestas; William Sinnot, que se fue en el mar; y Miguel Zamora, que falleció este mismo año y que amén de un amigo incondicional, un modelo de modales, discreción y buen gusto y un encanto de persona, fue una de las personas que me enseñó a escribir lo poco que sé. El hermano de Susi combina rasgos de los tres.

En cuanto a **Visio Smaradigna**, se construyó a partir de otro encargo: un reportaje para una revista femenina sobre vídeos eróticos (eróticos, no pornográficos). Esto es, sobre esos vídeos que, disfrazados bajo el apéndice «para parejas» como guías de aprendizaje sexual, constituyen en realidad productos porno softcore pensados para que las mujeres puedan comprarlos sin los remordimientos que la adquisición de una cinta X les supondría y sin tener que sufrir la humillación de visitar una sex shop (territorio masculino, por lo general). No le deseo a nadie la tortura que supone el visionado obligado de diez vídeos de ese jaez (gracias Cobos, que estuviste a mi lado). Pero algo aprendí: la poca idea que tiene el común de los mortales sobre la naturaleza real de la fantasía erótica femenina. Al respecto quiero incluir el comentario, enviado vía e-mail desde Berklee por Félix Pastor.

> «Gracias por el cuento. Más fácil que el otro[2] excepto al final donde hay un momento en el que parece que sea Elsa la que cuenta la fantasía y no Raquel. Por un momento pensé que harías que Raquel y Elsa fueran dos caras de una misma persona. [...]
>
> [...] Es curiosa la referencia que haces a Charles Dickens. Yo lo recuerdo siempre como el escritor más deprimente (en cuanto a historias, no a entorno... para eso está Kafka) pero a la vez más delicado. Un día se lo comenté a mi padre y me citó una frase de G. K. Chesterton que sale en el prólogo de Hard Times. A lo mejor entenderla es lo que le falta a Raquel: "Dickens was capable of Loving all men; but he refused to love all opinions. The modern humanitarian can Love all opinions, but he cannot Love all men; he seems sometimes, in the ecstasy of his humanitarianism, even to hate them all".
>
> Como dicen aquí, Food for thought ¿no?»

2. Se refería a Mnemosina.

Dicho queda. No añado comentarios excepto que es obvio que Elsa y Raquel son dos partes de la misma persona. Las cuatro protagonistas son cuatro partes de la misma persona.

Algunos de los lectores reconocerán **Alexitimia** y **Feniletamina** porque publiqué versiones extractadas en el suplemento dominical *El Semanal*. Recibí, por cierto, montones de cartas de mujeres que me explicaban que se habían sentido muy identificadas con lo que contaba. Por esa razón me decidí a corregir y a ampliar lo que en principio no eran sino borradores de ideas.

Vagina Dentata (cuya primera versión también apareció en *El Semanal*, y cuya segunda se publicó en la antología *Historias de Mujer* bajo el título «Bricolage Casero») recibió muchas críticas. Hay quien no lo entiende. Para facilitar su comprensión me veo en la obligación de explicar, para aquel que no lo sepa, que S/M significa sadomasoquismo, igual que X significa pornográfico. E incluyo aquí unas líneas extraídas del Libro de Pat Califa *El Don De Safo*, publicado en la editorial Talasa, que espero ayuden a la comprensión del cuento:

> *«Atar a tu amante es seguramente uno de los juegos sexuales más conocidos y de los que menos se habla. Para las mujeres que asocian el dominio físico con la esclavitud en su sentido literal este tipo de prácticas no supone una forma de excitación. La clave del juego reside en tener temporalmente a tu amante a tu disposición, no en convertirla en un objeto de tu propiedad. La frase "a tu disposición" implica que debe haber un alto grado de sensibilidad y consideración en el juego para que pueda funcionar.*

Antes de atar a tu compañera o impedir sus movimientos hay una serie de simples precauciones que se deben tomar: ten cuidado con las muñecas o los tobillos. Es buena idea poner una toalla o un pañuelo alrededor de estas articulaciones y atarla por encima de ellos. Hay que tener cuidado de que la presión no sea tan fuerte que haga que se duerman los brazos o las piernas. La parte sometida debe mover las articulaciones para mantener una buena circulación en las extremidades y hacer saber a su dominadora si las siente dormidas o frías. Hace falta comprobar que los nudos se pueden deshacer fácilmente y que hay algún objeto al alcance de la mano para cortar las cuerdas en caso necesario. Se deben evitar las cuerdas de nylon porque tienden a deslizarse, cerrando demasiado los nudos. El hilo de fibra es excelente [...].

Algunas mujeres tienen un tipo de fantasía esclavista que requiere una postura determinada (atada de pie a una cama con los brazos extendidos, o una forma determinada de sujeción). Las cadenas y el cuero pueden tener un valor erótico mayor que la cuerda de algodón o quizás prefieran la seda. No hace falta que la cama tenga cuatro enganches en su estructura para poder atar a alguien. Es posible hacerlo a las patas o a los ganchos que se pueden encajar en un marco de madera, en el somier o incluso en el suelo, a una barra alta que se pueda poner en el marco de la puerta o un garfio discreto con carácter ornamental (que se pueda esconder colgando una planta). Puede también utilizarse para esclavismo en posición vertical. [...]

Otra forma de sujeción que permite gran libertad de movimientos es el collar y la correa, que se pueden adquirir por muy poco dinero en cualquier tienda de animales. [...] Si decides usar cualquier cosa que cierre, comprueba que tienes la llave a mano antes de encajarla. Si tus fantasías implican el uso de cadenas y cierres, utiliza un grupo de candados que se abran todos con una sola llave. Varios candados con sus propias llaves pueden presentar complicaciones en el calor de la pasión.»

Por último me toca hablar de **Stigmata**, que yo consideraba, en principio, más que un relato, una *nouvelle*. Tanto Carlos Pujol como Lola Beccaria (que amén de ser una gran amiga es una gran escritora y una gran crítica) abogaban por suprimirlo, o al menos por cortarlo. Sin embargo yo insistí en mantenerlo tal y como estaba porque me parecía que ilustraba el eterno conflicto al que nos vemos enfrentadas muchas de las mujeres de mi generación: la incapacidad de conciliar las aspiraciones que se nos han inculcado por educación (una pareja estable, matrimonio, niños) con la certeza de que dichos roles y estructuras, planteados como el sostén ideológico para el mantenimiento de la unidad de producción tradicional (familia nuclear compuesta de padre proveedor, madre distribuidora e hijos), quedan obsoletos ante la lógica (o ilógica) cultural del capitalismo tardío. También intento plantear el conflicto de las mujeres disidentes, aquéllas que por una cuestión de temperamento, inteligencia, curiosidad sexual o cualquier otro factor de su personalidad, se sienten incapaces de encajar en el modelo tradicional de feminidad. Se pretendía que el relato ofreciese una visión crítica de la familia como institución clave para el mantenimiento de la superestructura burguesa. En cualquier caso, el lector que coincida con Carlos y Lola en que el relato es lento y aburrido (por no decir intragable), cuenta con mi permiso explícito para leerlo en diagonal, siempre que lo lea, pues si no no podrá comprender detalles del resto del libro.

En el manuscrito original cada cuento iba introducido por una o más citas. Finalmente me decidí presentarlos desnudos, pero no me resisto a incluir las que precedían a **Stigmata**.

Qui a deux femmes, perds son âme; qui a deux maisons, perds sa raison.

Proverbio francés.

«For generations women have talked and written and theorized about their problems with men. But theories about patriarchy tumble from abstraction when you wake up next to it in the morning. Dennouncing men opression clashes with wanting them anyhow. From playgrounds to consciousness-raising groups, from sufragette parades to prochoice marches women have been talking their way through this contradiction for a long time [...].

Heterosexual desire inevitably raises conflicts for the passionate feminist, and it's not an issue easily evaded. Sooner or later feminism has to adress the man question. But is more than just a practical question of procreation, more than the well worn translation of personal into political. It's also a question for the abstract, the ideological, the furthest reaches of the feminist imagination.»

Katie Roiphe. *The morning after.*

«Podemos ver en el conflicto de G. el paradigma de la relación de la mujer moderna con su propia pasión. G. sentía una profunda vergüenza por la intensidad de su lascivia y por la forma en que su presión la impulsaba a un comportamiento que sentía indigno de sí misma [..]. Como en el caso de tantas mujeres en la actualidad, el dominio de su propia persona, la claridad y el control constituían su ideal femenino. De modo que cuando veía los extremos a los que le llevaba su deseo no podía por menos que considerar fraudu-

lento su yo visionario y analítico (...) Lo que crea en nosotras este reflejo de animosidad es una proyección de nuestra propia incapacidad para integrar la urgencia –incluso la necesidad– de una pasión sexual con la fortaleza del carácter femenino.»

Naomi Wolf. *Promiscuidades.*

Por otra parte me gustaría agradecer la inestimable colaboración de tantas mujeres que no son como las demás y que me han ayudado y han estado a mi lado a lo largo de este año de pesadilla: mi madre, que siempre se pone al teléfono no importa a la hora que llame; mis hermanas, que me quieren mucho a pesar de todo; Susi Marqués que me acoge en su casa como buena samaritana; Pilar Mateos que me ha encaminado por la dura y difícil senda de la autoaceptación; Pilar Lucas que ha aguantado como una bendita mis neuras, mis inseguridades y mis arrebatos de mal humor; Pilar de Haya, como siempre; Shangay Lily que me prestó su colchón, Silvia Uslé, Gemma, Gracia y Ángeles, Ana María M. que tanto me animó, y Raquel Llopart que me acompañó a Andorra y que inspiró, al menos físicamente, el personaje de Raquel.

Y de los que no son como los demás: padre y hermanos, Antonio Dyaz, que diseñó mi página de Internet megakitsch *http://www.teleline.es/personal/luciaetx*, Luis José Rivera, por lo de siempre, Pedro y Juan Pedro, por acogerme en Altea y hacerme comiditas, Pepo Fuentes por mimar a la Cuca y todo lo demás, Joseba Garitano que me asiló en Vitoria, a Pablo (¡Superartista!) por la portada, a Antonio Soler por las risas en Málaga y a Rafael Pérez Esparza por explicarme el significado de la palabra Tenebrátula, a Santiago Torres por celestinear, a Pedro Villora por corregir mis laísmos y mis leísmos y mis redundancias y ..., a Bubu y Lamata, a Alvarito... Spaulding me arruinó la vida y precisamente en estos momentos no creo tener mucho que agradecerle, pero debo reconocer que sugirió, aunque sin saberlo, el título del libro.

Y a todas y todos los demás que no incluyo pero que saben cuánto les quiero. ¡Tampoco era cuestión de copiar la agenda!

DRAMATIS PERSONAE

RAQUEL LÓPEZ MARQUÉS: 25 años. Licenciada en Bellas Artes. Considerada una de las modelos más relevantes de la última hornada, ha sido portada de las ediciones españolas de *Elle*, *Vogue* y *Marie Claire*.

ELSA GUERRERO BAWCUTT: 28 años. Doctorada en Filología Inglesa. Ha publicado su tesis de fin de carrera, un ensayo sobre *John Milton: El viaje interior y el paraíso perdido*, así como una novela, *La más fatal de las mujeres fatales*, que constituyó un *succès d'estime*, esto es, que fue muy calurosamente aclamada por la crítica pese a su más que modesto éxito de ventas. Trabaja como correctora, traductora y como articulista en diversos suplementos culturales.

ASUNCIÓN (SUSI) GARDELA ROCAFORT: 30 años. Licenciada en Derecho. Trabaja en el departamento de asesoría fiscal de una conocida multinacional americana. Excelente deportista, nada a diario.

MARÍA RUBERT DE BERNAUS USLÉ: 31 años. Licenciada en Empresariales, habla a la perfección el inglés y el francés y domina el italiano a nivel conversación. Jefa de marketing de la multinacional previamente citada.

FENILETILAMINA

Euforia. Tormento. Noches en vela. Días inactivos. Sueña despierta delante del ordenador. Se olvida el bolso en el supermercado. Sigue de largo donde debería doblar. Habla en voz alta mientras camina sola. Planea lo que le diría, o lo que debería haber dicho. Lo que le dirá en un próximo encuentro. Corre riesgos estúpidos. Dice tonterías. Se ríe demasiado. Habla de lo que no debe. Revela secretos. Pasea de madrugada. Algo que dijo él aún le resuena en los oídos. Ve su sonrisa si cierra los ojos. Atesora las entradas de las películas que vieron. ¿Qué pensaría del libro que está leyendo? Un perfume despierta un sinfín de recuerdos. Una canción le provoca sollozos. Llora un promedio de cien lágrimas diarias. Y duerme, calcula, unas cuatro horas por noche.

«*Esta violenta perturbación emocional (desórdenes de la atención, conexiones intrusivas, hipersensibilidad y exaltación, cuadros de ansiedad) se inicia en una pequeña molécula llamada feniletilamina (FEA), que se encuentra al final de algunas células nerviosas y ayuda al impulso de saltar de una neurona a la siguiente. Es una anfetamina natural que se acumula en el sistema límbico, el centro emocional del cerebro. El sentimiento de amor* –lee– *puede resultar de la inundación de FEA y otros estimulantes na-*

turales que saturan el cerebro, transformando los sentidos y alterando la realidad.»

Pierde el apetito, pero a veces asalta la nevera a las seis de la mañana. Cree reconocerlo en la oscuridad de los bares y luego se da cuenta de que se ha equivocado. Escribe su nombre en servilletas sucias, y le tiemblan las manos si descuelga el teléfono. El pulso de la sangre resuena en los oídos. Una llamada podría abrir las puertas del cielo. El grifo de la ducha se queda siempre abierto. Acaricia a los niños en el autobús y a los perros sarnosos que cruzan las aceras. Si camina a su lado, siempre piensa que cae y tiene que recordar cómo diablos se camina. Se cambia de ropa delante del espejo setenta y siete veces antes de cada cita. Se descubre imitando gestos que le ha copiado. Repitiendo sus frases en las conversaciones.

«Tras algunas semanas de administración de inhibidores de la MAO –lee–, *un hombre perpetuamente enfermo de pasión comenzó a tomar con más calma sus relaciones de pareja y pudo incluso vivir solo con bienestar. Aparentemente ya no anhelaba la respuesta de FEA. Este paciente hacía años que estaba en terapia. Sin embargo parece que hasta que no se le administró ayuda química fue incapaz de aplicar lo que había descubierto debido a su irrefrenable respuesta emocional.»*

Bebe demasiado. Come chocolate. Deja las llaves puestas en la cerradura. Cuando duerme sola se abraza a la almohada. Sopesa cada instante del tiempo compartido. Se sabe de memoria su talla de jersey. De pantalones, camisas, calcetines y botas. Llama a su casa cuando sabe que no está. Paladea su voz en el contestador. Le obsesiona el color de su ropa interior, y se pone una falda, la primera en un año. Enumera sus fallos para no idealizarlo. Y acaba por pensar que iluminan sus virtudes. Nada setenta largos. No para a descansar. Intenta pensar sólo en las brazadas y el agua. Sale tiritando y no consigue olvidarse. Lee libros de autoayuda que no le gustarían. Con las novelas tristes llora a moco tendido. Habla sola en el metro, o con desconocidos. Se ha pintado de negro las uñas de los pies. Nunca llega a tiempo a una sola cita. Grita como una loca bajo el chorro del agua. Al menor de sus gestos se le congela el pulso. Escribe cartas absurdas que nunca le ha enviado. Redacta tonterías sin pies ni cabeza. Sospecha que la química no haría nada por ella.

ACQUA

En el pueblo del padre de Susi decían algo así como que el hombre que no sabe bailar y no sabe nadar, no sabe follar. ¿O lo decían de la mujer? En cualquier caso, a Susi la experiencia en el campo amoroso le ha demostrado que la proposición es cierta, y por razones obvias. En las tres actividades se necesita coordinación, ritmo y resistencia.

Bailar es una actividad sexual, es la antesala o la metáfora del sexo. Nadie lo duda, y, de hecho, en los primeros asentamientos calvinistas el baile estaba prohibido, de la misma manera que cinco siglos después se prohibió que las cámaras de televisión retransmitieran los movimientos de cadera de Elvis Pelvis. Al fin y al cabo, etimológicamente, *rock & roll* significa follar. O eso significaba en slang negro de los años treinta.

Nadar también es un acto sexual, aunque a nadie le parezca tan obvio. Que Susi sepa, nadie ha prohibido la natación por considerarla un acto susceptible de provocar escándalo público. Pero el subconsciente colectivo está lleno de imágenes relacionadas con el agua. La inmersión en el agua significa la regresión a lo preformal, y de ahí que la idea del agua, del bautismo, implique tanto la Muerte como el Renacimiento. Algo así como que el hombre viejo muere por inmersión en el agua y da lugar a uno nuevo, regenerado. El Mito de las Aguas de la Muerte es tan antiguo como el hombre y se explotó en numerosas versiones por la tradición judía, ya se sabe: el Diluvio, la Ballena de Jonás, el Dragón Behemoth que habitaba en el Jordán... siempre el agua como cambio, como paso de un estadio a otro (Susi lee mucho, quizá para compensar lo rutinario de su trabajo). Al fin y al cabo, venimos del agua, no del polvo. Durante nueve meses nadamos en agua, y cuando finalmente llegamos al mundo exterior, lo hacemos arrastrados por una corriente de agua, la contenida en el vientre de nuestra madre para proporcionarnos un entorno seguro y acogedor. En cierto modo, todos somos anfibios. O lo hemos sido.

La gente acostumbrada a nadar en mar abierto podría confirmar que se trata de una de las experiencias más sensuales que existen, y que muchas veces el placer que proporciona supera al del verdadero acto sexual, porque, seamos realistas, el acto sexual no siempre es placentero, y muchas veces se convierte, al menos para Susi, en un auténtico aburrimiento, por no decir tortura. Y, en otras ocasiones, aunque no sea tan horrible, tampoco es maravilloso. No es más que una especie de compensación: algo que se intercambia por afecto, compañía o amistad.

Como el sexo, el ejercicio físico exige una cierta resistencia al cansancio y al dolor. Como en el sexo, superado cierto umbral el dolor y el placer se confunden. De la misma manera que a la mañana siguiente de un buen polvo Susi es incapaz de recordar cómo demonios pudieron hacerle todos esos cardenales, la tarde que sigue a la mañana en la que ha nadado varios kilómetros Susi no alcanza a comprender por qué tiene tamañas agujetas, si lo cierto es que cuando nadaba no se sintió cansada en ningún momento. Normalmente, sólo se siente mal en el momento en el que pisa la playa. Es entonces cuando advierte que se ha excedido. Pero no le importa. El mar es su amante.

Y estaría dispuesta a morir por él.

El mar le acaricia todo el cuerpo como ningún ser humano podrá hacerlo nunca. La acoge, la envuelve y la tranquiliza. La balancea, la arrastra, juega con ella. Le lame los pezones y consigue ponérselos de punta mientras las olas le besan todo el cuerpo, y a cada patada que Susi da para avanzar, el agua que viene y va se desliza entre las piernas como la lengua de un amante experto. La mima, la duerme, la saca de sí misma (el cansancio y el efecto narcótico del agua le hacen trascender más allá de su propio cuerpo) y la vuelve a llevar hasta ella misma, a lo que era antes de nacer, antes de que el mundo la convirtiera en un ser perverso y socializado, más preocupado por la opinión de los otros que por sus propios y básicos deseos.

Desgraciadamente el mar es un amante caprichoso, que no se deja seducir en invierno. A partir de septiembre se muestra irascible y frío y no la deja entrar en él. Susi sabe que podría arrastrarla en una de sus mareas, vapulearla airado y luego lanzarla contra el rompeolas igual que un niño enfadado con su madre estamparía un juguete contra la pared. Sabe que podría matarla, congelándola. Sabe que es neurótico y ciclotímico y que necesita tiempo para sí mismo. Se lo concede porque lo ama y por tanto lo respeta, así que en invierno nada en una piscina.

Pero la piscina, pese a ser una amante atenta y servicial, nunca será su primer amor. En primer lugar es sosa y predecible. No es vivaz ni imaginativa, no propone nuevos juegos, no sorprende con reacciones inesperadas, no hace vibrar con cambios en el humor o la calentura. Su superficie es siempre lisa y uniforme, su temperatura constante. Y, para colmo, es limitada. Cuando Susi mira a su alrededor, entre largo y largo, no se siente, como en el mar, rodeada por una inacabable manta azul; al contrario, siempre se encuentra con esas horribles cuatro fronteras de hormigón que le recuerdan que todo su juego se va a limitar a nadar cincuenta metros y deshacer el camino andado, nadar cincuenta metros y deshacer el camino andado, nadar cincuenta metros y deshacer el camino andado, y así hasta que Susi dé por terminada la sesión y se despida de su pequeña prostituta (porque, por mucho que la avergüence reconocerlo, no tiene más remedio que admitir que está obligada a pagar por entrar en ella), satisfecha pero no saciada, y, desde luego, jamás enamorada. Nunca será lo mismo nadar en ese sucedáneo aséptico y controlado que hacerlo en mar abierto. Follar por necesidad, en una relación constrictiva y limitada, es muy diferente a hacerlo por amor, en un acto libre.

Susi teme a su amante en la misma medida en que lo ama. Confía en él en la misma medida en que lo teme. Teme el día en que pueda cambiar, puesto que la tiene a su merced, y Susi depende de que él se mantenga como es, que siga siendo la brújula que la guía. El día en que, por la razón que sea, deje de serlo, estará perdida.

Y lo sabe.

Porque cuando está dentro de él le pertenece. Y si él decide cambiar de humor, si decide sorprenderla con una marea repentina, un oleaje imprevisto o un remolino inesperado, la tendrá a su merced. Por eso el mar es su verdadero amor, y no la triste piscina.

Porque no existe el amor sin entrega y sin riesgo.

El primer amor de Susi fue su hermano. No sabría decir ni cómo ni cuándo empezó a amarlo. Supone que sería en la primera infancia, aunque eso no consiga recordarlo. Los dos hermanos vivían en cuartos separados y en mundos separados. A él lo vestían de azul y a ella de rosa. A Susi no se le permitía dormir con él, ni abrazarlo durante demasiado rato, ni besarlo en la boca, ni verlo desnudo. Nunca lo vio desnudo, según cree recordar, porque ni siquiera le permitían entrar en el cuarto de baño si él estaba allí, fuera lo que fuese lo que estuviera haciendo. No recuerda muy bien si lo quería entonces, o si era consciente de quererlo. Su hermano era un niño cinco años mayor que ella, un príncipe destronado que disfrutaba arrancándoles la cabeza a las muñecas de su hermana y maltratando a la propietaria de las decapitadas en cuanto encontraba la menor oportunidad. Susi vengaba las afrentas acusándolo a su madre, la madre le pegaba un cachete al hermano, el hermano acumulaba un poco más de odio, y vuelta a empezar. En cuanto la madre se diese la vuelta, el hermano volvería a pellizcar a la hermana, a tirarle del pelo, a pegarle, a intentar arrebatarle la muñeca, y Susi volvería a quejarse a la madre, hasta que la pobre señora, harta, les arrease un bofetón a cada uno (no a él, sino a los dos, Susi incluida, pobre Susi que no había iniciado la pelea, que no tenía ni arte ni parte en el asunto, que sólo quería jugar a las muñecas y que la dejaran tranquila), y los mandara a cada uno a su cuarto, los dos llenos de resentimiento, él porque ella le había quitado el puesto de rey de la casa y ella porque él la pegaba y porque la madre no la defendía y ni siquiera le daba la razón. Y así crecían los dos llenos de odio: el uno hacia el otro, los dos hacia la madre.

Años después, él se convirtió en un adolescente guapo e ingenioso, hinchado de una vitalidad que fulguraba a través de su cuerpo delgado como una especie de resplandor, y alumbrado por una sonrisa radiante e insensata, descaradamente artificial y sin embargo convincente; un chico de belleza angulosa e indescifrable, infinitamente más atractiva que perfecta, que jugaba al fútbol y fumaba porros y al que las chicas llamaban constantemente, y Susi, que sólo tenía once años y que estaba condenada a llevar un horroroso uniforme azul y blanco de lunes a viernes y unas coletas tensas como una soga, se moría de celos imaginando las cosas que él haría cuando saliera de casa, en la calle, lejos de la mirada vigilante de los padres, en un territorio libre y feliz al que a Susi no se le permitía escapar.

Cuando Susi cumplió doce años –él tenía dieciocho– cayó en la cuenta un día, de repente, de que se había enamorado. Nadie tuvo que explicarle qué era el amor, no tuvo que comparar lo que le estaba sucediendo con ninguna emoción retratada en libros o películas, porque lo sentía crecer dentro, invasivo e inmenso, absoluto. Él era muy, muy guapo, moreno, con una cortina de flequillo lacio cayéndole sobre los ojos verdes, alto, atlético y musculoso, y tenía un gran éxito social, y era simpático e inteligente... y la despreciaba abiertamente, claro (y tal vez fuese eso lo que más le gustaba a Susi). Seguía peleándose con su hermana, igual que antes, pero los pescozones y los empujones habían cambiado de naturaleza y ahora se trataba de peleas encarnizadas. Se peleaban sobre la cama, siempre la cama de él, dándose de puñetazos. Él la sujetaba contra el colchón y ella se defendía como podía: mordiscos, patadas, pellizcos, tirones de pelo... Por supuesto, Susi no tenía ninguna posibilidad de vencerle: él era mucho más grande que ella, y suerte tenía aquella niñata de que su hermano no abusara de su fuerza. Al cabo de una media hora, él siempre acababa por dejarla escapar y entonces Susi se escabullía hasta su cuarto, silenciosa y rápida como una lagartija. Atesoraba con fervor los vestigios de aquellas batallas, los cardenales y los arañazos, y se los examinaba detenidamente en el espejo, orgullosa como una amazona, los contaba uno por uno y mentalmente anotaba su emplazamiento exacto y sus dimensiones, variables como el nivel del agua, porque para su desgracia los cardenales perdían gradualmente su color –una gradación cromática que incluía el violeta, el amarillo, el gris y a veces incluso el verde– y la línea de los arañazos se iba suavizando y diluyendo hasta no ser más que una sombra. Y siempre volvía a por nuevos arañazos y nuevos moretones. Y él siempre reanudaba la pelea, por mucho que supiese que la batalla era absurda, que él era mucho más fuerte, que podía inmovilizarla con un solo movimiento de su brazo, que habría bastado con que él pusiese el antebrazo en el cuello para impedirle respirar y allí se habrían acabado las peleas, y podría haberlo hecho, claro que podría haberlo hecho, pero no lo hacía, jugaba a dejarle pelear, a alargar la cosa, a fingir que Susi tenía alguna posibilidad, si no de vencerlo, si de aguantarle los ataques diez o quince minutos, y le dejaba jugar porque, aunque ninguno de los dos lo supiera, aunque no hubiesen podido reconocerlo nunca, había algo sexual en el asunto, en el sudor y los revolcones, que lo hacía adictivo.

El padre ya se había divorciado de la madre para entonces y vivía en otra casa y en otra ciudad. Lo veían poco, unas dos o tres veces al año, y sus desesperados esfuerzos por parecer cariñoso y cercano resultaban patéticos, dado que nunca lo había sido cuando vivía en familia. En casa, el hermano aseguraba que no tenía nada de que hablar con él, que ya estaba demasiado mayor como para que el padre lo llevara al cine o al parque de atracciones, ahora que le había dado, tarde, por ejercer de progenitor comprensivo y proponerle semejantes chorradas, pero estas cosas jamás se las decía a su padre a la cara, porque el señor seguía enviando puntualmente el dinero que pagaba la carrera de Empresariales de su hijo, aunque no estaba obligado a hacerlo puesto que el chico ya había cumplido los dieciocho, y eso el hermano lo sabía muy bien, y como no le interesaba jugarse la carrera por una cuestión de orgullo, se tragaba las palabras. En cuanto a Susi, albergaba dentro un complicado entramado de recuerdos y sensaciones: temía al padre y no olvidaba sus gritos ni sus pataletas, como no olvidaba los sudores fríos que había sentido aquella lejana ocasión –tendría Susi ocho o nueve años– en la que yendo a comprar el periódico en el coche un domingo por la mañana, advirtió cómo la mano del padre avanzaba en horizontal desde la palanca de cambios hasta la rodilla de la niña, y luego en vertical, subiendo por el muslo, por debajo de la falda, hasta las bragas, y todo aquello sin desviar la mirada de la carretera, como si no estuviera pasando nada, como si lo más normal del mundo fuera que un padre le metiera mano a su propia hija mientras iba a buscar los mismos cruasanes que se servirían para el desayuno en la mesa familiar. O quizá sí fuese así, quizá fuese lo más normal del mundo, quizá todos los padres lo hacían, qué podía saber Susi de eso, qué podía sino intuir, y sólo intuir, algo de raro en la maniobra, y en cualquier caso le tenía tanto miedo al padre, a aquel señor que por todo gritaba y protestaba y cuya voz de tornado hacía temblar las paredes de la casa como para no protestar ni preguntar, ni mucho menos contárselo a nadie.

Bueno, pues aquel padre vivía en otra ciudad, con otra mujer, y la madre se pasaba los días encerrada en su habitación sin hablar con nadie. Si él no había sido nunca cariñoso, no mucho más podría decir de ella. Probablemente a ninguno de los dos les gustaban demasiado los niños y los tuvieron por lo mismo que se casaron: porque era lo que había que hacer. El padre tuvo que casarse con la madre para poder acostarse con ella (porque ella llegó virgen al matrimonio, o al menos eso repetía cada vez que alguien le daba la más mínima oportunidad, quizá porque era el único gesto del que se podía sentir orgullosa en su tediosa y estéril vida) y la madre tuvo hijos porque ni sabía lo que eran los anticonceptivos (también se ocupaba de repetir que en sus tiempos no se podía comprar la píldora, como si eso sirviera de eximente para justificar el hecho de haber concebido y parido a esos dos seres a los que no acababa de entender), ni se le había pasado por la imaginación que una mujer casada pudiera no tener hijos. Cuando Susi piensa en todo eso no se atreve a analizar demasiado la frágil y enmarañada red de sentimientos que unía a la familia, pero sabe que si bien ella quería a su hermano con locura, no había aprendido la manera de hacérselo saber, y si él alguna vez la quiso, y ella cree que la quiso, es más, está casi segura de que la quiso tanto como ella a él, tampoco habría podido decírselo nunca, porque las manifestaciones del amor se aprenden y se imitan, y no se puede expresar cariño cuando uno nunca ha visto cómo se hace.

Susi lo quería, claro; claro que lo quería, y lo deseaba, y fantaseaba con la idea de dormir con él, pero sólo imaginaba, por supuesto, porque daba por hecho que si se metía en su cama de noche él la haría salir de allí de un bofetón, y es que no era lo mismo jugar a pelearse que dormir en la misma cama como un matrimonio, y eso hasta Susi lo entendía, a pesar de su total ignorancia en cuanto a sexo. Pero a veces pensaba que era muy posible que lo que había hecho su padre lo hiciesen todos los hombres, y que si su hermano le pusiese la mano en la rodilla se vería inevitablemente obligado a avanzar y seguir hacia arriba y entonces Susi no cerraría las piernas como había hecho en el coche, con el padre. Y en pensar y pensar se le iba a Susi la cabeza y nada sucedía, porque además Susi sentía la mirada de la madre, siempre alerta como un faro, y a la que Susi tanto temía, tanto como al padre, aunque de una forma muy distinta, porque la madre no gritaba, sólo apretaba los labios y se encerraba en su cuarto, y entonces no hacía la comida o no llevaba a los niños al colegio, y no les daba siquiera dinero para el autobús, y Susi odiaba tanto tener que ir al colegio andando en una caminata de cuarenta y cinco minutos, y odiaba tener que comer la fruta que había en la nevera (la madre les tenía prohibido a los niños cocinar, ni hacerse siquiera un huevo frito, ya que no soportaba la visión de su cocina, su territorio, su reino, invadida por fuerzas extrañas), y Susi temía y odiaba y quería a la vez a su madre, y sabía, sin entender bien cómo ni por qué lo sabía, que su madre no estaba bien de la cabeza, que no le había sentado bien ni vivir con su padre ni dejar de vivir con él, Susi asumía eso, igual que daba por sentado que la madre odiaba el sexo, porque cada vez que el tema se mencionaba se ponía nerviosa y decía que de eso no se hablaba, y ¿cómo no se iba a mencionar el tema, si el tema que no se debía mencionar estaba omnipresente allí fuera, en las películas y en los vídeos, y en los anuncios, y en la radio y en las conversaciones de las otras niñas del colegio que se dejaban tocar y besar por otros chicos que no eran más que eso, chicos, y no eran ni su padre ni su hermano? La madre odiaba el sexo, de la misma manera que odiaba al padre cuyo nombre ya no se mencionaba en casa, y, por lo tanto, más le valía a Susi no pensar siquiera en aventurar una incursión nocturna a la cama del hermano, porque entraba dentro de lo posible, quién sabe, que el hermano no le diera un bofetón, que se comportara como el padre, pero no entraba dentro de lo posible que la madre llegara a comprenderlo, y tampoco entraba dentro de lo posible que la madre no se enterase, porque siempre estaba por allí, espiando, acechando, rebuscando en la cartera de Susi y en su mochila, asomando la cabeza por los marcos de las puertas cuando Susi menos lo esperaba y escuchando sus conversaciones telefónicas.

Hubo una oportunidad, la hubo, muchos años después, cuando Susi tenía dieciséis años y él veintiuno, y ya se habían acostumbrado los dos a los doctores de la madre y a sus pastillas y a sus lloreras y a sus crisis de nervios. Aquella vez, según alcanza Susi a recordar, se había desencadenado una bronca a cuenta de la falda del uniforme del colegio, demasiado corta según la madre, aunque eso, argumentaba Susi, era más culpa de la madre que de nadie, porque era ella la que no había querido comprar una falda nueva, y luego siguieron peleando como siempre, la madre venga a llamar a la hija zorra desagradecida y la hija a decir a la madre que era una histérica y una loca, lo de siempre, una escena aburrida a fuerza de repetida y predecible, una disputa que no llevaba a ningún lado, inútil y colosal como una ballena encallada, como si se ajustasen a un guión acordado de antemano, cuando, de repente, la madre sacó un cuchillo de un cajón, visto y no visto, un cuchillo enorme de ésos de cortar el pan, y antes de que Susi pudiera darse cuenta ya tenía la punta del cuchillo en la garganta y a una madre vociferante agarrando el mango, y a un hermano no menos vociferante sujetando a la madre, y una escena digna de película italiana que se había montado de repente en la cocina. Y después de que el hermano consiguiera placar a la madre, hacerla caer al suelo e inmovilizarla, después de calmarse y dejar de gritar, cuando ya sólo sollozaba e hipaba, después de que el hermano llamara por teléfono a la hermana mayor de la madre, apareció al cabo de un rato aquella señora bigotuda a la que siempre habían llamado tía, acompañada de su marido y de otro señor –un médico psiquiatra, según supo Susi más tarde– y cuando consiguieron calmar a la madre y meterla en la cama con una pastilla para dormir, la tía y su marido se encerraron con el hermano en la cocina, y fuera lo que fuera lo que les contara el chico, el caso es que al día siguiente la tía acabó por convencer a la madre de que necesitaba un tiempo fuera de casa, y tras de que la tía, tan madura ella, tan controlada, tan mujerona, tan en su papel, les explicara a los dos adolescentes que debían ser tolerantes con la madre, e intentar entenderla y perdonarla porque el divorcio la había afectado mucho, se la llevó, gracias a dios, se la llevó de vacaciones para lo que serían quince larguísimos y hermosos días, quince días de paz y tranquilidad, no sin antes hacerles prometer a los hermanos que serían buenos y que no traerían gente a casa, y a Susi que sería dócil y sensata y que no llegaría tarde al colegio un solo día (porque como la tía se enterara se le podía caer el pelo), y al hermano que sería justo y responsable, y que cuidaría de la pequeña, y que no traería chicas a casa, y encomendarles encarecidamente a ambos a que se comportaran, en suma, como los hijos buenos y obedientes y amantísimos que no eran.

Y pudo haber sucedido durante aquellos quince días en los que convivieron a solas, sin los ojos siempre vigilantes y perseguidores de la madre, pero no sucedió. El hermano ni siquiera hablaba a Susi si no era a gritos. Se comportaba como lo hicieran en su día el padre o la madre, poniéndose histérico por las cosas más nimias y más absurdas, tonterías como que Susi se dejara la puerta del microondas abierta o hablara más de cinco minutos por teléfono. Y cada mañana, para colmo, a Susi le tocaba encontrarse con una chica en la mesa del desayuno, una chica que había dormido con el hermano, que había usurpado en su cama el puesto que Susi sentía que le pertenecía por derecho, una chica que no siempre era la misma, porque el hermano simultaneaba a su novia supuestamente oficial, una morena de pelo largo y enormes ojos color miel, con una pelirroja pequeñita, no tan guapa ni tan amable, y que precisamente por eso era la favorita de Susi, y cada mañana a Susi le tocaba encontrarse con una de las dos en el desayuno, la morena blanda y lacia mordisqueando con abulia una tostada o la pelirroja anodina bebiéndose un tazón de colacao, sentadas a la mesa, aposentando sus reales e interrogando a Susi sobre sus progresos en el colegio, con esa mezcla de orgullo triunfante y fingida modestia con la que la trataban las dos, tanto la morena como la pelirroja, las muy zorras, con esa condescendencia con la que algunos adultos estúpidos tratan a las niñas pequeñas.

Pero Susi ya no era una niña pequeña.

Por entonces Susi tenía una especie de novio, si por novio se entiende a un chico de veintidós años sospechosamente parecido a su hermano, que tenía una novia formal, a la que dejaba en casa a las diez de la noche y que la llevaba de copas de vez en cuando, siempre a partir de las diez y media, para acabar metiéndosela de la manera más torpe posible en el asiento trasero de su coche. Y no es que a Susi le gustara lo que hacían ni poco ni mucho, ni que le gustara él demasiado, ni que fuera tan ingenua como para pensar que él iba a dejar algún día a su novia oficial y virgen de solemnidad por una zorrilla de tres al cuarto como Susi, pero resultaba agradable que alguien la besara y la abrazara, y Susi ya había aprendido a no pedirle a la vida mucho más que eso. Así que una noche, harta de los magreos del asiento trasero, le sugirió dormir en la casa, ahora que la madre no estaba, para que pudieran hacerlo de una vez en una cama, como todo el mundo. Y cuando volvieron a casa, después de haberse emborrachado en un bar de mala muerte, Susi se encontró una sorpresa encima de la mesa del recibidor. Un bolso negro, pequeño, de tela bordada, no particularmente bonito ni feo, que Susi supuso perteneciente a la morena, puesto que a la pelirroja nunca la había visto llevar un bolso. No se pudo contener: lo abrió, lo puso boca abajo y desparramó todo su contenido sobre el suelo. Se encontró con lo esperable: llavero, tabaco, mechero, pintalabios, lápiz de ojos... ¡cartera! La cogió y la abrió. No se había equivocado. El carnet de identidad que había allí dentro pertenecía a la morena, que se llamaba, por cierto, María Luisa Ruiz de Arbeloa y nosequé, a día de hoy Susi todavía no lo ha olvidado, porque pensó: «joder con la pija esta, menudo apellidito que se marca». Dentro de la cartera había un billete de cinco mil, cinco mil de las de entonces, que casi no se veían, y con la mayor tranquilidad se lo metió Susi en el bolsillo de los vaqueros, sin decir palabra, ante la atónita mirada de su acompañante, quien, por si acaso, no dijo esta boca es mía Y conste que Susi pensó que la morena se daría cuenta de que el billete había volado, y que el hermano, a mínimo de dos dedos de frente que tuviera –y Susi no dudaba que los tuviera– adivinaría enseguida quién había sido la responsable del hurto, pero a Susi tanto le daba lo que la morena advirtiera y lo que el hermano adivinara, en primer lugar porque pensaba negarlo todo con firmeza y convicción suficientes como para que quedase al menos un minúsculo resquicio de duda, y en segundo lugar porque en el fondo le importaba un comino que el hermano se enfadase, o mejor dicho, quería que se enfadase, claro que sí, porque Susi sí que estaba enfadada, y rabiosa, rabiosa con la morena mema aquella por robarle a su hermano, y con su hermano por despreciarla en favor de semejante pija de apellido compuesto. Así que a Susi le parecía perfectamente justificado lo que estaba haciendo, y aún le parecía poco, poca indemnización se estaba llevando para resarcirse de los daños perpetrados a su orgullo y a su corazón. Y no se acostó con su hermano, claro que no, pero se llevó algo que pertenecía a aquella chica que sí podía hacerlo, la muy zorra, así que se sentía como si, de alguna forma, hubiese conseguido su objetivo. Y aquella noche, como se podía prever, el gallito aquel que la acompañaba disfrutó del polvo de su vida, porque todas las cosas que le hizo a él –y se esmeró, claro que se esmeró– imaginaba que estaba haciéndoselas a su hermano.

Susi se hizo a nadar a diario cuando alquiló un piso frente al mar. Desde su casa no se tarda apenas ni diez minutos en llegar a la playa, y como en la ciudad hace buen tiempo casi seis meses al año, más o menos desde mayo hasta principios de noviembre, es fácil hacerse a una rutina de brazadas. Se acostumbró a nadar todos los días para llegar al bloque de cemento que delimita la frontera de la milla, un mazacote que plantó allí alguna grúa a saber cuándo para que los windsurfistas no se alejaran demasiado de la playa, y aunque al principio le costaba muchísimo nadar aquella distancia, y más de una vez pensó que lo dejaba y no llegaba, al cabo de un tiempo acabó por parecerle la cosa más normal del mundo, y todas las mañanas, a las siete, sí, a las siete de la mañana, se iba a nadar, con el mar para ella sola, y avanzaba alentada por los primeros rayos, disuelta en una luz dulzona y turquesa, como de jarabe destilado de agua y de sol, desde la orilla hasta el mazacote y desde el mazacote a la orilla. Y poco a poco se enamoró del mar, y aunque al principio no le hacía demasiado caso, e iba a verlo día sí y día no, acabó por visitarlo puntualmente todas las mañanas, ansiosa por dejarse mecer entre sus brazos de olas.

Una mañana de septiembre Susi se sorprendió al ver aparecer por el horizonte una lancha que avanzaba directa hacia su persona. No se asustó porque advirtió enseguida que el bote aminoraba su velocidad en tanto se acercaba. Era una lancha de la Cruz Roja, y llevaba dos guardacostas dentro. Parecieron muy sorprendidos de encontrársela nadando en mar abierto a semejantes horas. Le preguntaron qué hacía, que a dónde iba, con tono entre aprensivo y sorprendido, y después de que Susi les explicara que nadaba por puro placer, por ejercicio, todas las mañanas, le aconsejaron que tuviera cuidado, porque a veces había marejada y a esas horas no habría nadie en la playa para poder controlarla. Pero está claro que no hay ninguna ley que le prohíba a una bañarse a la hora y en la época del año que le dé la gana, así que Susi hizo caso omiso de sus indicaciones y siguió nadando hasta el bloque de cemento, como todas las mañanas.

El padre sigue casado con la misma mujer; la madre vendió el piso y se fue a vivir con su hermana y su bonachón marido; el hermano se graduó en Empresariales con unas notas excelentes y se puso a trabajar en un gabinete de abogados, y Susi acabó la carrera de Derecho a trancas y barrancas, acabó trabajando como asistente en el departamento fiscal de una empresa de seguros y se fue a vivir a un piso compartido con dos compañeras de la Universidad. No es que le entusiasmara aquello; la verdad es que odiaba su trabajo, y no había día en que no soñara con dejarlo y largarse a montar un chiringuito en Ibiza –ése u otro cualquiera de los planes imposibles que rumiaba diariamente frente a su mesa de trabajo–, pero al menos pagaba el alquiler, y soportaba el aburrimiento, y el cansancio, y la arrogancia de su jefe, y la estupidez de las secretarias y el sueldo raquítico con estoicismo y los labios apretados... Sí, claro que a veces se arrepentía de no haber seguido en la Universidad, de no haberse doctorado o algo así, o haberse especializado en Derecho internacional, pero qué le iba a hacer ella si el listo de la casa fue siempre el hermano, y, además, Susi estaba loca por independizarse lo antes posible, y no veía el día de ponerse a trabajar en lo que fuera.

Desde que empezó a vivir por su cuenta no veía demasiado a su familia. Lo justo, cada dos o tres fines de semana se pasaba a comer por casa de su tía para visitar a la madre, que seguía con sus neuras y medicada y eso, pero a la que por lo demás parecía irle mejor, se la veía más tranquila, aunque se había puesto como una foca a cuenta de las pastillas. Lo de la pasión por el hermano se le había pasado ya, y lo veía desde lejos como un amor adolescente, como el primer amor, exactamente, bien que no un primer amor convencional, pero un primer amor al fin y al cabo, porque cualquiera podrá escoger el primer amor que más le apetezca o que mejor le venga. Y después de que Susi hubiera conocido otros amantes –sólo amantes, nunca tuvo un novio fijo–, cuando se lo encontraba en alguna de aquellas comidas, ya no tan guapo, ya perdido aquel encanto que tenía cuando jugaba al adolescente descarriado, convertido en un proyecto de señor cualquiera que se encorbataba de lunes a viernes, y que los domingos, como convenía, iba impecablemente vestido de sport, y que ya estaba criando barriguita, metódico y ordenado, estable y gris, con aquel pelo cortado a navaja y aquellos mocasines relucientes, pensaba, «éste es mi hermano, y se supone que lo quiero porque la sangre así lo exige», pero los años arrastraron consigo aquel atractivo fascinante, la edad lo había domado, uniformado, sedado, y ya nunca volvería a ser el que era.

Nadie esperaba que fuese a morir tan joven.

La tía la llamó a la oficina para darle la noticia. Era lunes. El hermano se había ahogado en Ibiza, nadie se explicaba muy bien cómo. Estaba allí pasando una semana de vacaciones, con su novia y otros amigos. Al parecer, uno de los socios de su bufete tenía un yate, y se fueron a dar una vuelta por el mar. Fondearon la embarcación cerca de una cala bien conocida por sus cuevas. Las chicas se pusieron a tomar el sol y al hermano y otro amigo se les ocurrió ponerse las aletas y las gafas para inspeccionarlas. Lo demás resultaba incomprensible. Nadie sabía lo que había sucedido. Sencillamente, en algún momento su novia cayó en la cuenta de que el hermano llevaba mucho tiempo sin dar señales de vida. Su amigo había regresado al yate hacía rato. Un corte de digestión, aventuró la tía. Drogas, pensó Susi al momento, pero, por supuesto, no se le ocurrió decirlo en voz alta. Pero su hermano no se drogaba. O quizá sí, ¿quién podía afirmarlo? Poco sabía Susi de su vida o sus costumbres.

Al día siguiente, la Cruz Roja encontró el cuerpo, que la marea había arrastrado hasta la playa. Las autoridades locales se habían puesto en contacto con la madre, que, al enterarse de la noticia, había sufrido una de sus crisis nerviosas, así que había sido la tía la encargada de enfrentarse a todo el papeleo, porque había sido incapaz de localizar a su sobrina en su apartamento la noche anterior (Susi no había dormido en casa, pero no vio la necesidad de justificar su ausencia ante la tía). En cualquier caso, se había organizado un velatorio de urgencia, teniendo en cuenta las circunstancias y el hecho de que ya se había perdido un día y había que ir deprisa, puesto que el cuerpo se corrompería rápido. Los restos mortales del hermano de Susi estarían dos horas en el tanatorio y después se trasladarían al cementerio, aquella misma tarde.

Informada de todo lo sucedido, Susi colgó el teléfono y siguió en lo que estaba, introduciendo nombres y números en el ordenador. Tenía que cotejar una serie de direcciones en la base de datos y no se le ocurrió dejar la tarea. Todavía recuerda cómo estuvo silbando una canción que sonaba en la radio, y ahora lo único que se le ocurre para justificar tamaña indiferencia es que no supo asimilar la noticia, no la creyó en cierto modo, una parte de su cerebro se vio incapaz de procesarla. Así que estuvo en la oficina hasta las dos, como de costumbre, y después enfiló hacia el tanatorio, silbando todavía la musiquita que se le había instalado en la cabeza como un abejorro.

En el tanatorio habría unas quince o veinte personas, de entre las cuales sólo reconoció a la madre y a los tíos. Los demás eran compañeros de trabajo y amigos de su hermano. Una chica a la que Susi supuso la novia del finado, por el protagonismo que adquiría, estaba sentada en medio de un corro, hablando atropelladamente con voz dengosa y derramando lagrimitas de cuando en cuando. Hablaba de un jersey que el hermano tenía en gran aprecio. Aquella noche había dormido abrazada a él.

La madre estaba sentada al fondo y apoyaba la cabeza en el hombro de su hermana. Tenía la mirada perdida. Probablemente se había atiborrado de pastillas. El tío se levantó y se acercó hacia Susi.

–¿Quieres verlo? –preguntó en voz baja.

Susi asintió sin saber muy bien lo que hacía y se

dejó arrastrar. En una de las paredes había un cristal desde el que podía verse una habitación más pequeña. Allí dentro estaba el féretro que contenía a su hermano, o lo que quedaba de él, o al menos la cabeza, porque lo cierto es que el cuerpo no podía verse, ya que la caja estaba tapada por una especie de sábana blanca que todo lo cubría y que sólo permitía ver el rostro pálido e inmóvil, asomando por un agujero. Al parecer, entre la hinchazón consecuencia del ahogamiento y la autopsia (que nada reveló, por cierto, ni drogas ni corte de digestión), el cuerpo estaba desfigurado y los de la funeraria habían recurrido a un más que discutible recurso estético. Susi reconoció la cara de su hermano, pero sabía que aquello ya no era su hermano, porque aquel semblante inexpresivo, con todos los rasgos perfectamente encajados, nada le decía ni le despertaba. Era como si alguien hubiera hecho un molde de cera de su hermano y lo hubiera colocado allí, en un ataúd, con la cara rodeada de lienzo blanco como una monja. Y de repente Susi, al fijarse bien, cayó en la cuenta de un detalle aparentemente absurdo e irrelevante: no le habían recortado las patillas. Alguien había afeitado el cadáver (o eso creía ella, porque había leído en alguna parte que aquélla era una práctica común en las funerarias, y la tez aparecía tan cuidadosamente rasurada como para no tener que dudarlo), pero había respetado el largo de las patillas. Porque su hermano, que ella recordara, siempre había llevado patillas, desde que la barba le creciera, unas patillas más bien cortas, nada extravagantes, que se había empeñado en conservar como último vestigio de la rebeldía adolescente que tan pronto había dejado atrás, unas patillas más que discretas, pero que a la madre nunca le habían gustado, y a Susi se le vinieron a la cabeza los mil rifirrafes que había presenciado a cuenta de las patillas del hermano cuando los tres vivían en la misma casa, y cómo, cuando ya cada uno vivía en la propia, la madre seguía insistiendo en el tema, venga a repetir que qué dirían en el trabajo, y que si aquélla no era imagen para un chico serio y que si esto y lo otro, como intentando a la desesperada conservar una mínima esfera de opinión sobre la vida de su hijo, que ya no conocía ni compartía. Y de repente a Susi se le ocurrió pensar que aunque el hermano hubiera claudicado y hubiese perdido aquella antigua e insultante belleza de adolescente dórico, aunque el tiempo lo hubiese erosionado hasta convertirlo en un hombre del montón, menos seguro de sí, menos altivo, menos atractivo, menos magnético, se había ido, siquiera, con las patillas puestas, como un triunfo postrero. Y aquella tontería le pareció a Susi tan graciosa que le acometieron unas repentinas ganas de reír, pero se reprimió a tiempo porque pensó que no era cuestión de estallar en carcajadas en un tanatorio, y mucho menos delante del cuerpo presente de su propio hermano, pero cuanto más intentaba contenerse, más ganas tenía de reírse, pues es bien sabido que todo lo que uno intenta reprimir tiende a aflorar de una forma violenta e incontenible, como un volcán, y con mucha más energía que si se lo hubiese dejado fluir de forma natural. Así que Susi salió de estampía de aquella habitacioncita dejando a su tío, que improvisaba torpes balbuceos de consuelo, con la palabra en la boca, y se dirigió a la puerta de la calle, andando a toda prisa, casi casi corriendo, intentando no mirar atrás, ni a la tía, tan asertiva, tan en su sitio, tan decidida como siempre, ni a la madre, desvencijada y hecha un mar de lágrimas, ni a la novia, centro radial y magnético de un corrillo de confortadores, ni a ninguno de los tantos desconocidos que la memoria difumina. Susi sólo recuerda que salió de allí por piernas, con la mirada en la puerta como única promesa de salvación y de escape, y justo a punto de salir, en el mismísimo quicio de la entrada, se dio de bruces con su padre, que intentó estrecharla entre sus brazos. Pero Susi no pudo corresponder al abrazo y se quedó allí, de pie, envarada y rígida, como si la muerta fuera ella.

¿Qué puede recordar Susi del entierro? No gran cosa. Muchos rostros intercambiables que despuntaban sobre ropas negras. Algunos sollozos, los padres que ni siquiera intercambiaron una miserable mirada, el sol torrefacto que le iba secando las entrañas, el polvo mezclándose con el aire y subiéndosele a la garganta, las ganas de que todo acabara de una vez. Y un vago recuerdo de sí misma, quieta y callada, el rostro impenetrable, sin mirar a nadie, sin decir palabra.

Y al día siguiente, cuando abrió la puerta del buzón, entre las facturas del teléfono y la publicidad del Corte Inglés y los acostumbrados panfletos de telepizza y telechino, se encontró con una cartulina de colores brillantes enviada desde Baleares, el dorso garrapateado por la letra picuda del hermano: «Esto es precioso. Te encantaría. Me lo paso muy bien. Besos». Besos. Susi intentó cerrar los ojos, adentrarse en el pasado, volver a mirar allí dentro, recordarlo todo, aquellos tiempos en los que él aún conservaba la imperiosa necesidad de desbordarse, esa aura rotunda, a la vez aniñada y viril, de pequeño fauno moreno y asilvestrado, cuando estaba tan deseoso de mundo, de juergas, de sexo, afanoso por aparentar fortaleza, por romper las ataduras de las mujeres que lo rodeaban –madre, hermana, tías, novias...–, cuando era tan coqueto y tan hoguera, todo en él ansias y desdenes, cuando se creía superior a todas ellas, un joven dios, un atleta, un regalo del cielo para las hembras, cuando jugaba con Susi a la lucha libre, cuando mordía y arañaba, y todo aquello, entonces tan denso y tan presente, ya se había desvanecido. El pasado era un palacio que se había desmoronado hacía tiempo, ya inhabitado e inhabitable. El pasado era un momento irrecuperable. Y Susi ya no quería enfrentarse a un futuro. Le parecía que con su hermano se había perdido definitivamente el último vestigio de la poca felicidad que había conocido.

En cierto modo, todavía no lo ha superado, ni cree que lo supere nunca. Al principio ni levantarse de la cama podía. Cuando lo conseguía era como si tuviera la peor gripe de su vida. Le dolía enormemente la cabeza, un zumbido torpe le rondaba las sienes, y le entraban a cada momento ganas de vomitar. A veces se sentía invadida por una angustia terca e histérica, que gritaba, se agitaba, que se hacía notar, que la impulsaba a abofetearse a sí misma, a tirarse de los pelos, a estampar copas contra la pared. Y luego, a aquel sentimiento tan violento venía a sustituirlo una tristeza más sosegada y despaciosa, que se posaba sobre la piel, sobre una epidermis que la iba absorbiendo sin prisas y transportándola con calma, a través de la sangre, a cada órgano, inesperadamente, sin hacer ruido, y aquella pena acababa por instalarse en el corazón, en los pulmones, en el riñón, en los huesos, y era aquel dolor intenso e interno el que le impedía levantarse de la cama, enmendar el desorden de la casa, recoger los restos de los cristales estrellados, ir a trabajar. Susi avisó a un médico de la Seguridad Social que tuvo el detalle de presentarse en casa. Allí se encontró con una Susi ojerosa y desgreñada que no había comido en días y que tenía los ojos rojos de tanto llorar. El médico le recetó unos sedantes, le firmó una baja por depresión y le concedió a Susi por lo tanto, sin saberlo o quizá sabiéndolo, carta libre para seguir en lo que estaba, es decir, para sumergirse en una espiral de autocompasión. Para romper jarrones, para llorar, para tumbarse en la cama a mirar al techo. Después, cuando la baja tocó a su fin, cuando irremediablemente Susi debía reincorporarse a su mesa de despacho, solicitó la baja voluntaria y dejó aquel trabajo. No sabía lo que iba a hacer, ni de qué iba a vivir, ni le importaba. No sabía todavía todo lo que su hermano había ahorrado, todo el dinero que el joven y brillante abogado había ido acumulando en diversas cuentas vivienda, y bonos del tesoro, y fondos de inversión, no sabía Susi que la herencia de su hermano, regalo póstumo e inesperado, le iba a permitir, junto con el subsidio de desempleo, vivir algunos años sin hacer nada. Cuando lo supo, Susi se fue a vivir cerca del mar.

Susi nunca será la misma, o mejor dicho, nunca dejará de ser lo que siempre fue. Una chica rara, inadaptada, siempre con ese aire de tristeza revoloteándole por el rostro. Encontró otro trabajo, otros amantes, otro piso, otra vida que no era intensamente feliz ni intensamente desgraciada, y salía a nadar todas las mañanas, quizá por mantener la figura, quizá por estar sana, quizá, sobre todo, por estar más cerca de su hermano.

Una mañana salió a nadar más tarde que de costumbre, debían de ser las nueve y media o las diez. El sol ya estaba alto en el cielo, aunque velado por unas nubecillas grises. Le sorprendió no ver a nadie en la playa, ni tan siquiera las consabidas huellas de pies desnudos en la húmeda orilla, al fin y al cabo son muchos los bañistas tempraneros y los que sacan a pasear a sus perros a primera hora. Las olas rompían con suavidad contra el muelle y no se veía ni una línea de espuma en la pequeña ensenada. El mar se diría tranquilo, sin peligro, pero con el mar nunca se sabe. Diez millas hasta el bloque, diez millas, y allí Susi se detendría a reposar sobre el cemento, por gusto, por contemplar desde lejos la línea de la playa, no porque se cansase. Se alejó de la orilla a brazadas rápidas, el cuerpo avanzando casi de perfil, muy hundido, y cada brazo disparándose alternativamente, con un movimiento elástico, un brazo, después otro, recortándose un momento contra el cielo, antes de volver a hundirse, preciso, mecánico, sin levantar espuma, el codo aparece primero al echar hacia atrás el antebrazo, con un ritmo de agua que cae, extendiéndose y recogiéndose como remos que fueran abriendo camino. El primer sol de la mañana llenaba de reflejos la superficie del mar, una luz que el sol dardeaba sobre el agua, una luz que amarilleaba y verdeaba y goteaba sobre el azul turquesa. Susi chapoteaba con los pies, levantando a cada golpe un reguero de gotitas, salpicando el aire acuoso, líquido de gasa, de bruma, de espuma de mar, mientras gustaba del sabor a sal en los labios.

Como siempre, nadó hasta el bloque de cemento decidida a descansar allí antes de emprender el camino de regreso. Entonces, al tumbarse sobre la superficie plana y rugosa, advirtió el color del cielo, de un gris sucio que no presagiaba nada bueno, y recordó algo que había permanecido hasta aquel momento oculto en algún rincón del subconsciente. Recordó que aquella mañana, serían las seis o las siete, la había despertado el estruendo metálico de los relámpagos y el azote de la lluvia en las ventanas, el fragor de una tormenta. Así se explicaba por qué la playa estaba tan desierta, por qué no había bañistas ni señores paseando a sus perros. Entonces empezó a lloviznar. Había que regresar.

Susi se asustó al ver las olas de resaca, pero pensó que podría volver a la playa sin necesidad de descansar, tan sólo dosificando el esfuerzo. Se ajustó el bañador y se zambulló de cabeza, saltando desde el bloque. Había un poco de marejada, en efecto, y algo de mar de fondo. Sacó la cabeza del agua y miró a su alrededor para hacerse una idea de la situación. La orilla parecía más lejana que otras veces. Igual que un amor, se alejaba más cuanto más intentaba acercarse a ella. Advirtió casi al mismo tiempo el tirón de la corriente que se empeñaba en arrastrarla y el sonido de las olas estrellándose contra el muelle. Quién hubiera dicho que el día iba a revolverse así, marejada y viento, un mar encrespado y fiero, como para acabar allí, ahogada, como su hermano; no, si ya se lo habían advertido los de la Cruz Roja. Y lo peor es que en el mazacote casi no había descansado y ahora ya no le quedaban fuerzas. Cuestión de dosificar el esfuerzo, pensó Susi, de ir más despacio. Pero ¿quién podía plantearse dosificar esfuerzos cuando había que sacar fuerzas de flaqueza y emplear hasta el último músculo para contrarrestar la marejada que amenazaba con precipitarla contra el muelle? Empezaron a caer goterones sobre el agua, el oleaje se despertó, una ola cruzada la arrastró a su paso, y Susi pataleaba y pataleaba, y aun así, parecía que no iba a conseguir nada. Y a cada minuto estaba más cansada, y a cada segundo tenía más frío. Morir allí, en el agua, como su hermano, hundirse en la infinita y envolvente lucidez del agua que la arrastraría hacia el fulgurante fondo azul y verde. Sacó de nuevo la cabeza. Casi no distinguía la orilla. La marejada, seguro. El perfil del muelle parecía rematado por brumas temblorosas, gasas de niebla, encaje de espumas estrellándose bravías contra las rocas. Morir ahogada, como su hermano. Qué casualidad más tonta. O quizá no había sido casualidad. Quizá lo había ido buscando. No lo conseguiría. Agotada, Susi dejó de chapotear, y empezó a desplazarse de espaldas, llevada por la corriente. Era mucho menos cansado, pero sabía que antes o después el oleaje la arrojaría contra las rocas del muelle y aquello sería el fin. Tenía frío, mucho frío, los huesos ateridos, los labios azules, temblorosos, y aquel persistente sabor a sal le parecía un presagio de lo peor.

Y entonces oyó su voz. No la imaginó, no, aunque muchos dirían que sí. Era su voz, tan clara como entonces, que le decía: nada, nada, nada, no te pares, no sigas, puedes hacerlo, ¡nada, nada, nada! Y Susi empezó a agitar las piernas y los brazos al ritmo que él le marcaba, nada, más rápido, no pares, y Susi levantaba un brazo por encima del agua, y luego otro, precisos, firmes, mecánicos, nada, no pares, mantén el ritmo, y Susi pegaba patadas con las piernas y se esforzaba por no pensar en el cansancio ni en el frío, nada, nada, mantén el ritmo, no pares, y las gotas caían sobre el agua y Susi vio cómo un relámpago alumbraba el cielo gris y aceleró, NADA, NADA, NO PARES, y siguió adelante como pudo, quién sabe cuánto tiempo, a Susi le parecieron horas, en cualquier caso, sin dejar de oír ni por un segundo la voz del hermano que la obligaba a continuar, hasta que Susi vio la línea de la orilla y comprendió que ya estaba salvada, que todo consistiría desde entonces en dejarse llevar, porque a partir de ese punto el mar la arrastraría hasta la costa y todo se limitaría a ceder a la voluntad del agua, y caer allí, sobre la arena. Incapaz de moverse, aterida, exhausta. Salvada.

Susi no suele contar esta historia. Las pocas veces que lo ha hecho –le ha narrado la historia a algún amante, en la intimidad del dormitorio, sus defensas temporalmente derribadas por esa falsa ilusión de complicidad que sucede al coito, y a María, la directora de marketing de la empresa en la que trabaja, la única amiga íntima que tiene la ciudad– le han hablado de todo tipo de trucos psicológicos, de trampas del subconsciente, de alucinaciones, y le han dicho que sobrevivió, que siguió nadando pese a todo, sólo merced a un esfuerzo de su voluntad y no a una intervención sobrenatural.

A Susi le da igual, que digan lo que quieran, que no la escuchen, que no se dignen a prestar atención a esta chica rara y amargada que sale a nadar cada mañana y que prefiere creer que la vida no es sólo vacío, que prefiere creer que la vida, como el mar, es incomprensible e inabarcable, pero sobre todo, que no se empeñen en decir que es peligroso porque piensa seguir viniendo a nadar todas las mañanas.

ABSENTA

Que no se diga que Raquel no ha intentado olvidarle.

Ha salido, ha bebido, y ha hecho caso a todos sus pretendientes.

Fue a un macroclub tecno con un ideólogo cyberpunk que le habló de hackers y crackers, de la Primera Iglesia del Dios Tecnológico, de Transhumanos y de Extropians, de Cybercops y Cyberights, de Servidores y de Ciudadanos de la Red mientras escuchaban música trance y consumían bebidas inteligentes. Acabó harta de aquel pretendiente mutante que la trataba con tan poca humanidad, y no podía evitar recordar a quien más deseaba olvidar, sus mimos y sus morritos, y su incapacidad para enfrentarse a un cable o a un enchufe.

Salió de copas con un mánager de éxito que le habló de contratos y royalties, de A&Rs y CDs, de comisiones y de tantos por ciento, de discos rojos y discos de oro, de reverbs y varilights, mientras bebían bourbon y escuchaban rock and roll. Acabó harta de sus botas de tacón cubano y de su Harley y no podía evitar recordar a quien más deseaba olvidar, la música que sonaba en su coche, sus cintas de jazz, su radiocasete de cuarta mano y su incapacidad absoluta para moverse al ritmo de la música.

Quedó también con un pintor que le habló de realismo objetivo y creación por ordenador, de marchantes y galeristas, de amarillos ocres y azules añil, de la función del artista y del inconsciente colectivo, de la herencia de Kandinsky y de la semántica cromática mientras bebían rioja añejo acunados por la cadencia de los nocturnos de Chopin. Y no podía evitar recordar a quien más deseaba olvidar, se acordaba de aquel cuadro que él le regaló por su cumpleaños y que ella nunca colgó en la pared, como si diera por hecho que tarde o temprano su historia terminaría y que no merecía la pena prestarle mucha atención a la pintura.

Y tuvo una cita (y éste fue el peor) con un director de editorial que le habló de ejecuciones del diálogo, de narradores no identificados, de la esperabilidad del texto y de significación peyorativa, de escritura y realidad compartida, de agentes y de editores, de mesas redondas y de talleres de creación mientras bebían mojitos y escuchaban jazz, y no podía evitar recordar a quien más deseaba olvidar, se acordaba de cómo fruncía un concentrado ceño cuando leía, de cómo nunca ponía un punto en su sitio, de las decenas de cartas que él le envió al principio y que ahora han perdido todo su sentido.

Finalmente salió a cenar con un dibujante de cómics que le habló de trajes de látex y vibradores de plexiglás, de bolsas de basura en torno a la cabeza, de botas de polivinilo y capuchas brillantes de plástico negro, de muñecas hinchables fabricadas en China, de sus labios vaginales de PVC, y de implantes transgénicos para que el hombre se funda con el plástico:

pechos, labios y penes de silicona. Y no podía evitar recordar a quien más deseaba olvidar. Se imaginó su miembro, pistón dinamizado, fundiéndose por culpa del calor excesivo, chorreando silicona como lava o como semen. Y es que tanta fricción no puede ser buena... Escuchaban música industrial –una cadena de montaje sintetizada– y bebían un curioso jarabe presuntamente inteligente. Niacina, taurina, riboflavina. Energía de plástico en vasos de plástico. Y en el fondo del plástico se intuía a sí misma, descuartizada, taladrada de muerte por un agua de muerte.

Que no se diga que Raquel no ha intentado olvidarlo...

Ha salido, ha bebido, y ha hecho caso a todos sus pretendientes.

DESIDERATA

1. Maneras de mirar

Resulta gracioso lo variable que puede llegar a ser la percepción de nuestra propia imagen. De muy jovencita, a María le molestaba de tal manera enfrentarse a su reflejo que, con tal de evitar la propia figura en la enorme luna del ascensor principal, utilizaba siempre el montacargas. Temía a la imagen que el espejo le devolvía: una chica menuda y llenita, con unas protuberancias en muslos y caderas, recién aparecidas, en modo alguno deseadas. No fue hasta los veinte años cuando se reconcilió con su cuerpo y apreció por vez primera la erguida belleza de aquellas turgencias que antes odiaba tanto. Por las tardes, a la salida de clase, hacía el amor con su primer novio en un minúsculo apartamento de estudiante. Después insistía en ducharse a solas, sin él; y no por pudor, como pudiera pensarse, sino porque luego, frente al espejo del baño, retiraba el vaho con el dorso de la mano y permanecía inmóvil un largo rato frente a su estampa, aprendiendo a verse tan hermosa y deseable como él la había visto.

Pero más tarde el trabajo sedentario moldeó el cuerpo de María de manera muy distinta a como lo había hecho la pubertad, y su propietaria conoció nuevos amantes, menos ardientes que el primero. Sus caderas se ensancharon todavía más, y la piel que las recubría adquirió una textura agrietada y desvaída que María no podía contemplar sin experimentar un irreprimible escalofrío, provocado por una sensación desconocida de insatisfacción que lindaba con el asco. De modo que, diez años después, volvió a evitar la imagen que se encontraba en el espejo y nada más salir de la ducha se hacía con una toalla y bajo ella escondía el cuerpo cuya visión quería evitar a los propios ojos.

Pero la imagen no está en el espejo, está en el ojo que la mira. La imagen que de nosotros mismos percibimos depende de nuestra valentía o de nuestra propia asunción, de la misma forma que la imagen del pasado depende de nuestra interpretación de la memoria, del influjo que tramonta en la revisión de cada historia. De esta manera, el relato de aquel verano en Edimburgo (un verano distinto a todos los veranos, sin playa, sin biquinis, sin bronceado de agosto) será tan poco fiable u objetivo como la descripción que María pudiera hacer de sí misma.

Ahora mismo, cuando María recuerda a Lilian, a Andy y a Grahame, remueve una ensalada de escenas evocadas, aún próximas, ya tan lejanas, y la aliña con sensaciones y afectos que quizá no estuvieron allí entonces. La historia es lo que fue y lo que María ahora rememora, los detalles que estuvieron y se han olvidado y los que no existieron nunca pero se inventan. La historia es la que vivió en su día y la que revive ahora, y no se sabe cuándo ha sido vivida con más intensidad.

Veamos... Hace falta imaginar a una chica triste y perdida, bajo un cielo nuevo, en una ciudad desconocida. Sus pies transitan a pasitos curiosos el pavimento gris y anónimo de la ciudad. No ha viajado demasiado hasta aquel momento. En general, no tiene mucho de nómada, salvo el espíritu.

Esta chica, que es María, o la imagen de sí misma que María alcanza a recordar, se detiene frente al escaparate de una tienda de ropa. Se enfrenta amedrentada a su propio reflejo fugitivo y descubre tras él una camisa roja que hubiera podido sentarle divinamente a Miguel (él era coqueto y adoraba aquel color: el rojo le alumbraba los ojos amarillos como iluminaba entonces aquel escaparate). Presa de un arrebato masoquista entra en la tienda, decidida a llevársela.

María recuerda que el interior estaba oscuro y que un murmullo de música electrónica le zumbaba en los oídos. Un chico alto, con una coleta que le llegaba hasta los riñones, hojeaba *The List* sentado en un taburete. Supuso que era el encargado y le preguntó por la camisa.

–Veinte libras –le informó el chico sin apartar los ojos de la revista. Acto seguido extendió el brazo y señaló, sin mirarlas, unas cuantas camisas, gemelas de las del escaparate, que colgaban de un perchero–. Puedes probártela, si quieres.

–No es para mí.

Él alzó la vista por fin.

–Decididamente no, no es para ti. Te sentaría

grande –dijo, examinando las formas de María con el aire experto de un tasador.

–Oh, Tim, por favor...

María volvió los ojos y adivinó en la penumbra a la rubia que había articulado aquella frase, sentada en la posición del loto, sobre un cojín, en una esquina del local. Su pelo dorado parecía brillar con luz propia en aquella tienducha lóbrega. Llevaba una minifalda cortísima que delataba a las claras el orgullo que sentía la poseedora de aquellas magníficas piernas, nacaradas e inacabables. Tan segura estaba de ellas que no había recurrido al artificio de las medias, y tampoco se había depilado. Pero aquella pelusilla dorada que recubría sus extremidades longilíneas no las afeaba. Al contrario, les confería un aspecto aterciopelado, como una fruta tentadora y madura, como un fascinante melocotón lunar (Lilian dorada y blanca..., y María aún muerde el color de su recuerdo).

–No le hagas caso –dijo la piernilarga clavando en María sus ojos castaño claro–. Coquetea con todas, sobre todo con las francesas. Le volvéis loco.

–Soy española.

–¿Española? Pero tu acento... no suena español. Los españoles exageran las vocales, y las erres... Y siempre van en grupo... sobre todo las chicas.

Tim asintió con la cabeza.

–Las españolas nunca viajan solas.

–Yo sí. Aunque es la primera vez que lo hago.

–¿No te habías atrevido hasta ahora? Vaya, vaya... ¿Tanto tiempo te ha costado reunir fuerzas? –la rubia subrayó la frase con una media sonrisa irónica.

–A la fuerza ahorcan. Es una larga historia.

–Oh, a nosotros nos encanta escuchar historias.

Sobre todo a mí –la deslumbrante joven sonrió y le ofreció el porro que estaba fumando.

María se instaló a su lado, apoyada en otro cojín, aceptó el ofrecimiento y aspiró una calada. «Me llamo Lilian», dijo la rubia. «Pero me llaman Lily», puntualizó. María, con la debida cortesía, correspondió a la presentación. Luego se sucedieron las preguntas de rigor, mientras el porro cambiaba de manos. ¿Cuándo has venido? Ayer. ¿Cuánto tiempo te quedas? Quince días. ¿Es verdad que no conoces a nadie aquí? A nadie.

–¿Qué es lo que te decidió a venir?

Las notas de la música estrujaban el cerebro cansado de María y lo exprimían, las palabras goteaban lentamente sílabas espesas. Y, casi sin darse cuenta, se encontró contándole su historia a la rubia. Su verborrea y su sinceridad no se debieron sólo al efecto del hachís. Se atrevió a contárselo todo precisamente porque no la conocía de nada, porque al contrario que su madre o su secretaria o sus amigos, no podría juzgarla, ni compadecerla, ni siquiera ofrecerle consejos.

María y Miguel habían planeado un viaje a Italia, para vivir un verano blanco de luz, rabioso de calor. Lo cierto era que María detestaba el calor y aborrecía a los italianos, pero habría seguido a Miguel al centro del infierno si él se lo hubiera pedido. Cinco días antes del viaje proyectado Miguel la llamó a la oficina para cancelar el viaje, y, de paso, su relación. María no dijo una palabra. No protestó, no pidió explicaciones. No podía llorar frente a su secretaria. Adiós Italia. En cinco días sería primero de agosto. Se abrían ante ella, ineludibles, dos inacabables semanas de vacaciones. Y nadie con quien poder compartirlas.

Todos sus conocidos ya habían hecho planes. Las agencias de viajes alardeaban de plazas reservadas al completo. Y María no quería, no podía quedarse en la misma ciudad que había acunado la historia que acababa de morir. Cada esquina le recordaría su fracaso. Llegó a Escocia por inercia (no era un destino muy solicitado), sin planes ni razones, sin más compromisos que un billete con fecha de vuelta abierta y una reserva de dos noches en un hotel de mala muerte. No había pensado en lo que haría durante aquellos días que se extendían ante ella como un desierto.

–Menudo bastardo –la voz grave de la rubia interrumpió las reflexiones de María, formuladas en voz alta.

–En realidad, no puedo acusarlo de nada. No tiene sentido intentar retener a alguien que no te quiere.

–¿No te das cuenta? Lo había planeado todo –aseguró Lilian–. Te llama a la oficina para evitar confrontaciones, para ahorrarse el espectáculo de tus lágrimas o tus reproches. Y te deja justo antes de las vacaciones para asegurarse de que puede poner tierra de por medio, quince días al menos. Pasado ese tiempo, tú estarás más calmada. Se habrá evitado así todas las discusiones, todas las escenas que suceden a las separaciones. Lo ha calculado todo. Estoy segura de que él sí tenía planeadas sus vacaciones. Sin ti, por supuesto.

–No hay que ser tan mal pensada.

–Te equivocas, no hay que ser tan ingenua como tú. Créeme: *soy una experta en el comportamiento masculino.* –María apreció la cursiva de la entonación tan claramente como si hubiese visto la frase escrita. Luego Lilian hizo una pausa reflexiva y se volvió hacia María, que se sintió taladrada por su mirada áurea y lúcida–. Lee mis labios: ese tío es un bastardo.

–Quizá tengas razón. Yo ya no estoy segura de nada.

Transcurrió un largo intervalo en el que las dos chicas no cruzaron palabra. Hermanadas por la nube empática del hachís, acometieron en silencio la lenta destrucción de los minutos. Al rato María se volvió hacia Lilian y admiró en silencio su perfil. Sus pestañas, bañadas en luz, se abatían sobre la curva de unos pómulos cuya silueta recordaba vagamente a una taza de porcelana fina. La rubia debió de captar su interés, y volvió hacia la morena una curiosa sonrisa, los ojos brillantes en exceso, distendidas las aletas de la nariz. De pronto frunció los labios, improvisó un casi imperceptible beso al aire y después se mordió el labio inferior con aire voluptuoso, como si estuviera mordiendo un labio ajeno.

–Se está haciendo tarde –dijo, acto seguido, como si tal cosa–. Creo que debería irme a casa.

Tal era su naturalidad que a María casi le pareció que aquel efímero conato de beso no había sido sino una ilusión provocada por el hachís.

–¿No trabajas aquí? –le preguntó.

–No. Vengo a veces a hacerle compañía a Tim.

–Yo también debería irme, creo.

Se despidieron de Tim y salieron de la tienda, sin mencionar siquiera la camisa. Iba cayendo la noche y la oscuridad lo devoraba todo, arrasando perfiles y colores. Farolas y torres flotaban fuera de contexto, en el aire salpicado de puntitos luminosos. Lilian guiaba a María sin pretenderlo, marcando la ruta con su paso de oca, y entretanto hablaba de sí misma. Estudiaba arquitectura, según dijo y aunque no reveló su edad, María comprendió que debía de ser mucho más joven que ella. De repente, la rubia se detuvo. Sin que María lo advirtiera, habían llegado frente al hotel en que se hospedaba.

–Por cierto, mañana voy a una fiesta –anunció Lilian–. He estado pensando que probablemente te apetezca venir, ya que estás sola aquí...

–Te daré mi número. –María sacó de la mochila su libretita negra, inseparable compañera donde todo lo apuntaba, y garabateó el número de teléfono del hotel junto al de su habitación.

–Hasta mañana, entonces. Te llamaré a las siete.

–Perfecto. –María asintió encantada, y le tendió la mano a su nueva amiga a modo de despedida. La rubia la retuvo en la suya un segundo más de lo que la cortesía hubiera juzgado necesario. María retiró la mano y se deshizo casi imperceptiblemente del apretón.

Antes de entrar en el hotel, María volvió la cabeza por última vez para observar cómo la espalda de Lilian se alejaba y se perdía en la noche. Avanzaba recorriendo la acera a zancadas amplias y firmes, como si se sintiese dueña de cada baldosa que pisaba. La minifalda se ceñía como una segunda piel a sus redondas y móviles caderas. María le envidió el aplomo, la confianza en sí misma.

Pero, sobre todo, le envidió las piernas.

Se hubiese dicho que habían llegado a la Factory de Warhol, no sólo porque alguien había forrado lámparas y taburetes de papel de aluminio, sino por la belleza de los allí congregados. Ninguno parecía superar los veinticinco años, y sin embargo, pese a su indolente juventud, aquella reunión transmitía el mismo espíritu caduco y egoísta que las villas veraniegas de los ricos.

–¿Éstos son tus amigos?

–Algunos –respondió Lilian–. No todos.

En cuanto entraron en el salón, María se dio cuenta de que Lilian debía de ser una chica muy popular. Se dirigía a cada uno de los grupos, desparramando a su alrededor saludos y alharacas, y todos parecían competir por rozarla, por conseguir retener su mirada. Indiferente al interés que despertaba, la rubia la conducía de la mano y la presentaba como «Mi amiga María, española. Viaja sola», y al instante la arrastraba hacia otro grupo y reanudaba las presentaciones.

María reconoció a Tim, que, inclinado sobre dos platos de DJ como una bruja sobre su caldero, pinchaba una música similar a la que había escuchado en la tienda. Pero allí nadie bailaba. Sólo una sílfide esquelética, en una esquina, mecía levemente sus caderas, los ojos drogados entornados, los pezones apuntando al cielo. Llevaba un traje amarillo brillante y el pelo, muy corto, plateado. Recordaba a Eddie Sedgwick, y esa comparación acentuó aún más la atmósfera warholiana de la fiesta.

–Hay cervezas en el baño –anunció una especie de replicante de pelo blanco (teñido) que se presentó como Will, el dueño de la casa. Luego se inclinó sobre Lilian y le susurró algo al oído. Ella asintió con la cabeza.

–Estoy contigo en dos minutos –le dijo Lilian a María–. Debo arreglar algo a solas con Will.

Y desaparecieron a través de un pasillo oscuro que se perdía hacia el interior de la casa.

María había estado dándole vueltas toda la tarde a lo que debería hacer en caso de que la rubia se insinuara, cómo la rechazaría amablemente, o cómo no la rechazaría. Y en aquel momento cayó en la cuenta, aliviada o decepcionada, de que no se insinuaría.

2. Teoría del color

María encontró el baño enseguida. Efectivamente, las cervezas estaban allí. Un batallón de latas de Budweiser conservadas en hielo dentro de la bañera, como un tesoro de alcohol y diamantes. Una feroz punzada de hambre le encogió el estómago. Abrió una lata y se dispuso a localizar la cocina.

La halló en la puerta contigua. La habían llenado de cirios encendidos, acentuando el aire antiguo de la estancia. Un *ghetto blaster* chorreaba la música lánguida y abstracta de un saxofón drogado (¿Chet Baker?) que planeaba sobre la estancia. Sobre una mesa reposaban dos bandejas de sándwiches, medio vacías ya. María se abalanzó sobre ellas sin la menor educación, detalle que, en principio, poco importaba, puesto que allí no había nadie para censurar sus modales, o eso creía María hasta que, justo en el momento de meterse un bocadillo en la boca, reparó en un par de chicos que, apoyados contra el fregadero, cada uno con su lata de cerveza en la mano, la contemplaban con expresión curiosa.

–Hola –dijo uno, sonriendo y alzando su lata a modo de saludo.

–Hola –respondió ella, recuperando como pudo su educación de colegio de pago, que de poco le sirvió, porque un surtidor de migajas se le escapó de la boca.

El que había hablado era un joven ancho, alto, pelirrojo y compacto, de ojos felinos y labios abultados como la carne de un fruto exótico. El resplandor de las velas le aureolaba de una llama roja que surgía de su melena, y las líneas de su silueta aparecían devoradas y fundidas en una gama de rojos cobre, cereza y bermellón en fusión. La luz iluminaba a ráfagas sus ojos gris verdoso y María creyó intuir cómo afloraban en ellos destellos de malicia.

–Me llamo Grahame. Y él es Andy.

A María le resultó curioso que su acompañante delegara en su amigo a la hora de hacer las presentaciones. El tal Andy era guapo, tanto o más que su amigo, pero de un tipo de belleza diferente, menos viril, casi angelical. Se parapetaba tras su amigo mudo, dócil, perfecto en su silencio alumbrado tan sólo por miradas y por gestos. Era rubio, de ojos acuosos y cara dulce. La delicadeza de sus rasgos llamaba la atención. Poseía una nariz pequeña, como modelada de un pellizco, y dos hoyitos de sombra junto a las comisuras de la boca, fina y rosada, que al entreabrirse se hacía infantil y tentadora.

El alto pasó al interrogatorio de rigor sobre la procedencia de la invitada extranjera. Pareció muy sorprendido al enterarse de que era española y, sobre todo, de que viajaba sola. Este último dato pareció gustarle. Quizás le suponía a la desconocida un talante aventurero del que ella carecía.

Lió un cigarrillo de maría con una rapidez de

prestidigitador y se lo pasó a la española. Mientras se fumaban el porro entre los tres, estuvieron charlando un largo rato. O más bien charló el pelirrojo, porque ni su amigo el querubín ni la española decían gran cosa. Era irlandés (María lo había advertido en el acento), de Belfast, y estaba en Edimburgo estudiando Arte. Ya había participado en varias exposiciones colectivas. Andy, su amigo, estudiaba Historia del Arte («no, no es lo mismo», aclaró Grahame) y en el futuro se convertiría en su marchante. De momento, vivían juntos. A María se le ocurrió que probablemente eran pareja, pero las miradas ávidas con las que le obsequiaba el irlandés parecían desmentir tal suposición.

Al rato María decidió que necesitaba otra cerveza y con esa excusa abandonó la cocina en busca de Lilian. En el salón la fiesta empezaba a declinar. Aquello era un maremágnum de platos sucios, sándwiches mordisqueados y abandonados, ceniza en los brazos de los sillones y vasos pegajosos desperdigados aquí y allá. Los asistentes a la fiesta se habían ido distribuyendo por parejas, y María iba tropezando con ellos en los rincones y las esquinas, acogidos a la intimidad de la penumbra y enlazados en ambiguos enredos de extremidades. Ni rastro de su amiga.

María se internó por el pasillo, imaginando que Lilian estaría en alguna habitación. Abrió dos puertas, y en ambos casos unos gemidos airados le informaron de que correspondía cerrarlas a toda prisa.

Al abrir la tercera puerta, María se encontró con un cuarto con las paredes pintadas de un rojo oscuro, ocupado por una única cama, enorme, forrada de una colcha oriental, brocada, decorada con muchos elefantes bordados, y sobre ella, dispersos, un montón de mullidos cojines. Alguien había dejado puesto el equipo de alta fidelidad que gorgoteaba una música suave y cristalina, una melodía disuelta en la acuática semipenumbra, acorde con la luz amable y tamizada de la única vela encendida, que palpitaba ansiosa como un corazón. María reconoció enseguida la composición: una nana de Schumann. Una lámpara de magma proyectaba caprichosas figuras en la pared, como animales legendarios, criaturas fantasmagóricas.

María se tendió sobre aquella cama colosal, hecha un ovillo, y acomodó la cabeza en uno de los cojines. La melancolía le arañaba el interior y abría un boquete hacia dentro, hacia el despedazado guiñapo de nostalgias que latía en el centro de María. Las notas flotaban sobre la habitación como una fuente que destilara al aire gotitas plateadas, le introducían sus múltiples mensajes a través de cada uno de los poros de la piel, y poco a poco difuminaban dolores y narcotizaban, hasta que María cayó vencida por un sueño imperioso y clemente.

Un muslo chocó contra otro muslo, en lo oscuro. Mientras abandonaba paulatinamente las sucesivas capas, cada vez menos densas y pegajosas, de las regiones del sueño, María tanteó con mano precavida y palpó un torso compacto, un brazo ajeno. Abrió los ojos inmediatamente, y en cuanto las pupilas se hicieron a la primera y débil luz del día identificó aquellas guedejas cobrizas que parecían encender las sábanas. El irlandés dormía a su lado con una expresión satisfecha dibujada en el rostro. Volvió la cabeza y confirmó lo que se había estado temiendo. Su otro flanco lo cubría el querubín, que dormía abrazado a un almohadón, en posición fetal. Un rápido vistazo barbilla abajo le bastó para comprobar que seguía tan vestida como la víspera. Allí no había pasado nada de lo que pudiera arrepentirse.

Zarandeó al querubín, al que le supuso un despertar menos agresivo. Del fondo de su sueño surgió una voz pastosa.

–¿Eh?... Ah, eres tú... Buenos días...

–¿Qué hacéis aquí? ¿Qué hora es?

–No sé qué hora es. Te quedaste dormida ayer, aquí. Intentamos despertarte, pero fue imposible... Lily se fue a casa, pero insistió mucho en que cuidáramos de ti. Dijo que te llamaría hoy.

Su esbelto antebrazo era tan pálido que casi se confundía con la almohada que abrazaba. Sobre tanta blancura resaltaba la piedra engarzada en un anillo de plata que llevaba. Una aguamarina.

–Tiene el color de tus ojos –susurró María, señalándola.

–Me la regaló mi madre –le informó Andy en otro susurro.

A María le pareció extraño que una madre regalara a su hijo una joya tan femenina, pero no dijo nada al respecto.

Al segundo sintió el peso de un brazo en el hombro. El irlandés se había despertado. María se dio la vuelta y lo sorprendió comprobando la hora en su reloj de muñeca.

–Son las siete –anunció–, creo que deberíamos

volver a casa. Ésta es la cama de Will. Se quedó planchado en un sillón, creo, pero tarde o temprano intentará recuperarla. Vamos, te acompañaremos al hotel. Se lo prometimos ayer a Lily.

En el camino de vuelta atravesaron Regent Gardens sin cruzar palabra. Los jirones de niebla precedían sus pasos, adheridos a la hierba mojada que les mullía bajo los pies. A María se le ocurrió que en su ciudad le habría gustado que alguien se la encontrara a hora tan temprana flanqueada por dos hombres tan atractivos. Pero allí nunca le había sucedido algo semejante. Los tres avanzaban en un mutismo casi religioso, descubiertos por la primera luz del alba (una delgada gasa de color acero) y sobrecogidos por el frío repentino de la mañana, por el denso olor de la tierra sanguínea, saturada de lluvia reciente, y por el impresionante silencio violado por la sonora alegría de los pájaros recién despertados. María pensó que algo mágico flotaba sobre la hierba. Y no era la niebla.

El misterio se rompió en cuanto volvieron a pisar adoquines. Los dos jóvenes interrogaron a María acerca de sus planes. Pero María no tenía planes. No sabía cuánto tiempo pensaba quedarse. Ni siquiera si pensaba quedarse

–Llámanos –dijo Grahame–. Te enseñaremos la ciudad.

Dejaron a María en la puerta del hotel y Grahame le dio su número, que ella apuntó en la libretita negra. A su lado, su amigo asentía con una sonrisa, como confirmando el carácter común de la invitación.

Lilian apareció por la tarde. Llamó desde el vestíbulo y María bajó, como había prometido, en cinco minutos. La rubia pareció alegrarse mucho de encontrar a su amiga sana y salva.

–Siento haberte dejado sola de esa manera. Tenía que resolver unos negocios con Will, ya sabes. –No, María no sabía; pero tampoco preguntó–. La verdad es que estaba tranquila porque Andy y Grahame prometieron hacerse cargo de ti –prosiguió–. Son un poco raritos, pero dignos de toda confianza.

María la invitó a tomar un café en la mugrienta cafetería del hotel. El barman se quedó mirando las piernas de la rubia con descarado embeleso, pero ella lo despreció con el desdén de los que están habituados a llamar la atención. Lilian le preguntó por sus planes. Todo el mundo parecía esperar que los tuviera. María le confesó que estaba tan desorientada, o más, que a la llegada. Lilian pareció reflexionar y luego dijo que se le acababa de ocurrir una solución. La chica con la que vivía estaba de vacaciones y había pensado alquilar su habitación. Quizá sería una buena idea que María se quedara allí. Siempre sería más barato que un hotel.

–Desde aquí no se tarda más de cuatro horas en llegar a cualquier parte de Escocia, así que puedes hacer de Edimburgo tu centro de operaciones y organizarte alguna excursión a las Tierras Altas cuando te canses de la ciudad. No te aburrirás, ya verás.

Se ofreció a enseñarle la casa, que estaba a apenas diez minutos de camino.

El apartamento era pequeño y destartalado, olía a sótano y a humedad, y cada uno de sus muebles, desportillados y sucios, parecía arrastrar cien años de mala vida. Las estanterías, repletas de libros, estaban cubiertas de polvo y presentaban arañazos en el barniz. Aquel sitio tenía cierto encanto, sin embargo, a pesar o quizá a causa de su aparente abandono. En cuanto a la habitación que se alquilaba, era amplia (más grande que el cuarto que María ocupaba en el hotel) e impersonal. Una cama, una mesa, anaqueles desnudos, un armario vacío... Su propietaria no parecía haber dejado huella de su paso. María no tuvo que pensárselo mucho.

–Me quedo –anunció.

–Excelente –dijo Lilian–. Mi habitación está al final del pasillo, cruzando el salón. Puedes entrar cuando quieras. –Y María debió de poner una cara muy rara porque añadió–: No te comeré.

El traslado fue cuestión de quince minutos, los que María tardó en recoger sus cuatro cosas y llevar su maleta a aquella casa. Lilian le dejó una copia de las llaves y le dijo que tenía que irse.

A la mañana siguiente María se levantó pronto, visitó el castillo, dio un largo paseo por el centro de la ciudad, y se compró unos cuantos libros con la esperanza de leer un poco. Pero pronto descubriría que resultaba imposible leer en aquella casa, en la que el teléfono no dejaba de sonar. Parecía que media ciudad se desesperaba por encontrar a Lilian. Llamaban cada diez o quince minutos, de noche y de día, hasta la madrugada, en absoluto sorprendidos de encontrarse con la voz de una desconocida al otro lado del auricular (ni siquiera intentaban averiguar su identidad) e insistían en saber cuándo volvería Lilian. María se consideraba la última persona capaz de resolver tamaña incógnita. Nadie dejaba su nombre, o un número al que se le pudiera llamar.

Finalmente María resolvió no coger el teléfono y dejar que el contestador se hiciera cargo de las llamadas. Al fin y al cabo, nadie iba a llamarla a ella. Así que escuchaba aquellos campanilleos constantes seguidos de un pitido y de los mensajes anhelantes de todos aquellos hombres y mujeres que preguntaban por Lily con voz trémula de ansiedad.

María echaba de menos a Miguel, por supuesto, mucho, pero casi agradecía al cielo que la hubiese dejado. Los últimos meses habían estado plagados de discusiones. María lloraba, lloraba, lloraba... entonces y después. A las discusiones seguían las reconciliaciones, oscuras, sórdidas, tópicas. Hacían el amor sin decir nada, casi sin tocarse, paladeando en la boca la saliva del otro, y, con ella, el amargo sabor de la rutina, el deterioro invisible de la cotidianidad. Sin Miguel, María se sentía a gusto, relevada por fin de la obligación de compartir sus amarguras.

Cada mañana, en casa de Lilian, se decía a sí misma que debía salir a ver la ciudad. Se ponía camisetas brillantes que resaltaban por contraste el brillo oscuro de sus ojos y su pelo, y se pintaba los labios de color naranja, dispuesta a comerse el mundo a bocados fluorescentes. Pero acababa por tumbarse en el sofá, con sus camisetas ceñidas y sus labios pintados, y allí se quedaba. Permanecía dormida la mayor parte del tiempo, protegida del mundo por el sueño.

Y así pasaron tres días. Lilian seguía sin aparecer, el teléfono no dejaba de sonar y María empezaba a preocuparse. Pensó en llamar a la policía para notificar su desaparición, y entonces cayó en la cuenta de que ni siquiera conocía el apellido de su compañera de piso. Se le ocurrió que en su habitación podría encontrar su pasaporte, y, animada por aquel propósito, cruzó el pasillo por primera vez. Por alguna razón oscura, temía entrar en el santuario de Lilian. Pero lo hizo.

La habitación exhibía un orden escrupuloso que desentonaba con el revoltillo del resto de la casa. La cama estaba hecha, los muebles impecablemente limpios y los libros se apilaban en las estanterías ordenados por tamaños. Sobre la mesa de dibujo Lilian había dejado un croquis a medio hacer. Algo que recordaba a una enorme salamandra cruzando un río, y que a María le pareció, quizá, el diseño de un puente. Los lápices y los rotuladores reposaban meticulosamente alineados a los costados.

María registró los cajones de la mesa, pero no encontró nada que sirviera para identificar a Lilian. Ni pasaporte, ni carnet de universidad, ni siquiera un abono de transportes. Tampoco cartas a su nombre, ni fotos de amigos o familiares. Parecía que no tuviera identidad.

Un detalle sobre la mesa le llamó poderosamente la atención: una pecera repleta de monedas que rebrillaban a la luz. Cogió un puñado y las examinó una por una. Allí había calderilla de todos los países.

Escudos, francos, pesetas, dinares, marcos, y otras monedas que María no sabía identificar.

Decidió no llamar a la policía.

Entonces sonó otra vez el teléfono. María reconoció la voz de Grahame (el timbre bronco y partido de marinero o labrador, su acento colorido de irlandés hablando con la máquina) y descolgó. Pareció muy sorprendido al enterarse de que la española se había instalado allí.

–Tienes que venir a vernos. Vivimos a dos pasos, en Bread Street. –María reparó en cómo insistía en seguir utilizando el plural al formular la invitación.

–No sé... Hace un día tan bonito... Estaba pensando en ir al parque y tenderme a tomar el sol con un libro.

–Excelente idea. Podemos ir todos a jugar al frisbee. ¿Te apetece que pasemos a recogerte en media hora?

No se le ocurría ninguna razón para negarse, así que le dijo que sí.

En cuanto María colgó el auricular se abrió la puerta y apareció Lilian, despeinada, la cara pálida como la de un fantasma, los ojos subrayados por dos anchos trazos malva. Llevaba puesto un traje negro de aspecto costoso, unas medias de rejilla y unas sandalias anudadas al tobillo con una cinta. Parecía cinco años mayor. Atravesó el salón con paso cansino y se desplomó sobre el sofá como si la hubieran apaleado.

María apenas la conocía, de forma que no se atrevió a indagar sobre su desaparición ni a recriminarla por el hecho de que no hubiera dado señales de vida en tres días. Se limitó a informarla, con intención, de que en su ausencia el teléfono no había dejado de sonar. La rubia acogió el dato con glacial indiferencia.

–También llamó Grahame. Va a venir a buscarme ahora, con Andy. Nos vamos al parque a jugar al frisbee.

Lilian se alzó muy lentamente desde el sofá, perfecta, filiforme, y tomó a María de la mano. Tibia toda ella, vacilaba de fatiga, quizá de deseo. Despedía un olor penetrante, innegablemente femenino, una mezcla de sudor y perfume caro.

–Vamos, los esperaremos en la calle.

Estremecida y curiosa, María se dejó llevar, flotando tras su estela.

3. Teoría de la armonía

Sobre el parque se cernía un sol terco, apagado de cuando en cuando por nubes juguetonas, que prometían una tormenta y luego la retenían, perezosas o benévolas. Andy, Grahame, Lilian y María caminaron un rato y finalmente se tendieron sobre la hierba, para verlas desfilar. María se sentía el centro de atención, como si los otros tres tejieran un collar de miradas que le orbitaba alrededor del cuello, mientras ella se limitaba a disfrutar en silencio del impresionante espectáculo de tanta belleza reunida: Grahame, los cabellos incendiados por el sol, la boca llena de palabras sonoras y los gestos de vana combatividad; Andy, carente de densidad, silencioso y leve como una pluma; y Lilian, Lilian cansada y firme a la vez, sus blancuras y dorados compitiendo con la luz.

Grahame monopolizaba la conversación y los demás le dejaban hablar, menos interesados en su cháchara que en el timbre de su voz. Luego su parrafada se fue diluyendo sutilmente en tedio y humedad hasta que se hizo el silencio total. María cerró los ojos y el parque desapareció.

Al rato los abrió. Se había vuelto a quedar dormida. Las nubes habían ocultado definitivamente al sol. Grahame y Lilian se habían apartado y cuchicheaban unos metros más allá. Por el tono de su voz, María dedujo que discutían, pero no pudo captar una palabra que confirmara la suposición. Volvió la mirada hacia Andy, que le hizo una señal con la cabeza y alzó los ojos al cielo. María siguió la dirección de su mirada y vio cómo se aproximaba un escuadrón de nubes de color acero, henchidas de lluvia.

–Deberíamos irnos, ¿no?

Andy asintió con la cabeza.

–Tú no hablas mucho, ¿verdad? –le preguntó María, irónica, casi cruel.

–Escuchar es mucho más interesante –respondió Andy. No parecía ofendido. María pensó que tenía una voz bonita. Profunda, melódica y pausada, como el correr del agua, el agua de sus ojos.

La extraña pareja formada por Andy y Grahame acompañó a la no menos extraña pareja que componían Lilian y María hasta su casa y, en el portal, Grahame, sonriente, le hizo prometer a María que iría a visitarlos al día siguiente. María se lo aseguró y se apresuró a seguir a Lilian escaleras arriba. En cuanto entraron en el apartamento, la rubia anunció que estaba muy, muy cansada, y que necesitaba dormir.

–No podrías ni imaginar qué noche me ha tocado –susurró, misteriosa.

Desapareció haciendo eses hacia su habitación. Pero antes acercó sus labios a las mejillas de María, sin llegar a besarlas. Sólo dejó que advirtiera la caricia de su aliento caliente y el aleteo leve de sus pestañas.

–Hasta mañana, querida –le bisbiseó, calentándole la nuca con su aliento, y a María le pareció que aquel apelativo deslizaba un licor empalagoso que le descendía dulcemente por la cuesta del oído.

A la mañana siguiente María se despertó con un intruso dentro: un dolor que amenazaba con aniquilarle la cabeza. Con las mandíbulas contraídas escuchaba un martilleo incesante, como una fragua en el interior de su pobre cerebro. A cada golpe le temblaban los párpados, y cada rendija de luz que se colaba por la ventana le oprimía las sienes.

Lilian dormía y María no se atrevió a despertarla. Decidió salir de la casa con el vano propósito de entretener aquel tormento. Bajó a la calle y recorrió el camino hacia Bread Street bajo una llovizna indulgente y un cielo anodino de puro gris. Pensó que acaso fuera el cambio de tiempo el responsable de aquel dolor errante, que iba y venía, haciéndose más grande y más pequeño en la cabeza, como si no supiera bien dónde posarse. Sacó de la mochila la libretita negra y comprobó la dirección de Grahame y Andy.

Le abrió la puerta Andy, cubierto apenas por un albornoz cobalto que hacía juego con sus ojos, y bajo el que se adivinaba un torso blanco y lampiño, un cuerpo casi impúber, sin un rastro de vello ni de virilidad. María imaginó el tacto de su piel, exquisito como el raso, y se acordó de las piernas de Lilian. Pero esta imagen se vio enseguida perturbada por un nuevo ataque del taladro que se empeñaba en barrenarle el interior de la cabeza. No pudo reprimir un gemido de dolor. Andy la miró con expresión sorprendida. La condujo al salón, la depositó sobre el sofá, desapareció con aire contrariado y volvió con una caja de paracetamoles y un termómetro.

–Tienes gripe –anunció con voz solemne–. Voy a traerte una manta y unos almohadones.

El termómetro confirmó el pronóstico de Andy. María tenía fiebre. Mucha fiebre. Exactamente treinta y ocho grados y medio.

Grahame apareció un poco más tarde, recién despertado, envuelto en un batín de seda color damasco que le daba un aire decadente y tentador. Sin afeitar estaba todavía más guapo, porque su barba, que contenía todos los colores amarillos y rojizos del espectro cálido, intensificaba la chispa esmeralda de sus ojos. María no había visto su habitación, o sus habitaciones, así que seguía flotando en el aire aquel ambiguo malentendido sobre la naturaleza de la relación que unía a aquellos dos. Cuando Andy le explicó que la española estaba enferma, el irlandés sonrió como si le agradara la perspectiva de tenerla allí asilada, febril y pálida, en su sofá.

–Avisaremos a Lilian –dijo–. Te quedarás aquí hasta que te pongas bien.

Consumida como estaba por la fiebre, María no se lo discutió.

Los dos fueron extremadamente amables. Se desvivían por que a María no le faltara de nada. Le enseñaban vídeos, le traían zumos, le ponían música de Satie. Revoloteaban en torno al sofá, como un abejorro y una mariposa, tan perfectos los dos, y tan distintos. Grahame hablaba y hablaba sin parar, como si el que delirara fuese él y no María, y a su lado Andy, siempre tranquilo, le dirigía tiernas miradas color añil que se deslizaban entre sus pestañas, largas y brillantes como lanzas. María se dejaba llevar, no preguntaba cuándo remitiría la fiebre, cuándo abandonaría aquel sofá, y apreciaba tanto aquel hablar pausado de Andy, aquella media voz matizada, sin estridencias, como a veces le agradecía a Grahame su cháchara trufada de anécdotas y chistes.

A los tres días María decidió que estaba bien y que debía volver a su casa. A la casa de Lilian, mejor dicho.

–No puedes hacer eso –le dijo Grahame, sentado a su lado en el sofá–. Ahora que nos hemos acostumbrado a ti. –Una sonrisa empalagosa subrayó la ironía de su afirmación–. Ni Andy ni yo podríamos vivir sin ti. Especialmente yo...

Estrechó la mano de María entre las suyas, grandes y pecosas, y la envolvió en una mirada cargada de promesas, justo en el momento en el que Andy entraba sonriente, llevando una bandeja enorme.

–Vamos a celebrar tu recuperación –anunció–. He hecho un curry excelente. No hace falta que te levantes, cenaremos aquí mismo. Traigo un vino que teníamos guardado hace tiempo, cuando todavía no te conocíamos.

Aquel vino sabía dulce y espeso, y se deslizaba por la garganta con la facilidad de la saliva ajena. Puede que fuera por el vino, o la mezcla del alcohol y los medicamentos que tomaba para la gripe, pero el caso es que a María se le enturbió la vista, y la habitación entera comenzó a dar vueltas. Incapaz de mantener erguida la cabeza, María la reclinó en el ancho pecho de Grahame, y allí la dejó, arrullada por el latido de su corazón. Grahame le acarició la mejilla, muy despacio, después dejó que los dedos culebrearan entre los rizos de la nuca de María y poco más tarde se aventuró a descender por la columna. Y ella le dejó hacer; es más, se estrechó aún más contra él, acurrucándose como una gatita mimosa. Grahame le mordisqueó la oreja. María cerró los ojos a punto de ronronear de satisfacción. Una mano le acariciaba el muslo. Tardó un rato en darse cuenta de que no pertenecía a Grahame. Volvió la cabeza y sorprendió a Andy. Se miraron a los ojos. María no sabía qué decir ni qué hacer, y parecía que él tampoco. Ella alcanzó a interpretar diversas emociones que se sucedían en aquel rostro angelical y –en aquel momento– ruboroso, una tras otra, como la sombra de las nubes corriendo por un prado: la curiosidad extrema, una especie de pudor ofendido, una ternura avergonzada y mimosa... Había algo exquisitamente femenino en aquel recato, que hacía que María se sintiera poderosa. Le besó con energía, con decisión, como un galán de cine besaría a una damisela. En su boca apremiante y torpe besó el reflejo de Grahame, se hundió en aquel beso como en un largo túnel y atravesó su interior. Allí se encontró con ambos, abrazados. En la espalda notaba el cosquilleo de las manos de Grahame, intentando desnudarla. Onduleó como una culebra para facilitarle la labor. Fuera camiseta, adiós sujetador, las manos de Grahame, la mansa y eficaz corriente de los dedos en la espalda, la lengua de Andy, el sabor del vino en la saliva... todo se sucedía como lo más natural. Supo que Grahame se había desnudado al sentir en la columna el mullido contacto de su pecho velludo. Siguió besando a Andy, se inclinó como un mahometano que rezara hacia La Meca y alzó la grupa para dejarle entrar.

Del sofá cayeron a la alfombra, se revolcaron sobre los cojines, rebotaron contra las paredes y atravesaron el cuarto como bolas de billar.

Más tarde María no recordaría la experiencia como una historia sórdida, y ni siquiera particularmente carnal. Muy al contrario, se trataba de una cuestión mística, que dotaba a un asunto que hasta entonces había sido vulgar y terreno de una transcendencia ascensional, desconocida. La suma de dos y uno no era tres. María había entendido, por fin, por qué la Trinidad se entiende como un Uno. No tenía palabras para describirlo, y dudaba que alguien lo entendiera. Sabía que no hallaría en ningún diccionario nombres para definir lo que hizo, lo que hicieron. Aquella noche había inventado frases nuevas, descripciones obscenas, oraciones heréticas, ritos profanos, sacrílegos bautismos de sudor y jadeos, que nombraban un delirio entre todos los posibles para apropiarse de esa esencia única que un nombre confiere. Había celebrado en lenguas diversas mil cultos sediciosos y ancestrales, y se había rendido, primitiva y pagana, a dioses crueles y perversos en dulces y complicadas ceremonias. Había hecho entrega de su carne para hacerla renacer, para desafiar su condición de mortal. Se había inmolado mil veces y había renacido mil veces, como heroína, como santa, como mártir estigmata, como abnegada fiel de una diosa inclemente, diseñando taxonomías de variantes amorosas, evocando oscuras geometrías del deseo, acoplando los vértices de todos los triángulos, escondidos en cada recodo de cada nuevo ángulo, descubriendo reflejos del paraíso, entrevistos desde los múltiples miembros de la escultura que compuso. María había bebido ríos de leche que surgían de inagotables caudales, hasta que sintió cómo rugía, en ascuas, desde su fondo, toda la materia oscura que en sí contenía y que había ocultado tanto tiempo, y que le brotaba de las entrañas, ardiente, en erupción. Cuando la cosa acabó, María se sentía otra, iluminada, traspasada, conversa. ¿Aquello era el éxtasis? Bienvenido el éxtasis.

Cuando todo terminó, alzó los ojos y se encontró con los de Grahame. Se miraron sombríos, como vencedores fatigados en el campo de batalla.

Se quedaron dormidos en el suelo, agotados, tras improvisar un lecho de almohadones sobre la moqueta, cubiertos con la manta que había cobijado durante tres días el cuerpo febril de María. En sueños revivió una y otra vez la experiencia, de forma que, en el recuerdo, a María siempre le costaría distinguir lo que hizo en sueño y en vigilia. En cualquier caso, nunca recordaría aquello como algo que pudiera revivirse en imágenes; no era como los tríos que había visto en películas porno, era más bien un embrollo de sensaciones –María convertida en cientos de personas diferentes y la misma, unos dedos que eran naves divagantes en el charco inmenso, en el temporal que le anegaba las piernas, una tormenta eléctrica en la piel, la suavidad de la carne ardiendo como si ella la incendiara, el resplandor de las lágrimas en unos ojos azules, mordiscos, cuerpos entresudados, miembros desmadejados, dolores placenteros, el olor dulzón del sexo...–, algo increíblemente suave, tierno, difuso.

La luz le dio en la cara y emergió despacio a la realidad, por más que no supiera todavía a cuál de todas las realidades despertaba. Un débil rayo de sol se colaba por la ventana, arrancando chispas fulgurantes a la melena leonina de Grahame. Se incorporó muy despacio, sin hacer ruido, atravesó el salón de puntillas, inclinándose de cuando en cuando, con la delicadeza de una bailarina, a recoger sus pertenencias esparcidas por la habitación. En el baño se vistió frente al espejo, ignorando, por primera vez en mucho tiempo, la costumbre de evitar la visión de su imagen desnuda. Hizo acopio de valor y de fuerzas, como un nadador cansado que retornara a la playa, y se enfrentó a la María inédita que apareció en el espejo. La fiebre había alterado ligeramente sus rasgos y contempló un nuevo rostro, triangular y pálido, enmarcado por una orla de cabellos sudorosos y enredados, y presidido por dos ojos brillantes como brasas, que parecían haber aumentado de tamaño en tres días.

Una María nueva, más delgada, más precisa... Casi se diría que más funcional.

Le acometió la tentación de abrir las puertas de las habitaciones. ¿Se encontraría quizá una cama de matrimonio revuelta, dos pijamas en un mismo lecho, la atmósfera dulzona y espesa de intimidad, de duplicidad, que se respira en un dormitorio compartido? En el armario del cuarto de baño no había condones ni lubricantes, pero ese tipo de cosas, pensó, se guardan en la mesilla de noche. Y no, no abrió ninguna puerta, y no por recato ni por pudor, ni por respeto a la privacidad ajena. Lo hizo porque prefería no saber, no despojar de encanto y misterio a la que había sido la experiencia más reveladora de su vida.

Se deslizó furtiva por el pasillo y cerró la puerta tras de sí sin hacer ruido.

Lilian no estaba en casa, por supuesto. Una quietud fantasmal flotaba en el ambiente, densa como una neblina, casi palpable. María echó en falta el repicar del teléfono, hasta que cayó en la cuenta de que a casi nadie se le ocurriría llamar a las siete de la mañana.

Consultó su guía y el horario de trenes. Lilian tenía razón, resultaba muy fácil viajar a las Tierras Altas. Sin pensarlo mucho metió cuatro cosas en una bolsa y se dirigió a la estación. Tardó seis horas en llegar a Oban. Allí se inscribió en el primer hotel que encontró.

María contemplaba el mar del norte que un viento frío erizaba y que iluminaba un sol sutil, mientras el cielo se deshacía interminablemente en lluvia, como sus propios ojos amenazaban con deshacerse en lágrimas. Aquella sucesión de infinitos matices de verde (la tierra) y de gris (el cielo) le recordaban a los ojos de Grahame, los mismos ojos que cruzaron con los suyos aquella mirada desolada. Una vez más, María había preferido poner tierra de por medio ante una situación que le desbordaba. Imposible explicar por qué lloraba tanto, a quién echaba en realidad de menos, si a Grahame, o a Miguel, o a Lilian, o a Andy, o a la María presuntamente feliz, de una complacencia ignorante y bovina, que había sido apenas seis meses antes, cuando la vida era tibia y plana, sosegada, y cada día, en su beatitud, parecía idéntico al anterior y al siguiente.

El mar, esa llanura inmensa y móvil, contenía millones de billones de trillones de pequeños organismos que habitaban en él, como dentro de María convivían infinitas Marías que componían todo el espectro definible de personalidades femeninas. No se aburrió un solo momento, a solas consigo misma, o con sus nosotras, los ojos invadidos del reflejo del mar, inacabable. Pasó allí dos noches, jugó con las gaviotas, contempló los juegos de las focas, y, por fin, se decidió a volver.

4. Abstracciones

Como era de esperar, Lilian seguía fuera de casa. Pero había dejado una nota. Su letra se le parecía: sensual, viva, esbelta. Unos graciosos bucles remataban las aes ovaladas y unas barras despóticas coronaban las tes: «Grahame llamó varias veces. Parecía preocupado. Yo también lo estoy. ¿Dónde estás? Llámale cuando regreses. Espero verte pronto».

María llamó a Grahame, que pareció encantado de escuchar su voz. Quedó en recogerla en diez minutos para invitarla a comer, y tardó en llegar cinco minutos exactos.

Cuando se encontraron, Grahame la abrazó con tal fuerza que María percibió cómo sus músculos temblaban. Su cuerpo era flexible como una llama, ardiente y ligero como ella. No salieron a comer, sino que se derrumbaron enredados sobre la cama de María, sin decir palabra. Ella aferró su miembro con una urgencia que nunca había expresado antes, y sintió cómo en su mano, ave depredadora, se agitaba aquella virilidad, cálida y viva como un pájaro cautivo. Pero a él no parecía gustarle tanta decisión. Inmediatamente se colocó sobre ella y finalmente su precipitación dominó y rindió a la de María.

Tendido sobre ella, explorador, conquistador, inició un periplo por toda su geografía. Recorrió caminos, agotó senderos, midió un desfiladero entre montañas. Descubrió entradas secretas, y avanzó reptando por todos los túneles. Por fin se refugió en un valle hospitalario, y allí vadeó ríos y probó el agua de cada fuente. Saboreó bivalvos, se enredó en algas, hundió los dedos en el légamo, y, desde el fondo de las aguas saladas, asomó a la superficie con una sonrisa impresa en el rostro mojado.

Después se fundieron. Cada espacio, cada territorio se diluyó en el del otro y todo su planeta se hizo común, se extendió. La cama era el cielo, y las almohadas nubes, y el universo en el que María flotaba estaba hecho de aire y de imaginación. Allí navegaba, ingrávida, náufraga de sí misma, hasta que una colisión la enfrentó a Grahame, y el uno contra el otro reinventaron la inicial explosión de la que brotó el cosmos.

Pasaron en la cama dos días y dos noches, en horas medidas por el reloj, no por la percepción de su paso, pues de no haber existido el cuarzo y las agujas, María no hubiera podido decir, a posteriori, cuánto tiempo había transcurrido, y repitieron lo mismo una y otra vez, pero con variaciones en cada nuevo encuentro. Siempre lo mismo, siempre distinto, como cada día, como la vida.

Hay momentos que cambian una existencia y que definen un antes y un después. Después de hacer el amor, enlazados, yaciendo de costado de forma que Grahame parecía embarazado de María, ella entendió por primera vez que lo suyo con Miguel estaba definitiva, irremisiblemente muerto, por mucho que María lo amara, o creyera amarlo. Que todo lo que María y Miguel habían hecho en el pasado no constituía sino un ensayo preliminar, una especie de esbozo infantil, una preparación para todo lo que estaba por venir. Ante María se extendía un inmenso territorio inexplorado, un viaje sin mapa, ni brújula, ni guía, en el que Miguel no podría acompañarla.

Por fin decidieron levantarse de la cama y salieron a pasear por el parque, cogidos de la mano como dos colegiales, todavía embriagados, algo tontos, ligeramente atortolizados. Él preguntó por su vida y ella habló de sí misma, de su oficina, de su secretaria, de su jefe, de su frustración, de su rabia contenida, de la devoradora e inmutable rutina, apenas traspasada por el rumor del paso de los días, que había caracterizado su existencia antes de llegar a Edimburgo. Entonces Grahame le soltó la mano, se detuvo, y, con una sombra de preocupación velándole el rostro, se atrevió a preguntarle por su edad. María dudó un segundo y finalmente decidió no mentir:

–Tengo treinta años.

–Pero eso es imposible... –musitó él–. No puedes sacarme ocho años.

No se convenció hasta que María le mostró su pasaporte, y aun así mantuvo largo rato en su semblante una expresión estupefacta.

María le despidió en el parque. Él le había explicado que debía encerrarse a trabajar, pues estaba preparando una exposición. Ella quiso saber en qué estaba trabajando, pero él eludió la respuesta. María atribuyó aquel mutismo a la modestia o la reserva del artista y no insistió. Se despidieron con un largo beso y él prometió llamarla al día siguiente.

En el apartamento se encontró con la imprevisible Lilian, tendida cuan larga era en el sofá. Pero aquélla no era la Lilian que María conocía. Era otra Lilian, más estilizada, sólida y concreta como una estatua de bronce. Llevaba un traje negro, ajustado a sus curvas como una segunda piel. Las piernas, forradas de unas medias negras y rematadas por unos zapatos de tacón, parecían aún más largas de lo que ya eran, como si las hubieran retocado con aerógrafo. Iba cuidadosamente maquillada, y sobre su cara había dibujado, como en un lienzo, una boca nueva, más llena, y unos ojos de pantera, rasgados e inquietantes, que prometían peligrosas aventuras. Se había recogido la melena dorada en un severo moño que coronaba su amplia frente y resaltaba el óvalo perfecto de su rostro. Aquella vampiresa rebosante de dominio y de glamour, de una belleza rayana en el insulto, parecía más mayor y experimentada que la precipitada jovencita que María había conocido hasta entonces.

–Pero Lilian... ¿de qué te has disfrazado... a las once de la mañana?

Lilian sonrió tranquila y soñolienta, arqueando muy ligeramente las curvas de los labios, y luego se miró a sí misma, como si reparase por vez primera en lo extraordinario de su atuendo.

–Oh... mi traje... Anoche estuve en una fiesta. Acabo de llegar.

María se guardó mucho de manifestar opinión ninguna (se debatía entre una instintiva repulsa, pues se sentía, en cierto modo, escandalizada, y una secreta aunque innegable atracción), y se sentó a su lado en el sofá. Presa de una imperiosa necesidad de compartir con alguien los avatares de su nueva vida, comenzó a narrarle los acontecimientos de los últimos días. Lilian escuchó su relato con atención, sin interrumpirla una sola vez, y cuando María lo dio por terminado cabeceó con expresión preocupada.

–Lo del trío no tiene nada de particular. A ellos les gustan esos jueguecitos. Te lo digo por experiencia... –María no preguntó más, porque no hacía falta, y Lilian prosiguió–. Pero ten cuidado con lo que haces y no esperes mucho de ellos. No olvides que no son más que dos niños de papá.

María protestó. A ella le parecía que tanto Grahame como Andy eran extraordinariamente maduros para su edad.

–No te engañes –dijo Lilian–. Espera y verás. Además, en cuestión de hombres yo nunca me equivoco. Son mucho más predecibles de lo que tú crees.

A María le molestaba que una jovencita de apenas veinte años se creyera con derecho a darle lecciones, pero no dijo nada. Además, tal y como Lilian iba vestida, parecía incluso mayor que ella.

Grahame llamó a la tarde siguiente, pero casi no habló con María. Estuvo charlando con Lilian largo rato, o más bien monologando, pues ella le respondía tan sólo con ocasionales silabeos (sí, sí...; no, no...). A María le vino a la cabeza la conversación que habían mantenido en el parque, y supuso que aquellos dos se traían algo entre manos, un asunto del que, evidentemente, ella quedaba excluida. Después Lilian le pasó el teléfono.

Lo encontró tan simpático como de costumbre, pero no tan tierno como ella habría esperado. Grahame le explicó que aquella noche pensaban ir a *La Belle Angelle,* un club de moda, pues pinchaba un tal Derrick, un DJ de excelente reputación cuyas sesiones constituían verdaderos acontecimientos en Edimburgo. «¿Te veremos allí?», le preguntó. Te veremos, había dicho, no te veré, otra vez aquel absurdo plural mayestático que incluía a Andy en su vida... «Son una pareja o actúan como si lo fueran, y eso es igual o peor», pensó María, y sin embargo respondió que sí, que la verían allí, aunque en el fondo recelaba un poco porque nadie se ofreciera a recogerla. Ligeramente ofendida, tuvo que contar en silencio hasta veinte para no manifestar su irritación.

En su cabeza revoloteaba una sospecha, una amenaza imprecisa, que desechó porque no sabía muy bien cómo catalogarla, y porque, en general, no sabía enfrentarse a las cosas que no entendía.

Lilian se ofreció a acompañarla al club, no por hacerle un favor, sino por propio interés. Se refería a la *rave* que las esperaba como un acontecimiento extraordinario, como si se tratase de una reunión religiosa que congregase a un selecto rebaño de elegidos, y volvió a vestirse de chica de veinte años, enfundada en unos vaqueros negros que se ajustaban como un guante a sus nalgas de corazón, respingonas y airosas de juventud y ejercicio. Llevaba una camiseta negra y unas botas, e iba sin pintar. Su sencillez, en realidad, resultaba mucho más provocativa que el elegante traje de mujer fatal que había lucido la víspera, porque así quedaba claro que su belleza era tan aplastante que no necesitaba de artificio alguno para manifestarse.

El club resultó ser una especie de nave inmensa y escasamente iluminada, fúnebre como un entierro en un día lluvioso. La música atronaba, ensordecedora, y un tumulto de adolescentes se agolpaba en la pista, balanceándose de un lado a otro en oleadas de forma que, desde lejos, la pista recordaba a la superficie de un mar oscuro en un día de tormenta. A María no le gustó el sitio, y, de pronto, se hizo dolorosamente consciente de la diferencia de edad que la distanciaba de aquella masa hermanada por la música.

En cuanto avanzaron hacia el interior del local, un enjambre de jovencitos se precipitó a saludar a Lilian, atraídos por la rubia como por un imán. Se inclinaban hacia ella y cuchicheaban a su oído preguntas nerviosas. Ella cabeceaba tranquila, como asintiendo, y sonreía.

–Me temo que voy a tener que dejarte sola –advirtió–. Me toca solucionar algunos asuntos. Ya sabes...

Como de costumbre, María no sabía. Pero dijo que no le importaba quedarse sola, impostó una sonrisa de circunstancias y se dirigió a la barra en busca de un whisky que pudiera suministrarle en cuatro tragos una dosis de euforia artificial capaz de sustituir a la autoestima que amenazaba con abandonarla de un segundo a otro.

Pidió un whisky triple (porque las medidas británicas eran escandalosamente parcas) y se acodó en la barra como un mal actor recién salido de un *spaghetti western.* De entre las tinieblas surgió Andy, sus ojos azules encendidos por contraste con la oscuridad. Parecía un ángel de desolación, emergiendo, tan definitivamente blanco, de aquella negritud. Componía una imagen tan vivamente romántica que María casi se entristeció al pensar que no tendría siempre veintiún años, que tarde o temprano la grasa y las arrugas destruirían su calidad efébica.

–Hola, cariño –le susurró Andy al oído. El matiz confidencial que la inflexión de su voz imprimía a algo tan banal como un saludo le hizo recordar a María intimidades compartidas.

Se acomodó a su lado, tan silencioso como siempre, diluyendo la imagen de María en sus ojos acuáticos, y ella se vio reflejada en Andy, de pronto, de igual a igual. Le gustó la mujer que vio en el fondo de aquellos lagos, la interpretación que Andy había hecho de su persona. Se olvidó de su edad y de sus complejos.

Y entonces vio a Grahame en una esquina, los alambres rojizos de su pelo recogidos en una coleta que parecía una antorcha. Abrazaba por la cintura a una chica de pelo corto, muy joven, muy rubia, cuya imagen le resultaba a María vagamente familiar. De pronto la reconoció: había visto bailar a aquella chica en la fiesta. Le había impresionado entonces la misma belleza que ahora la ofendía.

Él se inclinó hacia ella, la abrazó más fuerte, acercó sus labios a aquel cuello de nieve...

Mordida por la sospecha como por una víbora, repentinamente encolerizada, María adivinó antes de comprender. Abandonó la barra sin despedirse de Andy y salió de La Belle Angelle con lágrimas en los ojos.

Al llegar a casa de Lilian enfiló directamente por el pasillo hacia su habitación, se derrumbó sobre la cama y enterró la cabeza en la almohada. Cerró los ojos para no pensar, para no sufrir, para impedir el paso de las lágrimas, y se quedó dormida inmediatamente, con los zapatos puestos.

–Odio decir te lo dije, pero te lo dije, ¿o no? –le amonestó Lilian a la mañana siguiente, saboreando con infantil delectación la galleta de mantequilla que acababa de sumergir en el té. Ella había llegado muy tarde la noche anterior (la *rave*, según le explicó a María, acabó de madrugada) y apenas había dormido, pero la falta de sueño no sólo no alteraba su atractivo sino que lo acentuaba. Estaba más pálida que nunca y el perfil de su rostro se nimbaba del oro convocado en sus pestañas y sus cejas.

–Lo peor de todo –dijo María– es que aquello casi me pareció una representación. Apostaría algo a que se plantó en aquella esquina sólo porque sabía que así podría verlo desde la barra. Se diría que disfrutaba haciéndome sufrir.

–Quizás, en parte... Pero creo que sus razones fueron más simples, y a la vez más complicadas. Tú le gustabas muchísimo, y le gustas. Pero él tiene su vida, métetelo en la cabeza. De todas formas, la presunta independencia de Grahame no es sino un escudo para disimular su vulnerabilidad.

–¿Cómo puedes estar tan segura de eso? –le preguntó María, que empezaba a estar harta de la suficiencia de la rubia–. ¿Tan bien conoces a Grahame?

–Conozco bien a los hombres. Y son muy predecibles. No consigo entender por qué os obsesionan tanto.

Aquel latiguillo suficiente con el que Lilian se empeñaba en rematar todas sus observaciones sobre el comportamiento masculino sacaba a María de quicio. A pesar de todo, por alguna extraña razón, disfrutaba compartiendo con ella sus historias. Compartiendo, no intercambiando, dado que Lilian apenas hablaba de sí misma. Porque Lilian era como un remolino de energía que, muy a pesar de la propia

María, la atraía. Porque representaba lo que María no era y quería ser.

5. Instalaciones

Lilian volvió a la cama después de desayunar y María decidió dar un paseo por la ciudad, asumiendo que le vendría bien contemplar edificios antiguos, estructuras que habían resistido incólumes el paso del tiempo, los accidentes meteorológicos, las guerras y las catástrofes naturales. Por contraste, sus problemas quedarían reducidos a su magnitud real, volverían a ser anécdotas sin importancia, incidentes que no alterarían demasiado el curso de la historia de la humanidad, y ni siquiera, si lo contemplaba con perspectiva, de la suya propia.

En esto pensaba cuando se dio de narices con Andy, que caminaba por la acera, directo hacia María. El sol que se reflejaba en su pelo blanco recubría su cabeza de una aureola de luz que le hacía parecer, como siempre, y más que nunca, un querubín.

–Me alegra encontrarte bien –y le dedicó una sonrisa radiante–. Ayer por la noche te fuiste de una forma tan repentina que me asustaste. De hecho, había pensado en llamarte.

–Muy amable por tu parte –respondió María, intentando averiguar a través de la expresión de Andy si aquella preocupación era real o irónica. Pero sus ojos, transparentes, recordaban a un tarro azul vacío. No podía ver nada dentro de ellos.

Andy propuso que fueran a tomar una pinta de cerveza. Se dirigieron a un pub cercano y conversaron frente a dos jarras. María pensó que la cerveza, dorada y espumosa, parecía un retrato abstracto de Lilian, y se preguntó por qué diablos no conseguía quitarse a aquella cría presuntuosa de la cabeza. Andy apenas hablaba, pero preguntaba mucho, y encontraba una nueva pregunta relacionada con cada nueva respuesta, de forma que, antes de darse cuenta, María ya le había suministrado un resumen bastante ajustado de la vida que había dejado en su ciudad: aquel trabajo insidioso, aquella relación irreparable...

–Pero las ciudades se llevan dentro, no se huye de ellas con tanta facilidad –le advirtió él.

–Eso lo dijo Kavafis.

–Lo sé. Es el poeta favorito de Grahame.

–No suponía a Grahame lector de poesía.

–Grahame es un gran artista. No lo infravalores. –Parecía ofendido. Sus ojos habían adquirido de repente una tonalidad acero–. Aunque voluble, errático, como todos los artistas, ya sabes... –No, una vez más, María no sabía–. Quizá demasiado caprichoso... Pero yo le hago de contrapeso. Soy su parte racional, en cierto modo. Al fin y al cabo, mi oficio consiste en peritar cosas. He aprendido a valorar cada cosa que aparece ante mí. –A María se le ocurrió que tanta seguridad en un hombre tan joven resultaba falsa–. Y a cada persona, por supuesto.

La miró fijamente y ella pegó un ávido trago a su pinta para no verse obligada a improvisar una respuesta aguda a tan evidente insinuación.

–De todas formas, volviendo a lo que me contabas, si no quieres volver a casa no tienes por qué hacerlo –prosiguió él–. En septiembre me voy a Londres, con Grahame. Voy a trabajar en Sotheby´s. Dispongo de un apartamento enorme en Exhibition Road, justo al lado de Hyde Park. Mi familia ya no lo usa. En fin... podrías venir con nosotros.

–No digas tonterías; ¿cómo se supone que iba a mantenerme?

–Descuida. Yo dispongo de un fideicomiso bastante generoso. Además, con el tiempo ya encontraríamos algo que pudieras hacer. Tengo contactos y tú hablas bien inglés, no sería difícil.

–Me parece absurdo. Prácticamente no nos conocemos.

–Yo creo que te conozco más que suficiente. Y además, tampoco tienes nada que perder. Tú piénsatelo... –Y de un trago vació la jarra como dando a entender que daba el tema por zanjado–. Por cierto, ¿no te gustaría ver las piezas de Grahame?

Al estudio se accedía a través de una escalera angosta y polvorienta, dentro de un edificio semirruinoso en Madeira Street. Las paredes estaban cubiertas de pintadas. María avanzó casi a tientas y de repente le asustó un ruido de vidrio hecho añicos. Una jeringuilla se había roto bajo sus pies, y un rayo de luz se reflejó en aquellos cristalitos, iluminando un segundo el suelo renegrido de polvo, podredumbre y humedad. Olía a vómitos y orines. Por fin llegaron al último piso, casi sin resuello.

El estudio era una nave inmensa y abuhardillada, bañada de luz cenital a través de una ventana abierta en el techo desde la que se veían las nubes blancas y cobalto deslizarse sin prisas a través del cielo gris.

Las piezas de Grahame estaban dispuestas sobre las baldas de una enorme estantería. Al principio María casi no se fijó en ellas, debido a la distancia y a la poca luz. Luego se acercó despacio y las contempló más detenidamente, descubriéndolas. Se trataba de una colección de piezas de colores brillantes (azul eléctrico, rosa fucsia, dorado brillante, verde esmeralda) con la forma y el tamaño de mazorcas de maíz, realizadas en un material plástico y flexible. Una aproximación a menor distancia reveló que se trataba de unos miembros enormes, inhumanos, unas grotescas caricaturas fálicas.

–Diseños ergonómicos –aclaró Andy, que se había situado tras ella–. Hechos de silicona en lugar del látex tradicional. La silicona se asemeja más al tacto de la piel, retiene más fácilmente la temperatura corporal y es más resistente a los fluidos corporales.

–¿Quieres decir que éstos son...? –María no encontraba la palabra y finalmente la tradujo directamente del español–. *¿Vibrators?*

–Son piezas. Lo importante es la composición, la armonía, el impacto estético, las asociaciones inconscientes que provoquen en quien las mire. Luego está el uso que cada cual quiera hacer de ellas...

Ella tomó una pieza en la mano. Un aparato violeta brillante en forma de Y, con el palo central ligeramente curvado y rodeado de burbujas rotatorias. En la base de este palo, justo antes de que se bifurcara en dos, asomaban una especie de orejas de conejo. Le dirigió a Andy una expresión interrogante.

–Esos pequeños rabitos están diseñados para estimular suavemente el clítoris a la vez que se realiza la penetración. –El tono didáctico de Andy resultaba extrañamente erótico, si es que existe algo parecido a la neutralidad en el deseo.

–¿Y la bifurcación de la base?

–Estimulación anal.

–Ah... –asintió María, sin acabar de comprender.

Se acercó a la estantería y tomó una pieza en la mano, cariñosamente, con cuidado, como si acunara a un animal asustadizo. Deslizó la yema de los dedos por el perfil curvado de la pieza. Parecía una gigantesca flor exótica, con un pistilo desmesurado.

–¿Ves? La curva se adapta perfectamente al aparato genital femenino. Grahame realizó incluso algunas investigaciones ginecológicas para el diseño de esta pieza –explicó Andy.

Luego fue tomando cada pieza y explicando su cometido con precisión de marchante.

–Éste simula el orgasmo masculino y se rellena con una mezcla de clara de huevo y lanolina... Éste es un vibrador parlante que imita gemidos y que incorpora también todo tipo de efectos sonoros... Éste es un huevo vibrador, controlado con mando a distancia. Permite treinta orgasmos simultáneos... Éste es especial para *cunnilinguae* –y señalaba un aparato acabado en una especie de apéndice lubricado con aspecto de lengua de vaca que parecía una planta recién salida de la tienda de los horrores–... y ésta es La Vara Mágica, equipada con un sistema de control adaptable con gran variedad de velocidades y funciones...

Continuó ofreciendo descripciones de todos aquellos refulgentes consoladores artísticos y de vez en cuando se pasaba la lengua por el labio superior, como paladeando en silencio el efecto que esas explicaciones pudieran tener en María. Una fina película de sudor perlaba la pelusilla blanca de su bigote lampiño y aun desde la distancia se apreciaba con claridad cómo le latía blandamente la yugular, una vena color azul violáceo que destacaba sobre su blanco y esbelto cuello de cisne, como un pañuelo olvidado en la nieve.

–Grahame me habló de instalaciones... Esto son piezas, y no sé si dan para montar una exposición –aventuró María. Sabía muy bien que estaba provocándole.

A Andy los ojos azules le brillaron de tal modo que el tono se les transmutó de añil a azul eléctrico, el mismísimo color de una de las piezas.

–Por supuesto, también hay instalaciones. ¿Te apetece verlas?

María aceptó el desafío. Intuía una invitación detrás de todo aquello.

–¿Por qué no...?

Andy la condujo a un extremo de la habitación, donde había una pequeña puerta pintada de violeta. Al abrirla entraron en una sala diminuta, polvorienta y escasamente iluminada, donde se amontonaban cables, trozos de madera, cuadros eléctricos, lienzos abandonados, pinceles y botes de todos los tamaños.

Allí había dos instalaciones, por llamarlas de alguna manera. Una era una especie de bicicleta con una sola rueda. En realidad, se trataba más bien de una rueca o algo similar, dividida en tramos. En cada tramo había adherido una pluma, un trozo de piel de conejo o una especie de cepillito. El sillín tenía una amplia hendidura abierta en su centro, de forma que si la persona que se sentara sobre él colocaba sus órganos estratégicamente, recibiría un masaje directamente sobre ellos, más intenso cuanto mayor fuera la velocidad del pedaleo.

–Grahame encontró la idea en un grabado renacentista –explicó Andy, acodado en el marco de la puerta–. Su inventor la bautizó como «La rueca de Mesalina» o un nombre similar.

La siguiente instalación era un enorme sillón de cuero negro de anchos brazos y aspecto confortable. En su base, es decir, en el lugar donde uno debería sentarse, destacaban dos montículos como dos pequeños menhires, uno ligeramente más pequeño que el otro. María miró hacia Andy con expresión interrogante.

–Si te fijas bien, repararás en que son movibles. Puedes colocarlos donde te resulte más conveniente. Por lo demás, se trata de un sillón de masaje, casi idéntico a los que se venden por teletienda. El respaldo y el reposapiés son inclinables y ajustables. El cuadro de mandos está situado en el brazo derecho... a la altura de tu mano... justo ahí, perfecto. Tiene diferentes velocidades y puedes elegir un masaje local, concentrado en una sola parte del cuerpo, o completo.

–Supongo que debe de ser toda una experiencia.

–No lo sabrás hasta que no lo pruebes por ti misma.

María aceptó el reto que proponían aquellos ojos acerados.

Se acercó despacio al sillón negro, y lo palpó como quien examina un caballo antes de montarlo por primera vez, intentando averiguar si el animal podrá descabalgarlo. Después se deshizo de las bragas con calma, consciente de la mirada de Andy. Él mantenía los labios ligeramente separados, con la lengua apoyada contra los dientes inferiores, ejerciendo presión, y en su boca se percibían movimientos muy ligeros y sutiles, sin llegar nunca a la crispación.

María se dio cuenta enseguida de que no podría encajarse en la base del sillón si no estaba convenientemente lubricada, así que se metió los dedos en la boca y los mojó todo lo que pudo. Acto seguido, se ensalivó a conciencia la entrepierna. El rostro de Andy se había puesto rojo, y las mejillas le resplandecían. Las pupilas se le habían dilatado de tal forma que los ojos se le oscurecieron.

Para María no resultó difícil en absoluto acoplarse a aquel cacharro. Grahame lo había diseñado condenadamente bien. María se relajó sobre el sillón, como si se preparara para el despegue de un vuelo transatlántico, y a continuación echó un vistazo al cuadro de mandos. Había cuatro botones de colores que rodeaban a uno más grande, violeta. Dedujo que el botón central sería el más importante y decidió dejarlo para el final. Apretó un botón naranja y de repente sintió cómo una especie de inmenso rodillo le subía y le bajaba por la espalda.

Andy seguía apoyado en el marco de la puerta. Casi no se le notaba la excitación, excepto por la respiración agitada, cuyo ritmo se fundía con el zumbido del sillón, y el movimiento de los músculos de su esbelto antebrazo, que se tensaban y destensaban.

María apretó un botón fucsia. El reposapiés se elevó y empezó a masajearle las pantorrillas. El labio superior de Andy temblaba ligeramente.

María apretó los otros dos botones, verde y azul,

que se correspondían con los brazos y la base. Todo el sofá se puso a temblar, con un estrépito ensordecedor. Andy se llevó la mano a la entrepierna.

Y por último María pulsó el botón violeta. Entonces percibió cómo los cilindros que se mantenían insertados en su interior se ponían a vibrar y se replegaban dentro de la base para extenderse acto seguido. Se llevó la mano al clítoris para intensificar la sensación. Cerró los ojos y contempló todos los botones, que se fueron mezclando en la retina como en un caleidoscopio. A medida que María se concentraba más y más en lo que estaba sucediendo, los círculos se iban fundiendo en escarlatas, rubíes, carmesíes, bermellones, corintos, burdeos, granates, naranjas, azafranes, en todos los colores de la paleta del rojo. Accionó el dedo corazón sobre el sexo y se mordió el labio inferior. Los colores se fueron poniendo más y más rojos, y cuando llegaron a un rojo cadmio, vivísimo, puro, María estalló, por fin, en unas convulsiones tan intensas como si las provocaran descargas eléctricas. Permaneció un rato así, con las manos aferrando como garras los brazos del sillón, sacudida por espasmos que no podía reprimir.

Tardó un rato en recuperar la conciencia, concentrada en el ritmo de su propia respiración. Cuando volvió a abrir los ojos lo primero que vio fue, en el suelo, la semilla de Andy, destelleando de blancura contra las baldosas grises. Luego alzó la vista y se encontró con él, que se acercaba hacia María, elegante y sinuoso como una serpiente azul.

–Estabas preciosa –susurró, jadeante–. Me recordabas a un cuadro de Klimt. *Danae.*

–No me gusta Klimt –dijo María.

–A mí tampoco. –Sonrió. Entonces se ensalivó el dedo meñique. María temió sus intenciones hasta que se dio cuenta de que Andy sólo estaba intentando deshacerse del anillo. Cuando lo consiguió tomó una mano de María entre las suyas y se lo deslizó en el anular.

–No puedes rechazarlo –dijo Andy–. Sería un insulto.

6. Composición

María regresó al apartamento de Lilian como si caminara a ras del suelo, como sucede en algunos sueños en los que se avanza despacio y casi ingrávido, contra el aire, como si uno nadara en lugar de andar. Todo lo sucedido le parecía tan absurdo e incomprensible que pensó que quizá lo había soñado. Pero no lo había soñado. La prueba estaba en aquel opresivo anillo, demasiado pequeño, que le relucía en el dedo. Sólo cuando reparó en la sortija recordó la extravagante oferta de Andy: Londres, Hyde Park, la vida a tres... O quizá no tan extravagante... En el fondo, aquella proposición casi parecía coherente, pues su idea no resultaba particularmente extraordinaria inscrita en el marco de todos los acontecimientos descabellados de los últimos días.

–Deberías tomarlo en serio –opinó Lilian cuando María le enseñó la joya. Se estaba pintando las uñas de los pies frente al televisor y parecía recién salida de la portada de un grupo musical para veinteañeros–. Es cierto lo que te ha dicho. Su padre es inmensamente rico. Evidentemente, sin una familia como la suya no se puede trabajar en Sotheby´s. No a los veintiún años, al menos. Supongo que se pasará allí unos años, el tiempo suficiente para labrarse unas buenas relaciones, y luego abrirá una galería en Chelsea. Y a él le vendría bien tenerte cerca. En esos ambientes conviene tener una novia. Y tú eres muy guapa, tienes clase. Ideal para llevarte a las *vernissages.* Créeme, María, te está ofreciendo la oportunidad de tu vida.

–No seas absurda. Casi no me conoce.

–¿Y eso qué importa? En el fondo, nunca conoces a los demás, incluso después de años.

María se acordó de Miguel por primera vez en muchos días, y pensó que quizá Lilian tuviera razón. Resultaba curioso que ahora casi no recordara a la persona que había absorbido sus pensamientos durante años enteros.

–¿Andy y Grahame son... amantes? –preguntó, impaciente por aclarar la duda que le había reconcomido desde que los conoció.

–No sabría qué decirte. La palabra amor es como la palabra Dios, significa algo completamente distinto para cada uno. No sé qué siente Andy. Sé que admira a Grahame y que valora su compañía. Sé que ambos mantienen una relación simbiótica y extraña... No sé, no los conozco tanto. ¿De qué te ríes? –preguntó, desconcertada ante la repentina hilaridad de María.

–Me hace gracia –le contestó María cuando dejó de reírse–. Es la primera vez que no te atreves a definir con seguridad las razones del comportamiento de un hombre. Creí que eras una experta en el comportamiento masculino...

–Soy una experta, te lo aseguro. Estoy segura de que el número de hombres con los que me he acostado supera con creces a la cifra que tú puedas alcanzar el resto de tu vida.

–No estés tan segura. He sido más promiscua de lo que tú te crees. Y además, te saco diez años.

–Lo sé, pero tu promiscuidad no es tu medio de vida.

–¿Qué quieres decir?

–Por favor, María... Supuse que ya te habrías dado cuenta. Pensé que resultaría obvio para alguien que viviera aquí. Mis horarios, ya sabes...

–Y las llamadas... –continuó María, que acababa de atar unos cabos que milagrosamente no se le había ocurrido enlazar hasta entonces.

–¿Las llamadas? ¡Ah, las llamadas! Pero la mayoría de llamadas se refieren a algo distinto. Ése es otro tema.

–¿Cuál? –María volvía a perderse justo cuando creía haber encontrado la clave del laberinto.

–María, por el amor de Dios... ¡No puedo creer que no te dieras cuenta! En la fiesta, en *La Belle Angelle...* Cuando te dije que tenía que atender mis negocios... Toda esa gente que me acosa en cuanto entro a una fiesta o a un club...

–Pensé que eras una chica muy popular

–Qué ingenua... Y qué halagadora. Vendo éxtasis, cabeza de chorlito. *Voilà* la clave de mi popularidad.

–Y Grahame y Andy... son... ¿son clientes tuyos? –preguntó María. A la luz de esta información, adquirían repentino sentido las conversaciones a media voz entre Lilian y Grahame.

–Me compran éxtasis, sí. Pero no saben nada de lo otro.

–¿Y por qué lo haces? Lo otro... quiero decir –María imitó, sin darse cuenta, el tono con el que Lilian marcaba su eufemismo.

–Muy sencillo: por dinero. No podría sobrevivir con mi beca... –Desvío la mirada–. Me costó mucho llegar a la universidad, no puedes imaginar cuánto, y dentro de dos años, cuando acabe la carrera, no quiero trabajar en el estudio de otro por cincuenta libras a la semana. Quiero tener mi propio estudio, controlar mi vida. Eso no se consigue sin dinero.

–Lo que no entiendo es... En fin... Debe de ser tan desagradable...

–No creas. Yo soy muy cara. Mis clientes tienen dinero, y dinero significa una apariencia presentable, zapatos de diseño, trajes bien cortados, colonias francesas. Además, saber que están pagando tanto por lo que vas a darles proporciona una sensación de poder, de control... ¿cómo te diría? Casi, casi, adictiva.

–¿No te da... asco? –Se arrepintió de la frase en el momento de acabarla pero no se le ocurría otra forma de expresarla.

–Me dio mucho más asco trabajar de cajera en un supermercado, si quieres que te diga la verdad. Mira, María, la conciencia que cada uno tiene de su cuerpo es muy personal. Si para ti tu cuerpo es la expresión de tu deseo, puede que te dé asco entregárselo a alguien a quien no deseas. Pero para mí es un instrumento de trabajo. Así que por un lado está lo que hago con los hombres por dinero, y por otro mis experiencias eróticas, las de mi esfera privada, que son otra cosa.

María permaneció en silencio, turbada por la breve pero intensa mirada de soslayo con la que Lilian rubricó aquella afirmación. La rubia continuó pintándose las uñas de sus exquisitos pies como si tal cosa, rematando las puntas de los dedos con veinte gotas de sangre. El escarlata en contraste con el blanco recordaba a una pintura antigua, un Caravaggio quizá. María apartó la mirada decidida a no dejarse engañar por su propia fascinación, y retornó a su habitación, resuelta a hacer la maleta.

No le había dicho a Andy que se marchaba. Ni tenía por qué. En ningún momento se había tomado su oferta en serio. No sabía bien si había sido una broma, o un capricho de niño rico, o un subidón de éxtasis, y le daba igual. Le importaba tan poco despedirse como poco le iba a importar a Andy, en el fondo, que ella se marchara, de eso estaba segura. No dejaba nada en la ciudad que abandonaba, y tampoco le esperaba gran cosa en aquella a la que regresaba. Lo cierto era que no le gustaba su trabajo, y que su experiencia afectiva se había caracterizado hasta entonces por una sucesión más o menos predecible de catástrofes. Y sin embargo, no le apetecía cambiar de vida. Le gustaban su ciudad, sus amigos, su casa. No sería feliz sin las cosas a las que se había acostumbrado. Los paseos por el puerto, las borracheras de los sábados, las dos o tres personas a las que sabía que siempre podría llamar en caso de necesidad. Es cierto que no era muy feliz antes de llegar a Edimburgo. Pero al menos se trataba de una infelicidad exclusivamente suya, algo de lo que podía sentirse responsable.

Cuando acabó de hacer la maleta, María se entristeció al pensar en lo que dejaba atrás. Nada, o casi nada. Poco más que lo que deja el mar al retirarse de la playa, la casi imperceptible espuma que marca el borde de su huella mojada en la arena. Con la diferencia de que el mar siempre vuelve, siempre, a la mañana siguiente, y María ni siquiera sabía si iba a volver. Anhelaba depositar, en algo o en alguien, un recuerdo dulce y preciso, algo más concreto que lo que dejaba en Grahame, y menos prosaico que lo que intuyó Andy. Pensó en Lilian, en todo lo que no sabía de ella, en lo que ella no sabía de María. La líquida intuición de lo perdido por nunca conocido.

Se deslizó hacia su habitación pensando en despedirse, en dejar algo de sí que con el tiempo, en el recuerdo, se convirtiera en algo más hermoso, como el grano de arena que se convierte en perla, madurando en silencio en el interior de la ostra.

Lilian se había quedado dormida sobre su colchón, con un libro en la mano, y la expresión tranquila y confiada que el sueño dibuja en algunas caras a las que rejuvenece de repente. María se sentó a su lado, y casi sin pensarlo, le apartó los rizos de la cara. Lilian abrió los ojos muy despacio y sonrió, mimosa. De pronto María adivinó, pese a sí misma, lo que estaba a punto de suceder.

Tomó su cara entre las manos como el sacerdote que sostiene un cáliz al ofrecerlo, e indagó en los ojos color miel buscando su respuesta. Entonces Lilian se acercó a María y sus labios, húmedos y cálidos, cubrieron los de su amiga. Después se abrazaron, ámbar contra marfil, y permanecieron mucho rato inmóviles, como si no supieran cómo continuar.

El radiador estaba encendido, y desde allí emanaba una tenue luz. En aquella habitación sofocante la piel de María reaccionó al calor. Cuando finalmente rodaron abrazadas por el colchón, y después por la moqueta, el juego de las diferentes temperaturas de la estancia sobre sus cuerpos hizo que su excitación aumentara hasta casi hacerle perder la cabeza. La sutil luz roja de la llama dibujó sobre María, sobre Lilian, otras muchas mujeres, múltiplos de sí mismas.

María vivió ese momento entonces, lo vive ahora cuando lo recuerda y, al recordarlo, lo reinventa. ¿Cuál de las dos experiencias es la más real? La intensidad del ayer palidece, engullida por el hoy. Los tiempos se confunden.

Entonces, ahora, la boca le ardía de sed, la funde con la de Lilian, absorbe su lengua y escarba en sus encías mojadas de saliva. La fiebre se abre paso entre los huesos, y remonta en las venas hasta abrir en la piel una herida luminosa que sangra y que supura, una herida abierta, ávida de recibir otra. Y Lilian se ocupa del cuerpo de María hasta hacerle ver que es suyo cada centímetro. Los labios sobre el estómago, la lengua culebreando con rapidez entre los muslos. El peso de un cuerpo sobre el otro, las piernas abiertas. Los dedos separando el vello, una boca que encuentra una herida, y que la sana, hasta que María explota y se diluye en una detonante estampida de constelaciones, abrazando muy fuerte a Lilian para que ella sienta su magnitud.

Luego María se desliza por un cuerpo sudoroso.

Toca, indaga, explora, aprieta, masajea, acaricia, muerde, besa, araña, suavemente y con fuerza, y sopla aire caliente en lugares húmedos y blandos.

La mano que aún luce el anillo de aguamarina es la misma que reptaba por sus hombros y sus senos, que acunaba en su abdomen una luna de mármol, la misma que alumbró la oscuridad profunda y untuosa de infinitos canales, la misma que explicaba las misteriosas dudas ante un cuerpo vivo y palpitante y homólogo.

Buscaba con su lengua la huella de otra lengua, hundida en sus salivas. La huella de otra lengua que nuevamente en ella deposita, entre sus ingles. Entrar en ella es como atravesar un túnel virtual, el tacto suple a la vista, se puede apreciar el interior; al atravesarla María avanza y dobla recodos y llega a una pequeña bolita brillante que se dilata al contacto con la yema del dedo, y a continuación nota cómo ese túnel se expande y se contrae, cómo aprisiona al dedo y ella misma. Y María, por fin, es como Lilian, es la mujer que desea, la mujer que desea ser.

El ritmo de Lilian decrece lentamente, deja de gemir, y María la toma entre los brazos, y deja que, temblando aún, se deslice despacio por una cuesta que la lleve otra vez al borde de la cama, al mundo de todos los días, con sus obligaciones, sus traiciones, sus compromisos y sus rutinas. Entonces, ahora, besa en silencio las puntas de sus dedos.

Mientras Lilian dormía, María se levantó y se dirigió al cuarto de baño. Se examinó en el espejo y, por primera vez en tantos años, le gustó lo que vio, se alegró de ser María. Admiró ensimismada los pezones, oscuros y resecos como carozos de aceituna, las muelles redondeces de los senos, la sinuosa amplitud de las caderas, el triángulo enmarañado del pubis, como un oscuro bosque que ocultara la entrada del sexo, esa gruta húmeda y oscura, tapizada de musgos y rezumante de líquidos, que oculta en su seno hallazgos fascinantes.

Retornó a la cama. Lilian, medio dormida, rodó sobre el colchón, se acurrucó a su lado y reposó la cabeza en su hombro. María la abrazó y pensó que al abrazarla, abrazaba un trozo de sí misma, puesto que Lilian, como todo amor, era, más allá de su propia identidad, una construcción, un soporte investido. En ella, como en cada amante, había parte de María, de sus aspiraciones, de sus necesidades. Y de ella, como de los demás, había recibido, por tanto, un reflejo de sí misma. Cada uno había actuado como un espejo diferente y le había hecho verse de distinta manera. Llegó horrible a Escocia porque Miguel ya no la quería. Y en Edimburgo, Grahame, que la deseaba, la convirtió en hermosa; y por Andy, que la admiraba, se sintió inteligente. Y con Lilian, de igual a igual, volvió a ser persona.

Había construido una pirámide en la que cada cara, cada triángulo, sostenía a los otros, y la suma de todos ellos componía a María.

Al día siguiente abandonaba la ciudad y toda aquella historia parecía un breve sueño que colgaba de un presente que ya era su pasado. Abrazó a Lilian y acarició su nuca de bebé, el lugar donde la pelusilla dorada se hacía blanca. A la luz del radiador se tornó anaranjada, cálida y brillante. Fijó la mirada en ese color, y lo mantuvo en la memoria al cerrar los ojos para volver a hundirse en los acogedores refugios del sueño. Pero esta vez sin miedo. Ya no huía, simplemente descansaba, haciendo acopio de fuerzas para volver. Volver a sí misma, volver a su ciudad, después de aquel verano distinto a todos los veranos. Sin playa, sin biquinis, sin bronceado de agosto.

ALEXITIMIA

Hace calor. Mucho calor. Goterones de sudor le resbalan por los muslos. Desnuda, Elsa mira al techo, siguiendo con los ojos las monótonas evoluciones de las aspas del ventilador. «No volveré a levantarme», piensa. «No me quedan fuerzas.» Siente un nudo en el estómago. Comprende por vez primera el sentido de la expresión, porque imagina claramente una cuerda gruesa y rasposa, hecha de bastas hebras de esparto entremezcladas, que se amarra en un lazo apretadísimo, y que es la que le provoca esa áspera sensación en el vientre que no le deja comer.

Sin mover un solo músculo repasa mentalmente el plan de supervivencia que ha elaborado y que incluye: Uno, someterse a una estricta dieta de adelgazamiento para perder en un mes los kilos que ha decidido que le sobran. Dos, llamar a todos los pretendientes que ha rechazado en el último año e ir acostándose con ellos uno por uno. Tres, cancelar en veinte días todos los encargos pendientes, las traducciones, las correcciones y los artículos que se le acumulan en la mesa de trabajo. Cuatro, apuntarse a un gimnasio... Imagina una versión azulada de sí misma, con túnica y alitas, que, acuclillada en el hombro derecho, le va susurrando al oído todos estos buenos propósitos; mientras que otra análoga, roja, con rabo, tridente y cuernos, balancea las piernas sentada cómodamente en su hombro izquierdo y le contrasusurra: «no, no tiene sentido, no vas a hacer nada de eso, lo que vas a hacer es atiborrarte de orfidales y dormir, dormir, dormir, y dormir hasta que no distingas sueño de vigilia». Responsabiliza a esta eterna contienda entre su superyo y su ello (dada su personalidad bipolar su yo ha dimitido del cargo hacía tiempo) de la parálisis que la aqueja y que le impide levantarse del sofá y hacer cosa mejor que contemplar cómo giran las aspas del ventilador.

El campanilleo del teléfono interrumpe sus reflexiones. Timbrazo, pausa; timbrazo, pausa; timbrazo, pausa. Mensaje grabado del contestador: «ahora no estoy o no me puedo poner, habla después de la señal». Pitido agudo. Voz femenina identificada al cabo de dos segundos como la de su mejor amiga. «Sé que estás ahí, por favor, coge el teléfono. Si no coges el teléfono chillaré y chillaré y tu casita destruiré.» Repta por el sofá y alarga la mano hacia la mesilla. Descuelga el auricular como quien aprieta el detonador de una bomba y se prepara para concertar la consabida cita de cada viernes por la noche.

«Si alguien me propone sexo esta noche, sea quien sea, hombre, mujer, gordo, flaco, listo, tonto, conservador o liberal, blanco, negro, asiástico o mestizo, musulmán, católico, budista, agnóstico o ateo, quien sea, a quien sea, le diré que sí. Lo que no voy a hacer es pasarme otra noche llorando sola en casa, eso te lo aseguro.» Raquel la escucha, copa de champán en mano, con sonrisa escéptica, incapaz de comprender la imperiosa necesidad de que el tránsito de un cuerpo ajeno sobre el cuerpo borre las huellas de la prolongada residencia de un cuerpo anterior en dicho territorio.

Varios conocidos se acercan a su mesa para saludar y charlar un rato. Se despiden unos y se presentan otros, y Elsa se siente como el vestíbulo de una estación: nunca desierta, nunca abandonada, pero incapaz de que nadie la considere refugio estable. Raquel sonríe a todos los recién llegados e intercambia con ellos los saludos y las bromas de rigor, igual que cada viernes y cada sábado. En el aire espeso se intuye una música de jazz como una corriente subterránea. La tristeza de tantas cosas muertas, perdidas o encontradas, se desliza lenta por las notas como un río sollozante: un sonido de lluvia, de torrente que llora, de cortina rasgándose, que recuerda a cierta voz grave y lejana, encontrada y perdida, muerta.

Una pareja de hombres ocupa las dos sillas que acababan de quedarse libres. Uno de ellos se pone a conversar animadamente con Raquel. La cara le resulta familiar, aunque no consigue acordarse de su nombre. Del otro, del mismo que de pronto se ofrece a invitarla a una copa, nada sabía. O al menos eso cree. Una sonrisa y un ligero asentimiento de cabeza bastan para confirmar que acepta la invitación. Buenos días, medianoche.

No sabe por qué el hombre no acaba de gustarle. La dulce y resignada melancolía que él imprime a sus palabras no parece natural en un hombre de treinta años, si es que a los treinta llega. Le importa muy poco lo que él pudiera pensar de ella y sólo siente cierta curiosidad por saber cómo será él. Mantienen la conversación usual. Ella miente y le cuenta que es feliz, que vive cómodamente, que disfruta de su independencia y de su soledad. Él le dice que ésta dispuesto a creer que ella es feliz, pero no que está sola. ¿Una chica como tú? Imposible. Le recuerda vagamente a un actor que siempre interpreta papeles de bueno. La charla se extiende un buen rato y luego se extingue por sí sola, una vez agotado el repertorio de tópicos de las conversaciones de bar: el amor, la crueldad humana, la política, el mundo. La vida, que tan simple parece en una mesa de café, le resulta a Elsa en realidad un complejo entramado de calles amistosas y calles que no lo son, de habitaciones en las que se ha sido feliz y habitaciones en las que una nunca lo será, de espejos que devuelven un rostro agradable y espejos que nunca favorecen, de vestidos que dan suerte y otros que no... Y así sucesivamente. Elsa comienza a sentir los efectos de la ginebra, que le hormiguea en los brazos y en las piernas, que le nubla la visión y que, al llegar al estómago, ha ablandado la gruesa cuerda de esparto. En algún momento él le toma la mano y ella no la retira, y la deja allí –lánguida, exánime, tan muerta como toda ella– mientras se bebe la ginebra a sorbitos. Siente fluir el vacío por sus venas, como el movimiento de la sangre.

¿Un chica tan guapa como tú? Imposible.

Una habitación como cualquier otra, en la que nada parece completamente limpio ni completamente sucio. Cuatro paredes, un techo y el mundo fuera, invisible. Esta habitación es como tantas. Esta habitación contiene todas las habitaciones en las que Elsa ha dormido, todas las camas en las que se ha acostado, y ahora todo desfila ordenadamente, en ondulada procesión, ante sus ojos: habitaciones, camas, habitaciones, camas, habitaciones, camas... El hombre intenta besarla y a ella la sacude un estremecimiento de repulsión. Pero se ha prometido a sí misma que va a ser complaciente esta noche. El angelito de su hombro derecho le anima: no seas tonta, es muy guapo, es amable, tiene un cuerpo precioso. El demonio de su hombro izquierdo bisbisea dormir, dormir, dormir, en hipnótica letanía. «Quiero otra copa», dice ella. «Estoy nerviosa.» Pero la agitación sólo afecta a la superficie. En el fondo, hay agua estancada. Entonces ella cierra los ojos y la habitación, por fin, desaparece.

El contacto de un beso en el hombro la despierta. Abrir los ojos al mundo supone enfrentarse de nuevo a la sabida e irritante conciencia de sí misma. Y no ha pasado nada. «Te quedaste dormida. Estabas demasiado borracha. Estás triste, ¿no es cierto? Creo que necesitas hablar con alguien.» Las palabras son lluvia, suenan sin decir nada. Y ella asiente despacio, con la cabeza, con los ojos aún cerrados. «Voy a bajar a comprar leche, y voy a hacerte el desayuno. ¿Te gustan los cruasanes?» Él le acaricia la cabeza con mimo, como a un bebé, como a un perrito, y ella, muy lentamente, como a cámara lenta, se va aovillando bajo las sábanas, para hacerse más y más pequeña, hasta que las rodillas le tocan la barbilla, convertida en una bola redonda, compacta y muda. «Sigue durmiendo», murmura una voz apacible y distante, un sosegado rumor de colmena. «Vuelvo en quince minutos.»

Ella aguza el oído para contar los pasos que apuran el pasillo, para confirmar que la puerta se cierra y que él ya no está. Se incorpora de un brinco y recoge sus ropas, cuidadosamente dobladas sobre una silla, aunque no recuerda ni cuándo ni cómo se ha deshecho de ellas. Pero sabe, está segura, que ni siquiera llegaron a besarse. No ha dejado que nadie la toque desde entonces. Se viste con precipitación, abrochando los botones en los ojales equivocados, y cruza el angosto pasillo con los ojos fijos en la puerta, intentando hacer caso omiso de los mil pares de ojos, los mil pares de manos que la acechan, que la acosan desde las paredes.

Baja los peldaños de dos en dos. Debe darse prisa para no cruzarse con el hombre que regresará en cualquier momento con el periódico, la leche y los cruasanes aún calientes. Ese hombre alto y amable y difuso. Un rayo de sol le perfora las retinas, provocándole un agudo dolor en las sienes. Paladea un regusto agrio a ginebra y a vómito. Antes de salir a la calle, mira a un lado y otro, y cruza la acera corriendo hasta alcanzar un taxi. Y la voz del angelito que repite en la cabeza: «algún día tendrás que hacerlo de nuevo, algún día tienes que volver a ser tú». Y la voz del demonio que la apremia para que se apresure, no sea que el hombre que ha dormido a su lado la sorprenda escapándose. Algún día ya no te acordarás de aquello, cómo buscaba los senos bajo la blusa, ven, ven, ven, tratando de alzarla en vilo, escuchando sus quejas, sus protestas inútiles, incapaz de esperar, ahora, en este mismo momento, de nada va a servir que te resistas, voy a tratarte como la perra que eres, y todo él era un nudo de músculos, como la perra que eres, para que aprendas, y el sabor ferroso de la sangre en la boca, como la perra que siempre has sido, y los cardenales en los muslos. Todo el tiempo incontable, todos los momentos de pánico que un año contiene, todas las habitaciones, todas las camas, todos los hombres difusos y amables con los que lo había intentado, todas las noches, todos los detalles que se repiten: el amortiguamiento progresivo hasta un sopor gris y ebrio, el aire pesado, el cuerpo inerte, la luz del día... Y el demonio que la urge para que vuelva a casa, a contemplar las aspas del ventilador, y el dominio que no tiene, y la cuerda de esparto que le apretaba el vientre, y el propósito firme de no contarlo. Nunca, nunca, nunca.

A nadie.

LAPSUS LINGUAE

–Hola –dijo él.

Ella seguía mirando fijamente su vaso de whisky, embobada frente a las figuras ambarinas que se dibujaban en los hielos. Escuchó el saludo, como un rumor lejano de sirenas, y pensó en cómo haría para deshacerse de aquel pesado inoportuno. Ensayó mentalmente la fórmula para librarse de él. «Lo siento», diría, educadamente y con corrección para no ofenderle. «Quiero estar sola.» Procuró relajarse porque sabía que las palabras no tendrían ningún efecto si las pronunciaba con lengua de trapo. Debía hacer acopio de serenidad y de control para disimular su borrachera. Muy lentamente, se enderezó en el asiento y se giró hasta colocarse frente a él.

No había esperado encontrarse con un hombre tan guapo. Lo primero que le llamó la atención fueron los ojos, rasgados y amarillos como los de un gato, aunque la mirada, tan apagada y lánguida, no podía calificarse en absoluto de felina. Aquella tristeza en la mirada introducía a un aspecto general de resignado desamparo que a ella la conmovió.

–Hola –respondió ella, casi a su pesar.

–Me estaba preguntando si podía beber contigo.

Llevo un rato observándote. Estás sola. Yo también estoy solo.

Ella elevó su copa hacia la de él.

–Por la soledad –brindó.

–Por la soledad compartida –respondió él, acercando su silla a la de ella e imitando el gesto. Cuando él alzó la copa, ella advirtió que la mano le temblaba.

Entrechocaron sus vasos y acto seguido los vaciaron al unísono.

–¿Vas a invitarme a otro? –dijo ella.

–Por supuesto –respondió él–. ¿Lo mismo?

Ella asintió con la cabeza, demasiado borracha como para malgastar energías en articular palabras innecesarias. Él hizo un gesto al camarero, que retiró las copas vacías y sirvió otras dos con metódica eficiencia, sin prestar excesiva atención a la pareja.

–Tú no eres de aquí, ¿verdad? –preguntó él, cortés y serio. Hablaba en un tono despacioso y solemne que, por alguna razón incomprensible, a ella le inspiraba confianza.

–Y a ti te llaman Sherlock Holmes, ¿verdad?

Él se quedó cortado ante la respuesta y no dijo nada durante un rato. Los dos se limitaron a apurar sus vasos, el uno frente al otro, y cada cual frente a su reflejo respectivo, que les observaba silencioso desde el espejo que había tras la barra.

–¿Tienes un cigarrillo? –preguntó ella, conciliadora.

–No fumo –respondió él–. Lo siento –añadió, como si le hubieran pillado en falta.

–Yo tampoco –dijo ella–, pero en momentos como éste me gustaría fumar.

–¿Estás esperando a alguien? –preguntó él.

–No, a nadie.

–Al principio he pensado que estabas esperando a alguien, pero luego me he dado cuenta de que no era así. Si tu cita se hubiese retrasado una hora entera estarías mucho más nerviosa.

–Si te cuento por qué he venido, vas a pensar que estoy loca.

–No lo creo.

–Qué más da... No te conozco de nada, así que no me importa contártelo. He venido porque se me han acabado las pastillas.

–¿Las pastillas?

–Las pastillas para dormir. Se acabaron ayer.

–Pues, si te soy sincero, no creo que puedas encontrar somníferos aquí.

–Ni aquí ni en ninguna parte. En esta ciudad no hay manera de encontrar pastillas para dormir sin receta. No las que yo utilizo, al menos. Cuando no vivía aquí era más fácil. Tenía un amigo médico. Pero aquí tengo que ir al médico de la Seguridad Social para que me extienda una receta, y eso es un coñazo. Y no conozco a ningún otro doctor, excepto al de mi trabajo, el que nos hace los chequeos, quiero decir, y a él no quiero contarle que necesito pastillas.

–¿En qué trabajas?

–Soy abogada. Pero trabajo en asesoría fiscal. Una cosa muy aburrida.

–¿Y desde cuándo vives aquí?

–Va a hacer dos años. Trabajaba en la capital, nací allí, pero decidí trasladarme después de perder a mi hermano, que se ahogó. Es raro que te lo cuente, así de golpe, lo de mi hermano, quiero decir, porque casi nunca hablo de eso con nadie...

–No hables de eso si no quieres.

–No sé si quiero.

–Dicen que es más fácil hablar con desconocidos...

–Sobre todo cuando una lleva tres whiskys encima.

–A falta de pastillas...

–Lo de las pastillas vino precisamente a cuenta de lo de mi hermano. Al principio no podía dormir... Tenía pesadillas, ¿sabes? Todavía las tengo... Así que el médico me recetó somníferos. Y el caso es que me acostumbré y... pues eso, que ahora me trago los valiums como si fueran caramelos...

–¿Tan mal te sientes?

–Supongo que ya estaba mal antes de venir. Por eso vine, claro. Creí que fuera de mi entorno podría arreglar las cosas... Encontrarme a mí misma o algo así, ya sabes... Y, bueno, que la ciudad no me traería tantos recuerdos... Y no creas, que no ha estado tan mal. Vivo en un piso que está justo enfrente del mar... Me gusta mucho. Nado casi todos los días, antes de ir a trabajar. Pero a veces me parece que con lo de venirme aquí sólo he conseguido empeorar la situación. Casi no he hecho amigos desde que llegué, ¿sabes? Bueno, una, la directora de marketing de mi empresa, una chica muy guapa... Una sola amiga, en casi dos años. No es mucho decir.

–Eso no es tan malo. Yo tampoco tengo muchos amigos. Conviene estar solo, a veces.

–Sí, es una de tantas frases grandilocuentes... más falsas que un duro de madera. La soledad no arregla los problemas. Al contrario, los agudiza, los empeora, los multiplica... Y luego está lo del trabajo. Tú no puedes ni imaginarte al energúmeno que tengo por jefe.

–Creo que puedo. Mi padre es abogado

–¿Ah, sí?

–Es muy famoso. Sale en televisión de cuando en cuando, en debates y eso. Ha escrito varios libros.

–¿Tu padre?

–Sí. Es catedrático –y mencionó un nombre que encendió inmediatamente una lucecita en la cabeza de ella.

–¿Ése es tu padre? –El rostro se le distorsionó en una expresión de incredulidad–. No os parecéis en nada, gracias a Dios... –Enseguida advirtió lo inoportuno de la frase y notó cómo se ruborizaba, a su pesar–. Esto... Lo siento, perdona. No he querido ofender a tu padre.

No podía entender por qué se ponía tan nerviosa, si estaba hablando con un jovencito, casi un niño.

–No te preocupes. Y es verdad que no nos parecemos. No nos llevamos muy bien. En realidad, no nos llevamos bien en absoluto.

–Eso dice mucho en tu favor, si quieres mi opinión.

–¿Y has venido a emborracharte porque no podías dormir? –preguntó él.

A ella se le ocurrió que cambiaba de tema porque no quería hablar de su padre.

–Porque no podía dormir y porque no podía dejar de llorar. Empiezo a odiar esta ciudad. Entiéndeme, es muy bonita, hay mucha luz y eso... y el mar, sobre todo el mar... Pero es tan difícil conocer gente. Y lo del idioma. Lo entiendo y eso, pero no creo que nunca llegue a hablarlo. A veces lo odio, de verdad.

–A veces también yo lo odio, no te preocupes. Lo que no entiendo es por qué dejaste tu ciudad.

–Ya te he dicho, lo de mi hermano...

–¿No tienes más hermanos?

–No.

–¿Y tus padres?

–Prácticamente ni los veo. Una o dos veces al año. Se separaron cuando yo tenía nueve años.

–Los míos se separaron cuando yo tenía diez. Qué coincidencia.

–¿Tienes hermanos?

–No...

El chico pegó un trago al whisky y ella aprovechó para observarle con más detenimiento. Tenía unos ojos bonitos, tiernos, como de animal doméstico, subrayados por unas pestañas muy largas, casi de muchacha.

–A mí me gustaría mucho vivir en la capital –prosiguió él–. Mi madre vivía allí.

–¿Dónde vive ahora?

–En ninguna parte. Murió hace dos años. Yo me crié con mi padre y mis abuelos, pero solía ir a verla. Me gustaba mucho la ciudad. Me gustaría vivir allí.

–Luego, cuando estuvieras allí, te darías cuenta de que estabas tan mal como aquí. Las ciudades las llevas dentro.

–Eso es de Kavafis.

–Pues sí, es de Kavafis –confirmó ella, asombrada–. No te pega nada haber leído a Kavafis.

Y con la ese final de la frase vibrándole todavía en

la punta de la lengua cayó en la cuenta de que había vuelto a meter la pata.

–No he leído todos sus poemas, pero sé cuál es ése –aclaró él en tono amable, como sin darse por aludido. Su modestia y su dulzura la cautivaron.

–Yo leí a Kavafis porque me prestó un libro la amiga de la que te he hablado antes, la directora de marketing, María... En fin, que si te lo sabes –el poema, quiero decir– podrás entenderme. O sea, que yo me fui de aquella ciudad pensando que conocería una vida nueva, y tal, pero como me fui amargada, seguí amargada, qué quieres que te diga. Y al final, eso, que llevo mi Alejandría a cuestas a todos lados. Y aquí estoy, peor que antes. Tengo la impresión de que mi vida está encallada y no va a ninguna parte. Éste no es mi sitio, no es mi casa, no es mi tierra. No pertenezco a este lugar...

Se le estaban humedeciendo los ojos, y el labio superior le temblaba.

–Te entiendo.

–No, no me entiendes.

Él contrajo los labios y afirmó violentamente con la cabeza.

–Te comprendo perfectamente, de verdad. –Se acercó más hacia ella, en un gesto que pretendía ser íntimo, y ella percibió el aroma de su aliento. Sabor dulzón a bebé, a caramelo–. ¿Sabes por qué he venido yo aquí?

–No, pero por la cara que pones me parece que te apetece contármelo.

El chico esquivó los ojos de ella y se quedó mirando al frente. Como preparándose para efectuar algo difícil, para hacer un esfuerzo, o quizá para recitar un papel. Ella lo había hecho tan a menudo, sobre todo en el trabajo, que le divertía observar cómo lo hacía otro.

–Es tan ridículo que no resulta trágico, sino patético. Como tú has dicho, no te conozco de nada, así que no me importa contártelo. –Pausa, frase–. Esta noche he intentado suicidarme.

–Debe de ser una experiencia de lo más perturbadora –observó ella con frialdad y en tono de sardónico reproche.

–Patética, en todo caso. ¿Quieres que te lo cuente o no?

–No estoy muy segura –dijo ella–. Aunque supongo que ése es el tipo de confidencias que sólo se le pueden hacer a una perfecta desconocida. Como lo de hablar de mi hermano. En fin, si quieres contármelo, cuéntamelo. Aunque seguro que te lo estás inventando y sólo pretendes impresionarme.

–Pues mira... Después de madurar la idea durante quince días, y cuando estaba seguro de que se trataba de una decisión irrevocable y sopesada, no de un arrebato del que podría arrepentirme...

–No podrías arrepentirte. No si lo llevas a cabo. No hay otro mundo donde pudieras arrepentirte. Pero continúa, por favor –añadió ella, con voz levemente ansiosa. Ardía en deseos de escuchar la historia, inventada o no, que él trajera preparada.

–Es una cosa absurda: Hace dos horas he bajado al garaje, me he metido en el coche de mi padre, he abierto todas las ventanillas y he encendido el motor, pero sin arrancar. El tubo de escape ha empezado a destilar monóxido, ya sabes. El garaje se ha inundado de humo, y yo me he puesto a toser, medio amodorrado por el ronroneo del motor. He intentado cerrar los ojos y tranquilizarme, porque se supone que se trata de una muerte muy dulce. Uno se duerme y... ya está. Y de repente el ruido del motor se ha interrumpido. Se había agotado la gasolina. Soy tan gilipollas que ni siquiera había tenido la precaución de comprobar si el depósito estaba lleno.

Ella se sentía incapaz de interpretar el brillo de sus ojos. Quizá no mentía.

–¿Tienes garaje propio? –fue lo único que se le ocurrió preguntar. Y al decirlo se dio cuenta de que, dadas las circunstancias, no se trataba de la réplica más apropiada.

–Sí, claro. Vivo en una casa muy grande.

–Entonces no entiendo por qué te querías matar. Yo siempre he deseado vivir en una casa enorme, y ganando lo que gano y con la carrera que llevo, dudo que alguna vez lo consiga.

–La casa es de mi padre, no mía. Vivo con él.

–Entonces no tienes por qué explicarme más. Ya entiendo por qué querías matarte.

Él sonrió por primera vez, mostrando una hilera de dientes diminutos, casi infantiles, muy blancos. Al sonreír se le marcaba un hoyito cerca de la comisura derecha de los labios. Ella reparó en que era prácticamente imberbe. La volvían loca los rostros infantiles, los que aún parecían no tener sexo definido. Le calculó unos veintipocos años, una decena escasa más joven que ella. Sintió cómo un bloque de hielo –sus defensas– se le iba derritiendo por dentro, y le devolvió la sonrisa. Sí, el chico era joven, circunstancia que a ella le causaba una impresión de naturalidad. No le gustaban los hombres maduros. Recordó que cuando era joven, tan joven como él, ella se sentía permanentemente tensa y angustiada. En cierto modo, nunca había sido joven.

–Conozco una historia muy parecida. Una chica decide suicidarse. Así que antes de irse a la cama se traga enterita una caja de valiums que le ha recetado el médico. Da por hecho que ya no despertará. Pero sí se despierta. Al principio no consigue recordar dónde está ni qué ha pasado. Cuando por fin se levanta de la cama, y al encender la radio, se da cuenta de que ha estado durmiendo tres días seguidos. Lo más gracioso es que vive en un piso compartido con otras dos chicas más, y ninguna ha reparado en que algo raro pasaba. Ni se les ha ocurrido entrar en su cuarto. Respeto a la intimidad, lo llaman.

Él sonrió, y, muy lentamente, enroscó un rizo de ella –dorado y brillante– en uno de sus dedos, largos y blancos. A ella le alegró que él no indagase acerca de la identidad de la protagonista de la historia. Él estiró del rizo suavemente y ella comprendió que iba a intentar besarla. Como si bailara con la borrachera, la idea giraba y giraba agradablemente en el interior de su cabeza.

–Aún no me has dicho tu nombre –dijo él (qué bonita voz, pensó ella)–. Yo me llamo...

Ella le tapó la boca con las manos. Y luego con la boca. Mientras lo besaba pensó que ese tipo de cosas solían ocurrir en el intervalo en que las copas todavía la embellecían a una, poco antes de que comenzaran a afearla.

–No, *todavía* no –lo interrumpió–. No me lo digas. Quizá mañana te arrepientas de haberme contado tantas cosas. Entonces no querrás que sepa quién eres. Quizá mañana yo también me arrepienta de haber hablado tanto contigo.

–Al menos seguiremos en este mundo y podremos arrepentirnos.

–Me alegra que estés tan seguro. Eso debe de significar que no piensas volver a intentarlo... De momento –observó ella, sonriendo. Miró a su alrededor. El bar pareció descomponerse y fragmentarse en trocitos de colores, como un caleidoscopio. Volvió a mirarle a él y esta vez se encontró con cuatro ojos muy brillantes que se movían a toda velocidad como luces en la carretera.

–Creo que estoy muy borracha. Debería irme.

–¿Tienes coche?

–No, he venido dando un paseo. Vivo frente a la playa. –Acabó su copa y le dedicó una sonrisa desafiante–. ¿Me acompañas?

–Iré donde tú vayas –dijo él.

–Iré donde tú vayas, me quedaré donde estés... –recitó ella–, tu tierra será mi tierra, y tu dios mi dios.

–¿Eso también es de Kavafis? –preguntó.

–Es del libro de Ruth. La Biblia –aclaró ella al percibir su gesto de extrañeza–. Me eduqué en un colegio de monjas.

Aquella noche había retomado el hilo de una vieja historia que creía hacía tiempo ovillado y archivado. Ese hilo que la guió en su día, como el de Ariadna, por intrincados laberintos de amores e infancia que ella no deseaba volver a recorrer. Caminaron cogidos de la mano, balanceando los brazos, por la acera que bordeaba a la playa. El agua quieta y negra traía olor a sal. Avanzaban alumbrados por los ojos ciegos de las estrellas, sin decir palabra. A ella se le ocurrió que había decidido marcharse a casa con un desconocido –un joven alto, de rostro tierno y alargado, de manos finas... poco más sabía de él– llevada por algo más que por una acuciante necesidad de combatir la soledad. Algo en él, las maneras amables, la voz hueca, oscura y arrastrada, los ojos claros, le resultaba familiar. En el más estricto de los sentidos.

De repente él se detuvo, la colocó bajo la luz de una farola y la atravesó con una mirada candente.

–Me gusta pasear contigo –dijo–. A esta luz pareces...

–Una estrella de cine –ella completó la frase con una ironía que anulaba el gesto romántico de él.

–No, una niña.

Ella se dio cuenta de que había bebido mucho, y que se aproximaba peligrosamente el momento de las lágrimas. Respiro hondo.

–Estás temblando –dijo él.

–Es que hace frío. Sigamos.

Por fin llegaron al edificio, y subieron muy despacio los escalones hasta su piso. Recorrieron el pasillo en total oscuridad hasta llegar al descansillo, en donde se encontraba el interruptor. Ella avanzó un paso y, en la oscuridad, rodeó el cuerpo de él con sus brazos. Él encendió la luz. Parecía contento pero algo sorprendido. Cogió la mano de la llave de ella, abrió la puerta con la mayor facilidad –ella admiró su habilidad pues le solía costar hacer girar la llave en aquella cerradura blindada, especialmente cuando estaba borracha–, y la cerró después de haber entrado.

Allí reinaba un desorden caótico. Montones de ropa

sucia, revoltijos de papeles y revistas sembraban la alfombra. La cocina americana estaba invadida por un montón de envoltorios de plástico con restos de comida prefabricada. Ella enfiló hacia su habitación como si la guiase un piloto automático. La cama estaba deshecha, y las sábanas sucias de varios días. Sentada sobre un extremo del colchón, se desvistió en cuestión de segundos, sin mirarlo. Sabía que él sí la miraba, y, en un gesto de coquetería absurda, encogió la tripa. Pero supuso que a él le gustaría su cuerpo. Un cuerpo compacto y musculoso, de extremidades anchas, muy moreno, modelado y barnizado por la natación y el sol. Él, por el contrario, era blanquísimo y pecoso –como ella advirtió al dirigirle una esquiva mirada oblicua–, muy delgado, tan esbelto como un rayo de luz.

Se tumbaron el uno junto al otro en la cama deshecha, con la ropa interior todavía puesta. Ella apagó la luz. Se sentía libre sin nombre. Sin un pasado que la impulsara al sentimentalismo, sin un futuro que la atemorizara. Él la abrazó con cuidado, como si temiera que fuera a romperse, y ella se acurrucó junto a su pecho. Permanecieron así, inmóviles, en silencio, mucho rato, hasta que se quedaron dormidos. Ella soñó con la escena que vivía: sabía que estaba allí, en aquella cama que era suya y no lo era, al lado de un desconocido de ojos pardos y enmohecidos. Podía ver la escena desde arriba, los dos cuerpos paralelos. Entonces se despertó y acercó sus labios a los suyos. No podía verlo, pero lo intuía gracias al tacto y a la respiración. Ella lo atrajo con fuerza hacia sí, y culebreó como una anguila para colocarse debajo de él. Se deshicieron de los slips a tirones impacientes. A él no le costó ningún esfuerzo entrar porque ella estaba húmeda como una esponja, y mientras la embestía supo que él pensaba que la estaba haciendo suya, pero no era así. Era ella quien le absorbía, ella quien lo estaba haciendo suyo. Parte de ella era él, y viceversa. Y en aquel revoltijo de estrógeno y testosterona, estrellándose el uno contra el otro con blanda ferocidad, lo que ambos intentaban era reconstruir el uno primigenio del que se habían separado, hacía muchas, muchas eras. Llevaban siglos buscándose a sí mismos en otros, pensó ella, intentando recomponerse, volver a tener cuatro brazos, cuatro piernas, cuatro ojos. Llevaban siglos intuyéndose, vagando de cuerpo en cuerpo, y sólo al acoplarse, al sincronizar sus respiraciones al unísono como si se tratase de una sola, ella pensó durante un instante que podían conseguirlo, fundir identidades, reunirse, completarse. Ella adelantó las caderas para mejor incrustarlo a él en su cuerpo, contrajo los músculos de la vagina para aprisionarlo, y sintió cómo el extremo de su sexo chocaba contra su interior. Él retrocedió bruscamente y salió de ella. Le dio la vuelta y la colocó boca abajo sobre la cama. Ella se dejó hacer, temblorosa de placer esta vez, no de frío ni de miedo. Él se colocó sobre ella y la envolvió con sus brazos, abdomen contra espalda, cubriéndola como una manta. Ella sintió su sexo, terso y duro contra la zanja de sus nalgas.

–¿Quieres que te lo haga por detrás? –susurró él muy lentamente, y las palabras resbalaron perezosamente por el canal del oído de ella, bajaron por el estómago y le estallaron en la pelvis.

–No –respondió ella, entre espasmos–, *todavía* no.

El despertador anunció las nueve con su trinar histérico. Ella emergió de un sueño informe y pegajoso, que apenas le había dejado rastro en la desmemoria. Confundía las imágenes vividas en sueño o en vigilia a lo largo de la noche. Cómo ella había sido él, cómo él había sido ella. Se vistió en cuestión de segundos para llegar a tiempo al trabajo. No se duchó porque quería conservar su perfume –aquel olor dulzón a caramelo– sobre la piel. Ya vestida, echó una última ojeada al cuerpo que dormía en la cama (el blanco lunar y plateado de su piel contra el concreto blanco de lienzo de las sábanas). Y al contemplar su espalda le vino a la cabeza un recuerdo fugaz de aquella misma espalda: la perlada claridad, el sabor salino. Cómo se había extraviado en aquella claridad verdosa que borraba el tiempo, cómo ardía la sangre silenciosa. Cuánto había besado, cuánto había deseado besar, cuánto había sido materia y voz de su deseo. Recogió tres condones del suelo –el esperma turbio y reseco, malgastado y ya muerto, como vestigio postrero de sus encontronazos– y cerró la puerta con suavidad.

Apuró como pudo la jornada, contestando al teléfono con una voz terrosa y cazallera que no parecía la suya. Miraba al bloc de notas y no leía allí las letras ni los números, sino que veía claramente dos cuerpos serpenteando sobre la superficie blanca de las sábanas, de las hojas rayadas, rodando unidos, casi sin saber quién batía a quién, qué corazón les latía a cada uno. Lluvia de cristales, llagas que se entreabrían.

Cuando regresó a su apartamento la sorprendió, al entrar, el recién estrenado orden de la estancia. Entonces lo vio, sobre el sofá, incorporándose para recibirla, y comprendió que era él quien lo había adecentado todo. Un súbito estremecimiento le encogió el corazón. No quería que se quedase, no quería que se marchase.

El muchacho señaló una fotografía enmarcada que reposaba en la estantería. En ella se veía a dos chicos rubios que miraban a la cámara con aspecto enfadado, como si no hubiesen querido que les fotografiaran. La fotografía recordaba a un anuncio de refrescos radicales o de ropa vaquera destinado a adolescentes resentidos.

–¿Ésta eras tú, verdad? –preguntó él.

–Sí –confirmó ella–. Tenía quince años.

–Parecías una buena chica.

–No, sólo era fotogénica.

–Tu hermano era guapo.

–Ya lo sé. Se parecía mucho a ti. En esa foto debía de tener más o menos tu edad.

–¿Te acuerdas mucho de él?

Ella eludió la respuesta con otra pregunta.

–¿No piensas volver a tu casa?

Él miró al suelo, cabizbajo. Cuando volvió a alzar la cabeza tenía en los ojos una expresión ansiosa y grave. Ella pensó que sus modales desenvueltos habían desaparecido, pero no su encanto.

–No. Me quedaré donde estés –le dijo él.

Ella se desplomó sobre el sofá con un suspiro. Apretó los puños. Los abrió. Aspiró una amplia bocanada de aire. La soltó. Más tranquila, tomó la mano de él y la acercó hacia sí. Con decisión de sibila, abrió aquella mano suave y blanca y examinó la palma: allí había un complejísimo entramado de rayas indescifrables, como si los hados hubieran reescrito miles de veces su destino, dejándole la mano llena de tachaduras. Como había empezado a anochecer, él había prendido las velas que ella nunca encendía, el candelabro que ella había considerado siempre mera ornamentación. Ella desgajó una vela sin soltarle la mano y, con estudiada tranquilidad, vertió la cera caliente sobre su palma. Él apretó los labios, pero no se quejó. Ni tan siquiera pestañeó.

–Tu tierra será mi tierra –murmuró ella para sí.

«No le doy a esta historia más de un mes», pensó acto seguido.

–Necesito dormir –dijo ella–. Vamos a la cama.

–Por cierto, me llamo David –dijo él.

–Yo me llamo Ruth –dijo Susi–. Y mañana, será mejor que vayas a casa de tu padre, a recoger tus cosas.

VISIO SMARADIGNA

Raquel no sabe por qué lo hizo. A la gente le da por hacer todo tipo de locuras cuando le dejan. Su amiga Elsa, por ejemplo, se cortó el pelo al uno hace un año y se lo tiñó de rubio platino por culpa de un descalabro sentimental del que se niega tozudamente a hablar. Raquel sólo sabe que Elsa lució un ojo hinchado, un labio partido y un chichón en la frente durante semanas y que desde entonces no sólo se sumió en un agudo mutismo al respecto sino que no volvió, al menos que Raquel sepa –Elsa se muestra muy reticente a hablar de su vida privada–, a acercarse a un hombre. Las hay que se van a las Bahamas; las hay que dejan el trabajo; las hay a las que les da por acostarse con todo bicho viviente –desde el repartidor de butano hasta su jefe–; las hay que vuelven a fumar; las hay que se enganchan a los chicles de menta, a los caramelos de regaliz, a los culebrones televisivos de media tarde o a la cocaína; y las hay, más originales, que se gastan la mitad del sueldo en un lote de cintas de vídeo porno que ni siquiera son porno.

Los psiquiatras lo llaman angustia de abandono. Angustiadas de abandono son aquellas que sufren una infancia infeliz (¿y quién no ha sufrido una infancia infeliz?, clama una insidiosa vocecilla desde el fondo. Pues muchísima gente: seguro que usted conoce a más de uno y más de una que recuerda con nostalgia maravillosas fiestas de cumpleaños alumbradas por una constelación de velitas coronando una enorme tarta de chocolate y entrañables Navidades de cuento, protagonizadas por una familia que entonaba villancicos a coro y se intercambiaba regalos). Pero no vale una infancia infeliz cualquiera, que hay mucho tipo de infancias infelices. Tiene que ser una en la que la futura angustiada se haya sentido a-ban-do-na-da, muy abandonada: el padre se marchó a por tabaco y no volvió, la madre, que se recuerde, se pasaba la vida enferma y no podía ni coger a su cría en brazos, y la tal cría creció al lado de una abuela llena de achaques y sabañones y que además olía a pis... Una infancia dickensiana, vamos. Pues bien, superada la infancia (aunque nunca se supera del todo: nadie lo consigue), cada vez que la angustiada vuelva a sentirse abandonada (y va a sentirse abandonada muchas veces, fijo, no sólo por mera cuestión de estadística, sino porque ¿quién aguanta a una persona enganchada al sufrimiento, que se pasa media vida llorando y la otra media a punto de hacerlo?), cada vez que un amante decida que no quiere volver a verla más, o que la echen del trabajo, o que discuta con su mejor amiga, o que en la tienda de abajo se acaben las existencias de su helado favorito, entonces, ¡zas!, nueva crisis de angustia, y vuelta a las noches en blanco, a los pensamientos suicidas, a las lágrimas constantes y a las decisiones impulsivas como las citadas. Angustia de abandono lo llaman. O ciclotimia, aunque no sea lo mismo.

¿Acaso importa por qué fue? ¿Importa tanto su

nombre, que no es sino la forma de llamar al reflejo de un fantasma que en el fondo se lleva dentro? ¿Importa tanto que esta vez midiera un metro setenta y ocho, tuviera el cabello rubio, la voz ligeramente ronca, los ojos juntos y rasgados, una cara a la vez austera y humorística y una boca de las que te hacen pensar yo moriría por un beso suyo? ¿Importan los cientos de peleas que mantuvieron antes de la ruptura definitiva? No, lo que ahora mismo importa y viene al caso es que después de seis meses sin haberle visto, Raquel invirtió en un lote de vídeos porno que ni siquiera eran porno dinero suficiente como para pagar dos gramos y medio de coca, o tres cenas opíparas en un restaurante de *nouvelle cuisine*, o dos pares de botas nuevas, o un traje de *disseny* negro de ésos con los que Raquel ha desfilado, pero que nunca ha comprado, o una generosa donación a una ONG de ésas que nunca le han importado o cuatro sesiones de psiquiatra o la factura del teléfono o cualquier cosa menos absurda que esas cajas de carátulas chillonas que ahora se amontonan componiendo un vergonzoso pilar sobre la mesa de su salón, como prueba tangible de su desequilibrio mental.

En realidad, Raquel había ido a aquella macrotienda en busca de otro vídeo, el vídeo de *Blade Runner*, por más señas, que no pudo encontrar (cosa bastante rara, porque *Blade Runner* es uno de esos títulos que nunca se descatalogan) y cuando ya se iba para casa, decidida, pensaba entonces, a no llevarse nada, se encontró, sin comerlo ni beberlo, delante de la sección de vídeo erótico, y según sus ojos fueron recorriendo, uno a uno, los dorsos de las carátulas, con aquellos títulos tan prometedores como cantos de sirena (cantos de estuche de cinta de vídeo, que allí estaban impresos): «*Cómo combatir los problemas de la relación y disfrutar el uno del otro para el resto de vuestras vidas*»; «*Técnicas que pueden actuar como sensuales componentes básicos para el desarrollo de cualquier relación*»; «*Cómo dominar los principios de la dinámica sexual en una relación sentimental estable*»; «*Unos ejercicios que te proporcionarán el vigor necesario para afrontar todos los retos físicos y mentales que tú y tu pareja debéis desafiar*»... Raquel sintió cómo la tarjeta de crédito empezaba a quemarle en el bolsillo, y no sabría explicarse por qué, aunque cualquier psiquiatra le aclararía que en el fondo ella también quería combatir los problemas de una relación, y desarrollarla, y convertirla en estable, y sacar de donde fuera la valentía necesaria para afrontar todos los retos físicos y mentales que la vida supone. Y de repente le afectó ese poder oculto que en el momento oportuno le empuja a una a esa súbita desesperación, el reconocimiento de que el mundo es indeciblemente extraño o indeciblemente peligroso, esa fulgurante llamita interior que los psiquiatras denominan pulsión autodestructiva.

Un señor cuarentón se dedicaba a dirigirle a Raquel expresivas miradas de admiración mientras ella iba seleccionando los vídeos que iba a llevarse (el criterio de elección venía marcado por el mensaje del título: cuanto más prometiera, cuanto más tranquilizador sonara, más podría atraerla). El pobre hombre no daba crédito cuando vio cómo aquella joven alta y delgada arramblaba con una decena de cintas. Debió de pensar que la chica estaba muy necesitada de conocimiento y que sin duda era él, precisamente, la persona más adecuada para proporcionárselo, porque se acercó a Raquel con un brillo sospechoso en los ojos y decidido a entablar conversación. («¿Le gustan este tipo de películas, señorita? Es sorprendente, ¿sabe?... porque no suele haber muchas mujeres interesadas en estos vídeos.») Raquel mantuvo la vista fija en el suelo como una niña enfurruñada y, empeñada en fingir que no reparaba en su existencia, se dirigió a la caja. La chica que estaba allí sentada parecía muy profesional. No hizo el menor comentario mientras iba pasando las carcasas de las cintas, una a una, por el lector electrónico, pero eso sí, no le miró a Raquel a los ojos ni una sola vez, y se limitó a comunicarle el importe de la compra y a chequear su tarjeta de crédito como una autómata. Ni una mirada de reconocimiento, ni una sonrisa de chufla, ni siquiera un apretón contenido de los labios. Ni un solo gesto que pudiera delatar que despreciaba a Raquel, o que la entendía, o que secretamente la compadecía. Nada. Pero en su modo de girar la cabeza cuando dio la operación por terminada, Raquel creyó adivinar algo más que la colaboración de su columna vertebral.

Raquel salió de la macrotienda y encaminó sus pasos, sin darse cuenta, hacia la marquesina de la parada del autobús. Lo cierto es que había pensado coger un taxi, pero de repente cayó en la cuenta de que estaba vagando sin rumbo fijo, que había tomado la acera equivocada. La tarde fría y húmeda de octubre se estaba convirtiendo en una noche negra y húmeda de octubre. Los edificios gibosos adquirían, en la oscuridad, el aspecto de siniestras e inmensas sombras amenazantes. Una extensión refulgente de numerosos pisos de ventanas brillaba en la oscuridad y casi llegaba a dispersarla, evidenciando las moradas de aquellas otras personas anónimas que compartían con ella la ciudad. Raquel imaginó que la gran mayoría no estarían solas y envidió de corazón a las parejas que vivían juntas, a las madres de niños pequeños, a los matrimonios que ya habían celebrado varios aniversarios. «No te dejes llevar por la autocompasión», se repitió a sí misma, como tenía por costumbre últimamente. «Hay mucha gente que está peor que tú.» Pero una voz aguda y maliciosa le replicaba desde el fondo de sí misma que es absurdo comparar desgracias, que todas las penas son enormes en su inmensidad. Se registró los bolsillos y descubrió que sólo contaba con un poco de calderilla: el dinero justo para el billete, y que un flamante autobús rojo corazón se acercaba hacia ella, como anunciándole que estaba decidido a llevarla a su casa. Subió, pagó, y al final de trayecto volvió a encontrarse en su barrio, en esa pequeña zona de la ciudad que no es más ni menos que una cueva de colmenas y antros, un pueblo anónimo dentro de otro pueblo anónimo, dentro de otro pueblo anónimo, dentro de una inmensa megalópolis en la que nadie conoce a nadie, en la que a nadie le importan las cintas que Raquel se compra o si Raquel es o no es capaz de mantener una relación estable. El mismo portal oscuro, el mismo tramo de escaleras que hay que subir con esfuerzo, los mismos muebles antiguos, la misma hilera de tazones desportillados en la estantería, el mismo sofá lleno de lamparones y una bolsa de plástico brillante que contenía una selección de las diez cintas más vendidas del género, diez horas de consejos para mejorar la vida sexual.

Cuando llega a casa, a Raquel suele ocurrírsele algún suicidio decorativo, alguna manera armónica de dejar el mundo en deuda. Arrojarse al puerto con piedras en los bolsillos, como Virginia Woolf, con el cabello suelto y trenzado de flores cual Ofelia, o, vestida con un traje de terciopelo negro estrenado para la ocasión e impecablemente maquillada, tomarse una dosis letal de pastillas en un banco del parque –un martes por la tarde o cualquier día laborable en el que el parque esté vacío y no haya perros ni niños–, languidecer a la par que la puesta de sol. Al fin y al cabo, la vida se reduce a una cuestión de sucumbir decorosamente. Luego, generalmente, se desploma en el sofá y llora las inevitables lágrimas de cada tarde. Pero no aquella tarde. Aquella tarde Raquel traía consigo una bolsa de plástico que parecía brillar con vida propia encima del sofá desvencijado. Se abalanzó sobre el teléfono y llamó a su mejor amiga, la misma, la mismísima Elsa que se rapó el pelo y se lo tiñó de platino hace un año, y que en el día de hoy es una atractiva –si bien algo rellenita– pelirroja de melena francesa que le cae sobre los hombros. No le costó mucho convencerla para que la acompañara a lo largo de la instructiva sesión. Raquel recogió un poco la casa, ahuecó los cojines del sofá, hizo la cama con sábanas nuevas porque suponía que la pelirroja se quedaría a dormir, y bajó al súper a por una botella de champán y un surtido de quesos y patés, en preparación para una maratoniana sesión de diez vídeos de primera.

Elsa llegó una hora más tarde y examinó las carátulas de las cintas con aire de conocedora. Aposentó su infinitamente ancho trasero sobre el infinitamente frágil sofá de Raquel (los sofás viejos tienen eso, ya se sabe), y se hundió en él, deslizándose hacia el fondo como quien se sumerge en un lago, mientras su celulitis se tambaleaba como el Imperio Romano ante los cristianos. Se encajó un poco más con enorme laboriosidad, se contoneó acto seguido con movimientos ampulosos y resbaladizos, y se convirtió, a partir del momento en el que acomodó en el sofá sus sesentaytantos kilos de temeridad, en una ansiosa venus prehistórica dominada por unos ancestrales ímpetus de bacante.

–Bueno, pues ¿a qué estamos esperando? –preguntó impaciente–. Pon el primero y vamos a verlo, ¿no? Que son diez cintas y no tenemos toda la noche...

El criterio de selección de los protagonistas de aquellos vídeos coincidía con unos cánones descaradamente norteamericanos que Raquel dudaba mucho se correspondieran con los gustos francamente patrios de Elsa. Ni ellos ni ellas se parecían a nadie que Raquel o Elsa hubieran conocido nunca, y, por supuesto, en sus aventuras filmadas no se incluían tríos, ni escenas lésbicas, ni primeros planos de órganos genitales o penetraciones, ni sexo anal, ni juguetes sexuales... ni nada interesante, para entendernos. Eso sí, los desnudos eran abundantes, por no decir constantes, y las escenas de sexo también. Como ya tendrían ocasión de descubrir, dentro de la decena de vídeos existían diferencias substanciales de intención entre unas cintas y otras. Las había que pretendían ser eróticas, sin más, y las había de las que intentaban, de una manera u otra, ser fieles, hasta cierto punto, a su supuesta vocación didáctica. Y la verdad es que alguna había que se podría recomendar a parejas, ¿por qué no? A una pareja que viviera en un vídeo de la marca Playboy. A una chica que luciese una larga melena teñida y permanentada, el vello púbico depilado y pechos generosamente siliconados, liada con un chico del tipo Ken post sobredosis de anabolizantes, recién salido de la última oferta especial de Llongueras (lavar, marcar y mechas, 2.000 ptas.). A una pareja que habitara un inverosímil loft diseño nueve semanas y media, que se bañara y que follara en piscinas de inspiración grecorromana o en jacuzzis rodeados de una selva de plantas de plástico. A una pareja de las que ni Raquel ni Elsa han conocido, a una pareja de ésas que parecen llevarse bien, a una pareja que no conozca las infidelidades, las discusiones, los chantajes emocionales, las represiones de cintura para arriba y de cintura para abajo, las resignaciones que se logran de rodillas y las que se consiguen a base de golpes, las angustias de abandono y las angustias de opresión.

El primer vídeo que vieron versaba sobre el fitness en pareja, porque, siempre según la locutora, una voz pretendidamente erótica y permanentemente susurrante, que arrastraba las sílabas y se regodeaba en las eses finales con la pereza de una odalisca saciada de placeres y cojines, se suponía que este aeróbic para dos desarrollaba la coordinación y la confianza entre los amantes. Las imágenes ilustraban el tipo de ejercicios que, según Elsa, las chicas solían practicar en las clases de gimnasia de colegio de monjas (entre parejas de chicas, claro), con la diferencia de que allí no lo hacían desnudas, ni rodeadas de velitas, sino en un gimnasio austerísimo y ataviadas con unos sobrios y muy poco favorecedores chándales azules. La segunda parte de la cinta ofrecía unos ejercicios (es un decir) para realizar en la piscina de los que el espectador se podía ir olvidando a no ser que contase con la inmensa suerte de disponer de una piscina privada, amén de unos vecinos discretos y tolerantes, porque caso de arriesgarse a practicarlos en una piscina municipal acabaría la cosa en detención por escándalo público, eso fijo. Al final había una parte de ejercicios de estiramiento que no estaba mal del todo y que podría incluso resultar interesante para los amantes del aeróbic, entre los que no se contaban ni Elsa ni Raquel. En resumidas cuentas: no era un vídeo de ejercicios propiamente dicho, le faltaban rigor e indicaciones prácticas más definidas para llegar a serlo, pero tampoco resultaba particularmente erótico.

–Por lo visto, ahora llaman ejercicio a lo que de toda la vida hemos llamado magreo –comentó Elsa sin mucha emoción al liberar la cinta y devolverla a su estuche.

Y Raquel se quedó pensando en lo evidente: ella nunca había practicado ningún ejercicio en pareja (si excluimos de la categoría ejercicio, claro, a la gimnástica amatoria y al lanzamiento de vajilla). Ella y Jaime no habían ido nunca a correr juntos, ni a nadar, aunque Raquel suela hacerlo a menudo (curiosamente él, que vivía en una urbanización con piscina, y que podría nadar a diario si le apeteciera, detestaba el agua), no habían ido a esquiar (aunque Raquel no ha esquiado jamás, pero eso no significa que no le haya apetecido), ni a montar a caballo (ídem). En la vida se le habría ocurrido proponerle nada por el estilo, no sólo porque la palabra deporte estuviera exclusivamente asociada en el vocabulario de Jaime al fútbol que se ve en la tele, un deporte que implica ganancia de calorías en lugar de pérdida (por las inevitables cerveza y patatas fritas que lo acompañan), sino porque, en realidad, Raquel nunca proponía nada: le tenía tanto miedo al rechazo de Jaime que no se arriesgaba a pedirle nada que supiera de antemano que no le iba a conceder. Así que iban al cine, o a conciertos, o a emborracharse como cubas, y hacían exactamente las cosas que a él podrían gustarle, en la cama y fuera de ella.

Y mientras Raquel pensaba en esto, Elsa ya había desestuchado el segundo vídeo, uno dirigido a matrimonios que enseñaría a una pareja, o eso aseguraba la carátula, *«cómo satisfacerse mutuamente durante el resto de la vida»*, y que comenzaba con una escena parejil sospechosamente parecida al anuncio del Champú Timotei en la que una rubia feliz corría por la playa, melena al viento, de la mano del Ken de turno. Después la cámara entrevistaba a una serie de matrimonios cuarentones (actores, obviamente) que iban narrando sus problemas sexuales, derivados de la rutina y el aburrimiento que genera la convivencia, que habían hecho que el sexo se convirtiera en una aburrida obligación («Al menos, eso no me pasó a mí», se le vino a Raquel a la cabeza en uno de los escasos momentos de autoafirmación positiva desde la ruptura). Las confesiones ante la cámara de los cuarentones servían de hilo conductor para enlazar entre sí unas cuantas escenitas eróticas protagonizadas por varias parejas que acababan solucionando sus problemas con un buen revolcón en unos impresionantes dormitorios decorados por Philip Stark y tamaño planta de oportunidades del Corte Inglés. Pero eso sí, las parejas que interpretaban aquellas didácticas escenitas eran notablemente más jóvenes y lozanas que las que se quejaban de la monotonía de su vida conyugal, por aquello de que en esta sociedad uno nunca ve desnudo a nadie que pese o tenga más años de lo convenido. ¿Y cuál era la enseñanza que podía inferirse del didáctico visionado de la cinta? Pues que la única manera para reflotar una relación que se va a pique pasa inevitablemente por el sexo. Eso de las aficiones y las lecturas comunes, eso de ir al cine juntos, eso de los proyectos a largo plazo... no entraba, por lo visto, en la filosofía de vida de Playboy. Pero Raquel sabía muy bien, y por experiencia, que una excelente vida sexual no reflota una pareja, y que, para colmo, se convierte en un símbolo de lo imposible, en una añorada Arcadia tras la ruptura, en algo que se echa de menos tan dolorosamente que el daño del recuerdo parece casi físico. Elsa le hizo notar que el guión del vídeo, o eso decía la carátula, estaba escrito y narrado por una sexóloga, una tal doctora Joy Davidson *«reconocida psicóloga, licenciada en matrimonios y terapeuta de familias»*, que no aparecía jamás. Raquel supuso que la tal psicóloga no era sino el gancho que disfrazaba de respetabilidad una cinta que no parecía sino un vídeo porno al que se le hubieran eliminado los primeros planos más explícitos. En cualquier caso, y por lo que a Elsa concernía, mejor que no se viese a la psicóloga. Porque, de acuerdo con su experiencia –y Elsa podía alardear de su experiencia con conocimiento de causa, porque, según le había contado a Raquel, se había pasado media vida en terapia– los psicólogos y los psiquiatras siempre acaban intentando explicar el comportamiento humano en vano.

–Lo que quiero decir, Raquel, es que creo que es absurdo intentar definir o prever los patrones de conducta de cada uno, porque cuando nos enamoramos, por ejemplo, no hay psicólogos ni psiquiatras que puedan explicar el fenómeno con exactitud. En realidad, empiezo a pensar que el amor es tan inexplicable como el sexo de los ángeles. De verdad, los psicólogos aplican teorías tan simples como los planos y contraplanos de este vídeo, y para intentar explicar las reacciones de los seres humanos tienden a echar mano de lugares comunes, de teorías que se suponen universales, de mitos junguianos o patrones freudianos o explicaciones lacanianas presuntamente aplicables a cualquier circunstancia vital. Pero en la vida real los lugares comunes no funcionan, no existe el absoluto ni los casos determinantes, porque la mayoría de las personas son demasiado complicadas como para que sus reacciones puedan explicarse en función de unas emociones predeterminadas.

Raquel, acostumbrada a la oratoria autocomplaciente de Elsa, no le estaba prestando excesiva atención. Estaba leyendo las carátulas de los vídeos intentando encontrar uno que le pareciera apetecible. Empezaba a comprender lo sencilla y segura que puede parecer la depravación cuando se ha reunido el valor para empezar.

–Quiero decir –prosiguió Elsa– que, al contrario de lo que a ti y a mí nos han enseñado de pequeñas, hay personas bisexuales, personas a las que les excitan las infidelidades de sus amantes, personas con mayor y con menor deseo sexual, personas que se lo quieren hacer con una cabra o una gallina y personas incluso que sólo se excitan si degüellan previamente al objeto de su deseo. Esto es, que no puedes aplicar teorías elaboradas de antemano ante comportamientos que no entiendes, porque probablemente tu explicación fallará. Por eso fallan la mayoría de las parejas: porque esperamos que actúen según nos han enseñado. Y nunca lo hacen.

Pero, al contrario que Elsa, Raquel se sentía una mujer de acción, no de introspección. Era una persona de ideas fijas y poseía una capacidad sorprendente para concentrarse en ellas. Así que introdujo otra cinta en la boca del magnetoscopio y, aparentemente indiferente al discurso de Elsa, se quedó mirando a la pantalla con ojos suplicantes, como si esperara que las imágenes le revelasen una clave secreta para solucionar su vida amorosa.

Aquel vídeo no difería mucho del anterior: varias parejas de actores, interpretando a parejas de yuppies maduros sin mucho tiempo ni ganas para el sexo, narrando sus experiencias ante la cámara... Salvo que en el otro la cosa era más doméstica y esta vez iba más bien de ejecutivos urbanos de los noventa (teléfono en el coche, traje de chaqueta estilo Armani y demás... estilos de vida y de atuendo que Elsa desconocía y que a Raquel le sonaban a caricatura de los ejecutivos publicitarios con los que en su condición de modelo le tocaba tratar de vez en cuando). En el fondo la cuestión didáctica representaba como siempre una mera excusa para mostrar escenas eróticas de muy baja temperatura filmadas con una estética hija ilegítima de Adrian Lyne en lo visual y de Kenny G. en lo musical.

–Empiezo a pensar que me han tomado el pelo –se quejó Raquel con voz desengañada–. La verdad es que un vídeo como éste podía haber estado en la sección de Disney en lugar de la de vídeo erótico.

–Si no es mucho preguntar, Raquel, ¿a santo de qué se te ha ocurrido comprar esa basura? –preguntó Elsa.

–¿A santo de qué te has presentado aquí rauda y veloz en cuanto te he dicho que había comprado diez cintas de porno? –respondió Raquel.

–Esto no es porno.

–No hace falta que me lo jures. Pero el caso es que tampoco he comprado una cinta de auténtico porno en la vida –nunca he tenido valor para hacerlo– así que no podía imaginar que el contenido de éstas iba a ser tan decepcionante. No sé, cuando las vi en el escaparate... No me pude resistir. Debo de ser una adicta al sexo, o algo así.

–No te preocupes, tú no eres adicta al sexo –le tranquilizó Elsa, que después de recorrerse las consultas de la mayoría de los psicólogos, psiquiatras psicoanalistas y picoterapeutas que ejercían en la ciudad, estaba más que familiarizada con la jerga del sector–. Se entiende por adicción al sexo la que sufre aquella persona que es capaz de sacrificar algo que le importa por sexo, y no es tu caso.

Raquel no dijo nada, pero se quedó pensando que Elsa estaba equivocada, que sí, que aquél era su caso, que eso era exactamente lo que le sucedió a ella: porque cuando estaba con Jaime su personalidad se diluía en una especie de trance en el que dejaba de lado cualquier otra consideración y obviaba una serie de factores que, considerados racionalmente, la habrían disuadido de estar a su lado. Pero la atracción resultaba tan fuerte que prefería olvidarse de la vida real, exactamente igual que el cirrótico que sabe que no debe beber y sin embargo sigue en el bar tan contento, o el enfermo de sida que, consciente de que podría aumentar sus probabilidades de vida si se sometiese a un tratamiento de AZT y siguiera un estilo de vida sano, prefiere vivir sólo dos años más y continuar con la vida que conoce: salir, beber, follar con uno cada noche, y pasárselo bien, porque en cierta manera decide que prefiere vivir menos tiempo, pero a lo bestia, que sobrevivir, pero aburrido.

Mientras Raquel se perdía en sus silenciosas meditaciones, Elsa ya había elegido una nueva cinta que tenía un mensaje más que sugerente en la carátula: «*La línea entre la imaginación y la realidad desaparecerá si tú y tu amante aprendéis y vivís hasta el fin las más eróticas fantasías de cada uno*». Raquel no sabía si podría existir sobre la tierra algún amante dispuesto a aprender a vivir hasta el fin sus más eróticas fantasías o que pudiera enseñarle a vivir las suyas, pero, caso de existir, al cabo de cinco minutos se creía en condiciones de garantizar que el visionado de aquel vídeo no le iba a servir de gran cosa. Aun así, y con la desesperada insistencia de un experto en táctica que se resistiera a abandonar una estrategia desfavorable, Raquel prácticamente le arrebató el vídeo de las manos a su amiga y lo introdujo en el magnetoscopio. La trama de la historia (es un decir) giraba alrededor de una pareja digna de aparecer en *Dinastía,* por los peinaditos y el modelerío, que hacía una apuesta alrededor de una partida de billar: el que perdía estaba condenado a satisfacer, por un día, las fantasías sexuales del otro. Perdió él y le tocó, por tanto, convertirse en el siervo sexual de la otra, bien que sólo durante veinticuatro horas. A partir de esa premisa se desarrollaban una serie de escenitas de sexo mal simulado entre un garañón sobrealimentado de esteroides y una rubia plastificada y reteñida. Elsa estuvo de acuerdo con Raquel en que, para ver aquello, más le habría valido a Raquel comprar una cinta de las clasificadas X en las que se vería más o menos lo mismo, pero por lo menos contemplando de cerca los genitales y las embestidas de los actores.

–Y además los protagonistas habrían sido un poco más expresivos, porque, para entendernos –decía Elsa–, la química sexual entre estos dos está más o menos al nivel de la que pueda haber entre Bambi y Tambor.

Pronto resultó evidente que el apéndice «para parejas» del título era un decir, porque aquél era un vídeo erótico para hombres, de nula intención educativa, y ni siquiera demasiado bueno como estimulante sexual. La ya de por sí exigua fe en la humanidad de Raquel iba decreciendo mientras reflexionaba sobre cuántas depravadas invenciones puede maquinar el ser humano en su empeño por conseguir dinero a cuenta de la buena fe de sus semejantes.

Se produjo un prolongado silencio: el triste mutismo congelado de las que han abandonado la esperanza. Silenciosamente, Elsa se hizo con el mando, apagó el televisor, se alzó del sofá, extrajo la cinta del magnetoscopio y volvió a introducirla en la carátula, y mientras Raquel se sometía al gelatinoso espectáculo de las carnes ondulantes de su proa, yendo y viniendo del sofá al televisor, no pudo evitar recordar, con una punzada de resentimiento, que, sin necesidad de apuesta previa, ella siempre había satisfecho, una por una, todas las fantasías de Jaime, y que bastaba la más sutil de las sugerencias sobre la conveniencia de una nueva postura, un nuevo numerito, un nuevo escenario, un nuevo disfraz, para que ella se pusiera a elucubrar soluciones y momentos oportunos. Y ¿había servido de algo toda aquella entrega, aquella disposición de masoquista? De nada. En el amor, como en la bolsa, cuanto más inviertes, más pierdes, eso es todo, porque a nadie le divierte la devoción excesiva, esos enamoramientos caninos y serviciales que sólo consiguen el desprecio del adorado.

Kierkegaard, que por lo demás, cree Raquel, era un pesado y un misógino, y por esta razón, supone ella, era uno de los filósofos preferidos de Jaime, bueno, pues Kierkegaard decía algo así, si Raquel mal no recuerda, como que la angustia posee un elemento que la hace aferrarse a su objeto de un modo incluso más fuerte que la tranquilidad, ya que se acaba amando aquello que se teme. El problema, se dijo Raquel, es que el género humano se ha acostumbrado a asociar amor con angustia. ¿Qué es la familia, qué es la infancia, al fin y al cabo, sino un tortuoso entrenamiento al masoquismo? Esa madre que sólo te quiere si eres buena y recoges tu cuarto y no rompes los juguetes y no te ensucias con la tierra del jardín, cosa que tú no puedes, por más que lo intentas, evitar hacer; y ese padre que dice que te quiere pero que nunca está, y que si está te grita por cualquier tontería, porque llega cansado del trabajo y tu mera presencia le molesta... Esos seres que aseguran que te quieren y a los que se supone que debes querer más que a nadie en el mundo. Quizá por eso Raquel no pudo evitar enamorarse de aquel Jaime que no podía quererla, mendigar un afecto negado de antemano igual que hacía cuando tenía cuatro años. A veces pensaba que su angustia se había convertido en el único pigmento de su existencia, en el único aliciente para estrangular la apagada monotonía de la vida. De esa manera, puede que aquella obsesión por Jaime pudiera explicarse como una adicción, un enganche a la angustia, una desesperada necesidad de llenar de emociones una vida hueca. Cabían otras explicaciones, por supuesto: su atractivo físico, su inteligencia, su sentido del humor, su cultura, su mecánica amorosa... Pero todos estos factores ¿justificaban semejante obsesión, semejante dependencia irracional, semejantes broncas, semejantes batallas dialécticas, semejantes tiras y aflojas de una cuerda que un día tuvo que acabar por romperse para que Raquel se pegara un batacazo tan morrocotudo? Raquel se iba sumiendo más y más en la depresión igual que las carnes de Elsa se hundían en la sima voraz de su sofá.

–Reconozcamos nuestro fracaso –dijo Elsa–. Creo que ha llegado el momento de irnos a la cama.

–Desde luego, no puedo decir que la experiencia haya servido de mucho.

–No te preocupes...

La cama de Raquel tenía para Elsa el encanto de una casa de campo, de un espacio conocido y familiar, y aun así, no del todo dominado. Elsa y Raquel dormían juntas muchas veces, y esta costumbre adolescente se justificaba, en principio, en la distancia que separaba las casas de ambas. A Elsa le resultaba más fácil quedarse a dormir que pagarle tres mil pesetas a un taxista cuyo aliento apestase a carajillos y que se pasaría la media hora de trayecto haciéndole proposiciones deshonestas. Pero ambas sabían, aunque no lo dijeran, que había algo más detrás de todo aquello. Había habido noches de borrachera en la que el concepto de la amistad se extendió, dentro de aquella cama, más allá de los límites de lo moralmente previsible. Y había habido mañanas de silencio, en las que ninguna de ellas había querido referirse a algo que no podían, porque no sabían, nombrar. Raquel apagó las luces de la habitación, dejando encendida una pequeña lamparita, como tenía por costumbre, porque arrastraba desde la infancia un miedo angustioso a la oscuridad. El cuerpo de Elsa se estrechó contra el de Raquel, buscando y apelando a un bienestar desconocido, invadida por una emoción contradictoria, mezcla de ansiedad y comodidad, de extrañeza y de profunda intimidad. Los ojos de Raquel brillaban como diamantes, traviesos, mimosos, y Elsa no pudo evitar admirarlos, aun a sabiendas de que no eran ojos del todo de fiar. Pero centelleaban con tal resplandor en su delicado rostro, y Elsa se sentía tan a gusto en la cama de Raquel, cerca del calor de Raquel, tibia y protegida bajo el edredón de plumas, que se sabía dispuesta de antemano a querer a Raquel aún más de lo que ya la había querido y la quería, con todo su imprudente corazón. Porque Elsa sabía muy bien, desde hacía mucho, que en cuestión de emociones su corazón sólo podía calificarse de imprudente, por no decir de temerario, pero el saberlo no refrenaba en absoluto las aspiraciones de su amor.

Elsa reclinó la cabeza en el pecho de Raquel, que, pasándole el brazo sobre los hombros, le acarició el cuello y los hombros con suavidad, con la mirada perdida en el techo. Elsa podía escuchar los apresurados latidos de su corazón palpitante.

–¿En qué estás pensando? –preguntó Raquel.

–En los vídeos. No son precisamente lo que una entiende por políticamente correcto. ¿No?

–¿Qué quieres decir?

–No sé, en realidad no eran vídeos destinados a mujeres, sino a gañanes casposos, ya me entiendes. Todas esas chicas siliconadas y peroxidadas... Tan excitantes como una lata de conservas. No sé, no sólo es que me siento estúpida, sino... No creo que hayamos hecho muy bien.

–Creo recordar que de pequeña me enseñaron la diferencia entre el bien y el mal –aseguró Raquel con un suspiro–. Existe alguna, ya sabes, aunque me parece que he olvidado cuál es. En fin, siempre se nos olvidan las cosas importantes, mientras que lo más trivial se empeña en instalarse en la memoria. Por ejemplo, ahora mismo podría decirte la talla de camisa de Jaime, la colonia que usa, y la marca de su espuma de afeitar.

–No me entiendes, Raquel. No estoy bromeando... Hace años que no voy a misa, tengo casi todos los pecados mortales sobre mi conciencia, pero sé cuándo hago mal, eso nadie me lo puede quitar. En cierto modo, sigo siendo católica.

–No digas tonterías, Elsa, por favor. Seguro que

has hecho cosas mucho peores que las que has visto hoy.

–Ésa es la diferencia: que las he hecho. Y en aquel momento había alguna razón para hacerlas. Pensaba que las hacía por amor, o al menos por placer. Pero los vídeos esos... No tenían ningún sentido, ni siquiera me excitaban... Me resultaban desagradables

–Tengo sueño, Elsa. No voy a seguir escuchando tonterías de ese tipo. Pareces una beata, por favor. No hay que ponerse así...

Raquel arrastró el edredón hacía sí y acomodó su cuerpo contra el de Elsa, acoplándose en el hueco acogedor que componía la exuberante anatomía de la pelirroja. Elsa sintió cómo le ascendía desde las puntas de los pies hasta las raíces del cabello, pasando por la columna, una especie de cosquilleo de placer, una cálida y voluptuosa marejada de afecto. Acurrucó su pecho contra la espalda de Raquel, que llevaba puesta una camiseta vieja de algodón, e introdujo su mano bajo el tejido para abrazarla y acariciar su piel, tibia y suave como la de un bebé. No, no la deseaba, pensó para sí misma. Era más fuerte que eso.

–Dime una cosa, Raquel...

Un ronroneo grave que un oyente atento y poco exigente habría podido interpretar como un «¿qué?» surgió desde el fondo de la garganta de Raquel.

–¿A ti te ha excitado algo de lo que has visto?

–No, en absoluto. Mis fantasías son más sofisticadas.

–¿Qué tipo de sofisticación?

Las palabras de Raquel, emitidas por una conciencia rescatada en el último momento de los confines del sueño, venían coloreadas por una voz rasposa que le arañaba la garganta, como si se estuviera asfixiando.

–Mucho más imaginativo de lo que haya hecho ninguno de los directores de esos vídeos, por si te interesa.

–Cuéntame una... –suplicó Elsa con voz mimosa.

–¿Para qué quieres que te cuente mis fantasías?

–No sé, creo que soy como los niños pequeños, que necesitan cuentos antes de dormir. Además, considero que me debes una compensación, después de los horrores que me has hecho presenciar.

Raquel se dio la vuelta y apoyó el antebrazo sobre la almohada. Sonreía.

–¿Quieres que te cuente en lo que pienso cuando me masturbo?

–Estoy sentada en las escaleras de la Tate Gallery... –Raquel toma aire, como si se preparara para narrar la historia–. Hace muy buen día, un día de verano en Londres, no excesivamente caluroso. Entonces noto que alguien se sienta a mi lado, y me siento intimidada por la presencia tan excesivamente cercana de un desconocido. Vuelvo la cabeza y me doy de narices con Jeremy Irons.

–¿Jeremy Irons? –pregunta Elsa.

–Jeremy Irons, pero no el mismísimo Jeremy Irons, a ver si me entiendes. La cara y el cuerpo de Jeremy Irons y el espíritu de otra persona, te diré: un hombre que se parece a Jeremy Irons. Que se parece mucho. Jeremy (que no es Jeremy) me explica que ha estado observándome en la galería y que mientras yo contemplaba los Duchamp se ha sentido impulsado a conocerme. Me cuenta que él acude cada día a la Tate, que cada día va a la sala de los Duchamp en busca de una chica como yo, es decir, una chica que se quede embobada frente a las obras. Parece que está bromeando, por el tono en que lo dice y la sonrisa con la que subraya la ironía, pero yo sé que en realidad habla muy en serio. Comprendo que él ha venido a buscarme y que me ha encontrado, porque yo también he acudido a la galería a buscarle, de alguna manera. En realidad he llegado a la Tate albergando una esperanza, sin saberlo: encontrar a alguien que compartiese mis gustos.

–No, si yo siempre lo he dicho: la gente va a las exposiciones a ligar, no a ver obras –apunta Elsa.

–Bueno –prosigue Raquel–, pues charlamos durante un rato y entonces Jeremy me explica que él es pintor y que ahora mismo parte de su obra está expuesta en una galería de Whitechapel.

–¿Ése no era el barrio en el que Jack el Destripador se cargaba a las putas? –pregunta Elsa

–Exactamente –confirma Raquel–, sólo que ya no hay putas y se ha convertido en un barrio muy moderno y muy chic, y en el trayecto hablamos poco, pero nos miramos mucho. Nos miramos mucho a los ojos. Él no rehúye el contacto con los míos, como suelen hacer los desconocidos, y yo me doy cuenta de que le gusto muchísimo, y por supuesto él también me gusta muchísimo, me gusta más que ningún hombre que haya tenido cerca en la vida. Total, que el trayecto se pasa volando y enseguida estamos en la galería en la que expone. Se trata de una sala pequeña, completamente vacía, escasamente iluminada. Avanzamos entre las tinieblas, cogidos de la mano, hasta el fondo de la sala, donde está instalada su obra: una caja de luz. Es una instalación hecha de neones fluorescentes que refulge de una manera mágica, algo que la electricidad no podría conseguir. Y yo comprendo que lo que la caja representa es la *visio smaradigna*

–¿La QUÉ? –pregunta Elsa.

–La *visio smaradigna,* querida, la última fase de los estados espirituales cromáticos que se alcanzan en el estado místico. En esta visión se perciben luces en movimientos simultáneos, y un color persiste sobre los demás: el verde esmeralda, del que emanan rayos fulgurantes. –Raquel ha recitado la explicación como si la llevara aprendida de memoria–. ¿Aclarado? El caso es que cuando yo veo la caja, comprendo que este hombre ha venido a dotar a mi vida de sentido.

–¿Eso con sólo ver la caja? –pregunta Elsa, atónita.

–Sí. En realidad, yo quisiera que algún día alguien sintiera algo así con la contemplación de uno de mis cuadros... –dice Raquel.

–Pero ¿tú pintas?

–Estudié Bellas Artes, no sé si lo recuerdas, y algún día me gustaría volver a pintar.

–De ahí la inclusión subconsciente de un pintor en tu fantasía. Representa la sublimación de un deseo.

–Si no dejas de interpretarlo todo a partir de tus explicaciones de psicoanalismo pocho, no vamos a llegar a ninguna parte.

Elsa percibe una evidente irritación en el tono de Raquel y se apresura a adoptar una expresión de profundo interés –los ojos muy abiertos, la mirada intensamente concentrada en el rostro de su amiga– para que Raquel continúe con la explicación.

–En fin, a lo que iba... Entonces él propone que vayamos a su casa, y esta vez cogemos un taxi y hacemos el corto viaje con las manos enlazadas, sin cruzar palabra. No lo necesitamos. Él vive en un piso victoriano cerca de Hyde Park. Cuando entramos atravesamos un largo pasillo que desemboca en una puerta verde. Él abre la puerta y entramos a una habitación muy amplia, tenuemente iluminada por luces difusas de color...

–Verde –adivina Elsa.

–Tú lo has dicho. En la habitación no hay muebles, a excepción de un arcón apoyado contra una pared. En otra pared, en la central, llaman la atención, colgadas, dos cadenas rematadas por unas correas de cuero, como collares de perro. Yo adivino para qué sirven: me suena haberlas visto en alguna película porno.

–Pero si tú misma has admitido que no has comprado nunca una película porno.

–Sí, pero he visto trozos en la tele, en esas sesiones de madrugada que hay a veces... Y no sigas interrumpiendo cada dos por tres, Elsa, que me desconcentras y me haces perder el hilo. En fin, que cuando veo los correajes sé perfectamente lo que tengo que hacer, así que me apoyo contra la pared, con los brazos en alto, situada justo en medio de las dos cadenas para que me ate las muñecas. Y para no dar pie a malinterpretaciones debo aclarar que no se trata de una humillación, ni de un sometimiento, sino de una prueba de confianza, porque yo me cedo a él para que haga conmigo lo que quiera, segura de que él no me fallará. Así que él me ata y luego me desviste con exquisita suavidad, sin prisas pero sin pausas. Va desabrochando los botones de la camisa uno a uno, con mimo. Luego me quita los pantalones, con suavidad y con eficiencia, como si lo hubiera estado haciendo toda la vida, sin tropezar una sola vez, y finalmente me quita las bragas con la boca, como en las películas malas.

–Se te ha olvidado el sujetador –apunta Elsa.

–Casi nunca llevo sujetador. Pensé que lo habrías notado –corrige Raquel–. Sigo... Tras desvestirme, empieza por chuparme los dedos de los pies, uno por uno, con mucha calma, después los de las manos, y después los pezones, haciendo movimientos circulares con la lengua, de ahí baja a mi vientre y traza un círculo de saliva alrededor del ombligo. El movimiento me provoca una especie de agradable cosquilleo que me vuelve loca. Después separa las piernas y me besa la cara interna de los muslos. Casi sin darme cuenta de lo que estoy haciendo, abro aún más las piernas para permitirle libre acceso. Él avanza a besos y lametazos tímidos y cautos, abriéndose paso lento y dulce, pero seguro, hasta mi entrepierna, y luego, con el pulgar y el corazón, separa en dos mi sexo. Después desliza su dedo corazón a lo largo del canal de la vagina, describiendo círculos traviesos en su recorrido, jugando a excitarme, a retrasar lo que estoy deseando. Por fin llega al clítoris, y entonces se inclina sobre él y, con la punta de la lengua, comienza a ensalivarlo a conciencia. Yo acompaso los movimientos de la pelvis al ritmo que imprime su lengua. Los lametazos, cada vez más confiados y decididos, descienden hasta la abertura de la vagina y recogen de allí, como un niño glotón que rebaña miel de un cuenco, mis fluidos. Después introduce el dedo corazón en mi canal, y, bien impregnado de mi esmegma, comienza a masajear los labios inferiores, que yo siento hinchadísimos, como dos fresas. Gimoteo y balanceo las caderas, incapaz de controlar mi reacción. Él conoce exactamente –no podía ser menos– el ritmo que debe usar, la profundidad hasta la que debe sumergirse. En algún momento se detiene y alza la cabeza hacia mí, de forma que yo veo cómo mis propios jugos abrillantan su barbilla, cómo mis ojos se reflejan en sus ojos. Él me sonríe y yo sé que todo va a ir bien, que esto es lo que he estado buscando durante tantos años. Entonces él vuelve a sumergirse en mi vagina y culebrea con su lengua alrededor del clítoris, pero sin llegar a tocarlo jamás, con una delicadeza extrema, casi molesta. Al cabo de unos segundos apoya cada palma de su mano en cada una de mis nalgas y me adelanta hacia sí, alzándome ligeramente. Levanto las piernas para enroscarlas alrededor de su cuello y me quedo suspendida en el aire. Colgada de la pared, me siento completamente a su merced. Y me gusta. Siento las piernas pesadas como el plomo, inútiles puesto que toda mi atención permanece exclusivamente centrada en mi clítoris, estimulado por una presión segura y rítmica que se hace más intensa por momentos. Cierro los ojos, arqueo la nuca y aprieto los puños. Mi cuerpo se prepara, tenso como el de un corredor de fondo, ante el esfuerzo que se avecina, al límite mismo de sus capacidades. Él sigue lamiendo a ritmo constante, intensificando por momentos la velocidad de sus caricias. Y cuando estoy a punto de correrme, para.

–¿Cómo que para? –protesta Elsa–. La que estaba a punto de correrme era yo, con semejante descripción.

–Pues para y se dirige a una esquina de la habitación, donde se encuentra un enorme arcón de madera. Y de él extrae una fusta

–¿Una QUÉ? –pregunta Elsa.

–Una fusta de las que se utilizan para montar a caballo. Y un vibrador, de un color rojo intenso, reluciente, brillante.

–Lo de la fusta me parece un poco fuerte, si quieres mi opinión... Menudo delirio.

–¿Y qué? Es mi fantasía, ¿no? –reclama Raquel–. Pues en mi fantasía yo incluyo lo que me viene en gana. Y deja de interrumpirme o no sigo.

–Sí, claro. Lo siento.

–Sigo –anuncia Raquel–. Así que avanza hacia mí, vibrador y fusta en ristre, y lo primero que hace es azotarme ligeramente en los muslos.

–¿Y eso te gusta?

–No es que me guste, me encanta. No hay ningún dolor en eso, al menos en mi imaginación. Y cuando acaba, yo abro las piernas para recibirle y por supuesto él me penetra con esa verga brillantísima, de plástico o de silicona o de lo que sea, asiendo el mango con mano experta, y la luz me invade por dentro, llega hasta el último resquicio...

–Esto me suena a Danae recibiendo a Júpiter. Siempre acabamos reelaborando mitos, incluso en nuestras fantasías. Lo decía Jung.

–Elsa, yo de ti dejaba de ir al psiquiatra, en serio –protesta Raquel, exasperada–. Pues eso, entra con el vibrador en mi vagina sin ningún problema, puesto que yo estoy perfectamente preparada, abierta y lubricada al máximo, y se desencadena una caída en picado hacia el orgasmo. El placer, cuando llega, resulta el más intenso que yo haya sentido nunca y me envuelve el cuerpo como una manta cálida. Entonces cierro los ojos y el mundo se inunda de esmeralda, pequeñas estrellas fugaces de color verde intenso atraviesan mi campo de visión, y yo soy Una, perfecta, plena, la mujer primigenia, la hembra esencial, la Raquel completada y acabada que siempre he deseado ser, la Raquel que he llevado dentro sin saberlo durante todos estos años en los que no he sido Raquel, sino sólo un esbozo de Raquel... Y tengo ante mí la *visio smaradigna*...

Las dos tuvieron que levantarse pronto para atender a sus respectivos compromisos. Elsa debía entrevistarse con un editor que le había encargado la corrección de un diccionario de humanidades y Raquel había concertado una cita con su agente. Cuando Raquel volvía a casa por la tarde, alumbrada por un humor mucho más claro que el que había venido sufriendo en los últimos tiempos, se encontró con los estuches de los vídeos alineados en la estantería. No recordaba haberlos ordenado y supuso que había sido la metódica pelirroja la que los puso allí. Entonces se le vino a la cabeza, como un alud, una sucesión de sensaciones revividas y desagradables: la última discusión que había tenido con Jaime, la compulsión que la había llevado a adquirir aquellos vídeos, la ansiosa desesperación que a veces la despertaba en pleno sueño desde que Jaime había desaparecido de su vida. Nunca podría perdonarle a Jaime los desprecios, las traiciones, el abandono, y aun así, pensaba que nunca dejaría de quererle, de pensar en él. La pasión que sentía, que la estaba matando a pesar de mantenerla viva, contenía estados múltiples en su seno, incluso aparentemente contradictorios, y así, pese a que siempre existía una hostilidad hacia el objeto de su angustia, continuaba amándolo, y había aprendido a vivir con la tensión y la incertidumbre, atrincherada en un callejón sin salida. Jamás conseguiría equilibrar, pensó, las competidoras exigencias de la necesidad de quererse a sí misma y la de querer a otros, la angustia de opresión y la angustia de abandono.

Raquel suspiró, se desmoronó sobre el sofá, desechó casi antes de que aparecieran los consabidos pensamientos suicidas de cada tarde y extrajo de su enorme mochila de cuero negro una nueva carátula de vídeo. En aquel momento el rostro de Raquel se encendió repentinamente. Sus ojos llameaban de excitación y sus mejillas se sonrojaron. Desestuchó la cinta y se precipitó a introducirla en el vídeo. A punto estaban de revelarse los secretos de la carátula que quedó abierta en forma de libro sobre el sillón despeluchado, y que tenía un título de lo más sugerente, al menos para Raquel: *Fantasías S/M*.

TENEBRÁTULA

María vive sola y no se siente sola. María no se queja de la vida que lleva. María lleva dentro un caudal de Marías, una inmensa colonia de microorganismos que nadan en María, porque María es agua en su ochenta por ciento. Y es el agua, es el agua, la que ha hecho de María una mujer feliz.

Las ideas de María con respecto al sexo oral han ido variando sustancialmente con el paso de los años, describiendo un ángulo de ciento ochenta grados que va desde la aversión más absoluta al entusiasmo más ferviente, pasando por cierta reticente suspicacia.

Ya decía Valmont que el camino más directo a la perversión pasa por la inocencia absoluta y que nada resulta más fácil que enseñarle a una novicia prácticas sexuales que la prostituta más experimentada se negaría a realizar. Y si sólo nos atenemos al caso de María, entonces el señor vizconde de Valmont tenía razón, porque, como tantas niñas educadas en un colegio de monjas, María no conoció educación sexual de ningún tipo, excepto la de la propia experiencia, así que cuando empezó a tener encuentros sexuales, y como no quería que nadie la tomara por tonta, daba por sentado que su pareja sabría más que ella y se limitaba a hacer lo que le sugerían, sin rechistar. Afortunadamente o no, tampoco se relacionaba precisamente con expertos (lo cierto es que su primer novio, aquel con el que hacía el amor en su minúsculo apartamento de estudiante, por mucho que se las diera de donjuán, no tenía ni idea de lo que iba el asunto), así que María debe agradecerle a la divina providencia el hecho de que en su primera adolescencia no hiciera ninguna barbaridad de la que hoy pudiera arrepentirse. Más o menos nada de lo que descubrió le pareció demasiado sorprendente (llámese instinto, llámese tolerancia natural) excepto una cosa: el empeño enfebrecido que demostraban algunos por besarla entre las piernas. Sinceramente: no le cabía en la cabeza. ¿Qué perversos motivos podía abrigar alguien para querer lamerla precisamente ahí? A María le daba la impresión de que, por mucho que se lavase, por muchos polvos de talco y desodorantes íntimos que utilizara, la zona despedía siempre un cierto olor a marisco pasado de fecha. Por lo poco que había podido aprender de ellos, había deducido que el olor genital es único para cada persona. Pero además, en su caso, había que contar con un combinado de jugos vaginales que enriquecían la mezcla. ¿Quién podía garantizarle que no iba a espantar a su contrario, o peor aún, que no iba a... envenenarle? No, de ninguna manera. No estaba dispuesta a correr tales riesgos por algo que –por lo que a ella le parecía– a él no le podía suponer placer ninguno.

Pero bueno, todo llega, y finalmente también María, pese a sus iniciales reticencias, ingresó en el honorable club del cuarenta y seis por ciento de mujeres que, según estadísticas, practican el sexo oral (no recuerda dónde halló el dato, sospecha que en un *Cos-*

mopolitan o algo así) y tuvo numerosas ocasiones de comprobar que por el mundo pululan cantidad de sujetos indeseables capaces de desanimar a la más pintada a continuar con la citada práctica.

Estaba, por ejemplo, el tipo fiera. Ésos que hunden la cara entre las piernas y se ponen ahí, dale que te dale, a morder y a mascar como bestias salvajes. Alguno llegó a hacerle pensar que iba presenciar en directo una sesión de cliterodictomía casera. Seguro que pensaban, los muy cafres, por la manera en que María gritaba y se retorcía y se agarraba a la cabecera de la cama, que la chica estaba excitadísima, cuando la verdad es que lo que estaba era asustadísima porque temía que acabaran por morderle el clítoris o se lo arrancaran de cuajo... una vez lo encontraran, naturalmente.

Menos temible, pero no más divertida, resultaba la vertiente *light* del asunto. O sea, los del tipo delicado, los que enfocaban el tema desde una perspectiva romántica, sin tanto derroche de pasión y entusiasmo, y se dedicaban a lamer y chupetear, delicadamente y sin descanso, todas las zonas de la vagina: la pared dorsal, la lateral, el orificio, la hendidura de la vulva... Todo, todo, menos el clítoris. Cuando no era un aburrimiento absoluto resultaba, como mucho, agradablemente sedante. Y mientras el otro exploraba por allá abajo, arriesgándose a desencajarse la mandíbula, la mente de María divagaba hacia temas tan apasionantes como la compra que tenía que hacer al día siguiente o la mano urgente de pintura que necesitaba el techo de su dormitorio. Sí, puede que el sexo oral fuese excitante y tal, pero, la verdad, había veces en que sólo a costa de un serio esfuerzo conseguía María no quedarse dormida en pleno ejercicio lingüístico de su pareja.

Por no hablar de los del tipo tacaño, de los que no hacen nada gratis... Aquellos que empezaban por besarle el sexo y a continuación iniciaban el consabido eje rotatorio partiendo desde la hendidura sur, de forma que, antes de que María pudiera darse cuenta, se encontraba con su pivote entre los dientes. En fin, cualquiera sabe que excepto en casos de enamoramiento absoluto (y a veces ni siquiera en ésos) la base del sexo se encuentra en un intercambio de favores. Con todo, pensaba María, ¿hacía falta ser tan escandalosos al respecto?

Así que pasaron los años y a María seguía sin gustarle demasiado aquello. Había oído decir que el sexo oral era algo así como la quintaesencia de la sexualidad, y la afirmación le resultaba evidente cuando se refería a la de ellos, no a la suya. No dudaba de que la felación les resultase a los varones la gloria terrenal, pero no le parecía que el cunnilingus fuese su equivalente.

Supongamos que una mujer pertenece a ese cincuenta y cuatro por ciento de mujeres españolas que, según las estadísticas, confiesan que no practican el sexo oral, que nada le resulta tan desagradable como la idea de alguien hurgando y lameteando en sus partes íntimas como si tal cosa. Al fin y al cabo, por algo se las llama íntimas. La cosa no tendría mayor valor que el anecdótico si no fuera por lo diferente que esa mujer se puede llegar a sentir. A tooodas sus amigas les encanta, tooodas las revistas femeninas lo recomiendan, los consultorios sentimentales lo consideran una práctica esencial... Y María se preguntaba,

¿cuál es la ambrosía divina, el deleite celestial que me pierdo? ¿Acaso soy frígida, o rara, o mal diseñada?

Intentando desentrañar la razón última del misterio, llegó a consultar varios manuales de sexología. Algunos eran de una ñoñería suprema y sólo se limitaban a ofrecer la definición de *cunnilingus* (como si a estas alturas hubiera alguien que no la supiera...). Otros, los más, venían ilustrados con un mapa del aparato genital femenino que denominaban «el reloj vaginal» y a continuación suministraban una serie de detalladísimas instrucciones para explorarlo, pero eran tan complicadas (plagadas de tecnicismos del tipo «el eje del clítoris» o «la región perineal») que daba la impresión de que para acometer la tarea iba a resultar imprescindible armarse de brújula y compás, además de paciencia. Así que los dejó por imposibles y optó por resignarse a lo evidente: ¿no le gustaba?, pues no le gustaba, qué se le iba a hacer... Lo que no puede ser, no puede ser, y además es imposible. Habrá muchas mujeres, se decía, a las que no les guste el cunnilingus de la misma manera que hay muchas a las que no les entusiasma el Moët Chandon o las angulas, y nadie opina que deban pasarse la vida lamentando tamaña pérdida, ni se les recomienda que acudan al gastrólogo (el equivalente gastronómico del sexólogo, si lo hubiere).

Pero una noche, acunada por unos brazos esbeltos y amables, y después de haber ingerido una capsulita roja y blanca que alguien le había vendido a precio astronómico jurando por lo más sagrado que se trataba de éxtasis, pero que debía de contener heroína pura, porque la dejó así como medio tonta y sintiéndose muy, muy, muy tranquila, tan laxa como si no tuviera músculos ni huesos, como si estuviera hecha de merengue, María cerró los ojos y se transportó a otra dimensión, resplandeciente, cálida... Era un pequeño puntito de luz dentro de una enorme llamarada, y en esas estaba, transformada en otra María, cuando empezó a sentir cómo una lengua helada se paseaba por su cuello. De pronto, toda ella era cuello. Sólo existía esa parte de sí. Y según se iba moviendo aquella lengua, dejó de ser cuello para convertirse sucesivamente en hombro, en pezón, en ombligo, en... ¿en monte de Venus? No, aquello no podía, no debía ser. Así que abrió los ojos y regresó como pudo a la dimensión terrenal. Su amante pegó un trago al vaso de agua que siempre hay en la mesilla de noche de María. Y sin mediar palabra volvió a enterrar la cabeza entre sus piernas. Y María intuyó cómo su amante fruncía el ceño allá abajo, cómo, al apretar los labios como en un beso, se le escapaba el agua como un surtidor, y María se acordó de cuando aún iba al colegio de monjas, de aquella tarde en la que, siguiendo las recomendaciones de una condiscípula que le había revelado su secreto entre susurros, intentó, sin mucho éxito –debió de ser el miedo, o la vergüenza– masturbarse con el grifo de teléfono de la ducha. Era divertido, y algo frustrante a la vez. El recuerdo se difuminó entre las nieblas del abstracto placer que poco a poco la invadía y que no dejaba espacio en su cabeza para pensamientos tan concretos. María cerró los ojos y regresó al hiperespacio. Estaba rodeada de luz y claridad, envuelta en el sonido relajante de la nada, y sentía una sensación muy dulce, muy dulce, que la inundaba, se sentía como un gatito recién nacido, como una bolita de algodón. Estaba a punto de ponerse a ronronear. Allí abajo todo era agua, y aquella lengua avanzaba contra la corriente como un esforzado nadador, atraída por los cantos de sirena que eran los gemidos cada vez más insistentes de María, y siguió y siguió avanzando y María siguió gimiendo y gimiendo, y en algún momento se le abrió un dique dentro y olas y olas de agua salada surgieron desde su interior. Y María se convirtió en una reluciente aguamarina y habría podido cegar a cualquiera con sus reflejos de alegría. Hay tantas cosas en la vida, se dijo, tantos intentos vanos –el amor, la amistad, el sexo, el arte para algunos, Dios...–, tantos ensayos baldíos, tantas aspiraciones imposibles, tantas cosas que se desean y nunca se consiguen, y sin embargo se sigue en la brecha, se sigue buscando lo que no espera hallarse, porque la búsqueda merece, en sí misma, la pena, y compensa seguir intentándolo, de la misma manera que los buceadores de los mares del sur siguen sumergiéndose en busca de perlas a pesar de la presión y de los tiburones. Y así fue como María accedió a su otra María, nadando hacia ella desde dentro de sí misma, surgió resplandeciente, hija de sus ruinas, señora de una isla que no se hallaba en mapas, y es el agua, es el agua, el ochenta por ciento del cuerpo de María, la que la ha transportado en su flujo y su reflujo, alimentando peces, vomitando naufragios, es el agua, es el agua, cataclismo triunfal, rugiente torbellino de espirales, ese inmenso caudal que se le abre entre las piernas, la que ha hecho de María una mujer feliz.

IMAGO

Cuando Elsa lo despide en la boca del metro se dice a sí misma: «Me habría gustado tenerlo por hermano mayor». No pronuncia las palabras en voz alta, pero escucha cómo le retumban por dentro, sorprendentes e inmensas. Ha estado deseando que esto le sucediera, probablemente sin saberlo, durante el último año, desde que se desenamoró por última vez. Y ahora que, de pronto, se ha desplomado sobre su cabeza la enormidad de su fascinación, se encuentra con un obstáculo que no había previsto: se ha enamorado de alguien que no puede enamorarse de ella. Eso es triste, sin duda, pero más triste ha resultado la dilatada residencia en la árida tierra de los aburridos, aquellos que no cuentan con alguien cercano a quien amar, a quien echar dolorosamente de menos.

En realidad, Él ya había sido intuido, o previsto, antes de que Elsa lo hubiera conocido, y la misma inmediatez del encuentro confirmó que aquello había sucedido porque ya tocaba, porque tenía que suceder, que tenía que ser Él y no otro, tal y como fue.

Antes de conocerlo ella había leído una reseña del libro de Él en una revista femenina, y retuvo el título en su memoria, sin razón aparente, ya que no albergaba ninguna intención de comprarlo. Unos días más tarde le confirmaron una invitación a un encuentro de escritores y críticos que se reunirían para intercambiar ideas y ponencias durante tres días, en una especie de retiro loyoliano que tendría lugar en un pueblecito del norte, y una secretaria le leyó, desde el otro lado de la línea telefónica, la lista de los nombres de los ponentes. El de Él resonó, entre todos los demás, recitado por la misma voz monótona, como un latinajo perdido en una letanía, pero de repente fue como si a Elsa se le activara una bombillita en la memoria, e inmediatamente reconoció el nombre como el del autor de aquel libro cuya reseña le había llamado tanto la atención. Elsa se dio cuenta de que ardía en deseos de conocerlo, pero no tenía la menor idea de por qué.

Elsa se tiene por una persona de lo más racional, que sabe que el origen del universo se halla en una fluctuación del vacío, y el del amor en una adicción a las propias endorfinas. Elsa intenta explicarlo todo desde un punto de vista coherente y no dejar en su vida resquicios abiertos a lo inexplicable, pero Elsa, pese a Elsa, es en sí misma inexplicable. Elsa tiene el poder de prever las cosas importantes que están a punto de suceder. Conoce el sexo de los niños antes de que nazcan y ha soñado varias muertes cuando aún estaban por ocurrir. Aunque lo cierto es que Elsa intenta no fiarse de sus corazonadas, por precaución o por miedo, y continuamente intenta desmentírselas, y es por eso que no escuchó las voces que desde dentro de sí misma le avisaban de que algo crucial estaba a punto de suceder.

La siguiente escena tiene lugar en el aeropuerto, sucede a la vez en el aeropuerto y en la boca del metro, en el presente de Elsa y en el pasado de Elsa, pues todo lo ocurrido se diluye en el tiempo y se extiende como una mancha, y lo pasado acaba perteneciendo al futuro, porque el tiempo no tiene dimensiones, se expande y se comprime al antojo de nuestra percepción. Elsa llega a la sala de espera del aeropuerto cansada y algo deprimida porque apenas ha dormido, y, al derrumbarse en un sillón, se fija en un individuo delgado y desaliñado que porta una bolsa de viaje de cuero. Aunque no lo ha visto nunca, intuye que se trata de Él. Al momento llega el Escritor Alcohólico, un conocido de Elsa que también ha sido invitado al congreso de escritores hacia el que Elsa se dirige, y que es el que inicia las presentaciones. Al mirar a los ojos de ese escritor delgado, Elsa comprende que va a pasar algo, algo que todavía no tiene nombre, y ni siquiera causa definida. Algo que tiene que suceder, algo a lo que no cabe sentido buscar explicaciones, como no se buscan explicaciones a la caída de las hojas o al repentino aguacero de verano que estropea sin avisar una tarde en la terraza.

En el avión le toca a Elsa sentarse al lado de un señor mayor y muy educado, y Elsa pierde de vista a aquel tipo delgado que prácticamente no le ha dirigido la palabra. Sin embargo siente que Él la está mirando, mirándola sin verla. Ella no sabe dónde se sienta Él, y está casi segura de que ella no interfiere en su campo de visión. Pero sabe que Él piensa en ella y por tanto, sin verla, la mira. Ella también piensa en Él, sorprendida de que le interese tanto un individuo del que nada sabe, apenas seis palabras: las que forman un nombre y el título de un libro.

El avión desciende en un aeropuerto gris de una

ciudad del norte. Los escritores viajeros se embarcan en un autobús que los conducirá al pequeño pueblecito donde van a tener lugar los encuentros literarios. Elsa y Él se sientan juntos pero distanciados, es decir, en asientos paralelos, pero separados por el pasillo del autobús. Ella no habla, al principio. Se limita a escuchar la conversación que Él mantiene con el Escritor Alcohólico, que se ha sentado justo tras Él. Él habla poco. Musita monosílabos con los que trampea de cuando en cuando el caudal inagotable de palabras que surgen en vaharadas etílicas de la boca del Escritor Alcohólico. A Ella le encanta su timbre sutilísimo, casi femenino, y su modesta reserva de jovencita. Entiende que Él es comedido en sus afirmaciones y le sospecha una dulzura de maneras que le tienta. Así que Elsa se aproxima a ellos decidida a entrar en conversación y poco a poco se las va arreglando para atraerlo. El Escritor Alcohólico se pone a hablar con su compañera de asiento y Elsa aprovecha la ocasión para iniciar una conversación a dos. Elsa no es particularmente guapa, aunque tampoco es fea. El cabello rojo y los ojos verdes la hacen atractiva, pero no tiene buen tipo, o eso piensa ella. Consciente de su medianía, de que no es una mujer que llame la atención por su físico, y sabedora de que la vida al fin y al cabo no es más que un juego de cartas en el que todos deben sacarle el máximo provecho a la mano que les ha tocado, Elsa se ha especializado en simpatía, y se precia de saber hacer reír a hombres y mujeres, cuando quiere, casi al instante de conocerlos. Así que Elsa empieza a devanar una conversación intrascendente trufada de comentarios sardónicos, en la que va enhebrando todo lo que se le viene a la cabeza: su familia, sus amigos, sus traducciones, el periódico donde trabaja, la novela que ha escrito (publicada en una editorial pequeña y que obtuvo una repercusión mínima, nada que ver con las elogiosas críticas y el relativo éxito de ventas que mereció la de Él), y a Elsa la charla se le enreda en los salientes del lenguaje, aunque intenta que el ligero temblor que subyace bajo sus bromas no delate su nerviosismo de jugadora, porque Elsa ahora está jugando a la ruleta, y apostando en un todo o nada: sabe que Él puede encontrarla fascinante o cargante, y que arriesga mucho más hablando que callando, pues la reserva es siempre sugerente (Él constituye un perfecto ejemplo para esta afirmación) aunque a veces peque de aburrida. Él escucha y le dedica una sonrisa respetuosa que le corta la cara como un arañazo ligerísimo, e intercala de vez en cuando comentarios, los justos y necesarios para hacerle saber a Elsa que no se aburre, que la encuentra lo suficientemente absurda como para que lo mantenga intrigado, aunque es evidente que todavía no se ha formado una opinión.

El grupo de escritores llega al hotel cuando ya cae la noche. Allí se inscriben, recogen sus respectivas llaves y se dispersan, cada uno hacia su habitación. Quedan en verse en veinte minutos en el comedor. En la cena, Elsa conversa con un Crítico Literario cuyas opiniones se han puesto muy de moda y se olvida de Él por un rato (Él está sentado en la otra esquina de la mesa y Elsa no alcanza a distinguirlo entre el amontonamiento de escritores, poetas y críticos) hasta que la cena acaba y alguien propone bajar al pueblo a tomar una copa. El Crítico de Moda, que no vino en avión porque reside en alguna capital vecina, dispone de coche y en pocos minutos Elsa se encuentra embarcada en el vehículo junto a un Poeta Homosexual, el Crítico de Moda, el Escritor Alcohólico y Él, por supuesto. Elsa se estremece al atisbar la luna llena desde la ventanilla del coche, presidiendo la noche que comienza. Su madre suele recordar cómo la pequeña Elsa tenía pavor a la luna llena, y Elsa piensa que la pequeña Elsa tenía miedo a la luna con toda la razón, porque todas las grandes pasiones de la Elsa mayor de edad y de gobierno han estado regidas por este astro fatídico, todas se han iniciado bajo los celestes auspicios de la luna llena y Elsa sabe que si hace el amor esta noche se desencadenará un cataclismo.

El literario grupo llega por fin al pueblo y toma un bárbaro bar como lo haría un grupo de colonizadores, y Elsa, en la barra, se enzarza a su pesar en una conversación con el Crítico de Moda, una charla que no versa sobre literatura, sino sobre amor, un tema casi ineludible entre los críticos de moda. Elsa detesta hablar de amor porque ha comprobado que del amor, como de Dios, cada cual tiene una idea diferente, y que del amor, como de Dios, siempre se espera más, nunca se está satisfecho. Y que hablando de amor, como hablando de Dios, se intenta imponer siempre una secta de bienpensantes que preconiza su muy particular idea de amor. Elsa cree en el amor, pero no en las obligaciones, y esto, a fuerza de tópico, no suele entenderse. La gente no comprende por qué Elsa se empeña en vivir sola, y hay quien afirma que Elsa no es capaz de amar, y eso a pesar de que Elsa se ha movido siempre por impulsos de amor. Y por eso a Elsa no le gusta hablar de amor, sólo le gusta practicarlo, y esto en contadas ocasiones.

Mientras Elsa habla con el crítico, que apila palabras y palabras en un encendido panegírico de las virtudes de su mujer sin apartar por ello los ojos de la sima que se abre en el escote de Elsa, Él y el Escritor Alcohólico anuncian que abandonan el bar en busca de otro bar, y a Elsa le parece que en el mundo se ha abierto otra sima, más profunda y más negra que la de su escote, bajo sus pies. El Poeta Homosexual, que ha reparado en la tristeza de los ojos de Elsa, le hace saber, en verso, que los hermosos ojos de Elsa parecen aún más hermosos empañados por el velo de una duda. Pero el Poeta Homosexual ni siquiera sospecha la razón verdadera por la que a Elsa se le ha enturbiado la mirada. El Poeta Homosexual piensa que Elsa añora un amor que ha dejado en su casa y no imagina que Elsa ya está echando de menos algo que aún no ha tenido. «No le gusto –piensa Elsa entretanto, ajena a los poéticos esfuerzos por animarla–, no le gusto, ha preferido dejarme de lado y embarcarse en un crucero de copas por el pueblo.»

El Crítico, el Poeta y Elsa deciden regresar al hotel y en el camino de vuelta, desde la ventanilla del coche, Elsa ve surgir de entre la niebla a dos sombras a las que reconoce como la de Él y la del Escritor Alcohólico y que deambulan por una acera oscura como perros callejeros, caminando paralelas en su zigzaguear. El coche se detiene y la pareja sube al vehículo sin que medien explicaciones. Él se sienta junto a Elsa y, antes de pronunciar una palabra, le coge la mano. Elsa no comprende por qué lo hace si había decidido apurar la noche sin ella, pero aprieta su mano porque siente que es lo que toca hacer, porque sabe que eso es lo que ha de suceder, que tiene que ser con Él y no con otro, tal y como va a ser. Y por eso, cuando llegan al hotel, lo toma de la mano y lo arrastra hasta su habitación, sin preguntas, sin insinuaciones, sin negociaciones previas.

En la cama hay tres personas: Él y dos Elsas con las que hace el amor, dos de las tantas Elsas que coexisten en el fondo de Elsa y que han decidido asomarse esta noche a la superficie epidérmica de la Elsa tangible. Una es la Elsa que copula con Él, que intercambia fluidos en medio de una elaborada serie de juegos acrobáticos, la Elsa que se desespera porque no sabe cómo se juega a ganar en esta apuesta tan particular. La otra lo observa todo desde la distancia, y decide que la Elsa que está en la cama no es la Elsa que escribe cuentos, sino otra Elsa que había sido dos años antes y a la que había intentado abandonar, aquella Elsa que se acostaba con hombres. Y al contemplar la curva de las nalgas de Él, iluminada por la luz de la luna llena que se filtra a través de la ventana, le viene a la memoria la imagen de la grupa de una mujer a la que casi todas las Elsas amaron alguna vez, y de un extraño tatuaje, un mandala celta, que coronaba la zanja que separaba sus nalgas. Y el recuerdo de aquellas curvas le lleva a curvas semejantes de dos o tres hombres, ninguno amado, algunos secretamente despreciados, que no le proporcionaron placer en general, pero a los que la Elsa que juega en la cama había deseado dolorosamente. La Elsa que observa distanciada los juegos que se suceden en la cama no comprende cómo la otra Elsa, la fornicadora, participó en todo aquello, cómo se había embrollado en relaciones absurdas con aquellos incidentes que nunca la respetaron. Y repara, sorprendida y asustada, en que Él comparte con ellos el mismo cuerpo sin género: nalgas redondas, piel suave, miembro pequeño. Hace un año Elsa, la que mira desde la distancia, había decidido abandonar esa clase de apuestas, no jugar a complacer a otros que no sentían el menor interés por complacerla, no intercambiar fluidos esenciales con cualquiera; y ahora se siente traicionada por esa otra Elsa que ella no es. Pero lo que tiene que ser es, porque eso es lo que toca hacer, porque eso es lo que ha de suceder, y tiene que ser con Él y no con otro, tal y como es.

A la mañana siguiente Él se despierta y deja atrás la cama de Elsa como quien abandona el escenario de un crimen. Elsa se siente sola. Habría preferido que Él se quedara con ella, que volviera a enredarse con ella en una masa informe de brazos y piernas. Elsa sabe que hay hombres, muchos hombres, que desprecian automáticamente a las mujeres con las que se acuestan, que dejan de valorarlas en cuanto las consiguen. Sabe que muchas mujeres creen que no deben acostarse con un hombre al que acaban de conocer, porque así anularían automáticamente toda posibilidad de que ese hombre las respete. Pero Elsa, en el pasado, había comenzado sus relaciones siempre de la misma manera, y había consumado su deseo en cuanto lo había sentido, en parte por pasión de jugadora, porque adoraba apostar y adoraba el riesgo, y en parte porque pensaba que más valía descubrir a un gilipollas lo antes posible, y que si alguien era capaz de despreciarla tan sólo porque ella había sido sincera, sería mejor quitárselo de encima enseguida, aunque hubiera que pagar un polvo para desenmascararle.

Así que Él desaparece por la puerta y Elsa, en el cuarto de baño, se examina cuidadosamente el rostro en el espejo intentando encontrar alguna impronta, un estigma sagrado, algo que certifique que acaba de romper un celibato autoimpuesto y casi místico. Pero sólo encuentra unas enormes ojeras y una palidez postetílica que nada significan, sino otra noche más de borrachera. Quizá, piensa Elsa, no haya que conceder mayor importancia a lo sucedido, quizá la vida se componga simplemente de ciclos que se van sucediendo unos a otros inexplicablemente, ineludiblemente, y lo que ha pasado esta noche no es sino el inicio de otro ciclo, de una vuelta a la rutina después de un viaje al territorio de la soledad del que no ha importado nada, acaso la conciencia de que siempre se está solo, incluso acompañado. Pero eso ya lo sabía Elsa antes de viajar hasta allí. ¿De qué ha servido entonces el autoexilio? En las piernas Elsa se descubre unos cardenales violáceos: las huellas impresas de su paso, el de Él, y decide que sólo queda eso, que no ha pasado nada más, que las cosas no cambian en lo sustancial sólo porque una se haya dejado transitar el cuerpo un poco. Esta mañana Elsa está un poco idiota, y habrá que perdonarla porque Elsa no es perfecta, y porque está asustada y porque tiene resaca.

Así que Elsa decide actuar como si nada hubiera sucedido, no concederle mayor importancia al pequeño detalle de que ha hecho el amor por primera vez en un año, y en luna llena además, desoír las voces que le claman desde dentro que las casualidades, en realidad, no existen. Y Elsa se maquilla con esmero, intentando borrarse las ojeras bajo una espesa capa de *fond de teint*. Pero al bajar al comedor y encontrárselo sentado en la mesa del desayuno no puede evitar quedarse mirándolo, porque lo encuentra perfecto en la inmensidad de su ignorancia. Él no sabe que está sentado en esa mesa porque tenía que estar, porque eso es lo que tenía que suceder, que esa resaca y ese cansancio poscoito le tocaba sufrirlos a Él y no a otro, tal y como los está sufriendo.

Llegan las diez, la hora del trabajo, y Elsa se dice que ella ha subido al norte a leer sus ideas y a escuchar las de otros, y no a enzarzarse en enredos absurdos que empiezan y terminan en el burujo de las sábanas. Los encuentros literarios se realizan en torno a una larga mesa verde que tiene forma de herradura. Elsa lo sabe, de forma que sube intencionadamente tarde al salón en el que se celebran, para encontrarle a Él sentado ya, flanqueado a un lado y al otro, y no verse obligada a decidir entre acercarse a Él o evitarlo. Cuando Elsa llega a la larga mesa se encuentra con que apenas quedan unos sitios libres. A Él, gracias a Dios, lo descubre comprimido entre dos poetas. Elsa decide entonces acomodarse junto al Poeta Homosexual, pues se ha reconocido en su mirada y en sus bromas. Y al sentarse cae en la cuenta de que Él está situado casi exactamente frente a ella. Cuatro metros y un centro de flores los separan y a partir de ese momento se va a producir un cruce stendhaliano de miradas que se intercambian cuatro ojos, dos negros y dos verdes. Las de Él caen sobre

Elsa con todo su peso y las de ella escapan hacia Él aunque ella no lo quiera. Porque Elsa ha decidido, en su ceguera, considerarlo a Él un tropiezo sin importancia, una etapa más en el camino, y es que Elsa no sabe, y debería saberlo, que Él se sienta frente a ella porque allí tiene que estar, porque eso es lo que tenía que suceder, porque tenía que ser Él y no otro, tal y como está siendo mirado.

En la comida los sientan a la misma mesa, con cuatro personas más. Hablan de amor, una vez más de amor, el tema de moda entre los críticos de moda, y Elsa le explica a Él lo que es la imago, la impronta indeleble que uno lleva dentro y que determina lo que uno podrá amar a partir de figuras que ya amó. Cómo hay hombres que buscan réplicas de sus madres y mujeres que se vuelven locas por hombres protectores que les recuerdan a sus padres, y padres de familia que pierden la cabeza por jovencitos imberbes enfundados en cuero. «Todos tenemos una imago –le dice Elsa en tono doctoral– pero la mayoría de las veces no somos conscientes de que nos atrae un tipo muy determinado de persona, porque no sabemos abstraer la cualidad que hermana a todos nuestros amantes. La imago representa un estado de carencia –prosigue, y está a punto de dejar la cosa ahí por no aburrirlo, pero la atención que lee en sus ojos le anima a seguir– y de esta manera, si nos sentimos débiles, buscaremos a aquel que inspire fortaleza, y si nos creemos tontos, nos enamoraremos del que nos sugiera inteligencia.» Él le replica que Él no tiene imago, que se enamora de personas muy diferentes, y ella le dice que todos tenemos una imago y que Él también tiene una, aunque no lo sepa, de la misma forma que todos soñamos pero sólo algunos somos capaces de recordar nuestros sueños. Quizá Él no ha llegado a identificar la cualidad que le hace sentirse atraído por una persona, y eso es peligroso, porque significa que Él todavía no sabe lo que anda buscando. Pero esto último ella no se lo dice, como tampoco le dice que Él es su imago, que Él representa exactamente el tipo que activa en ella una respuesta, que es la réplica exacta de un Él primigenio que ella una vez amó, y que condensa en su persona cualidades de todos sus amados: habla con la voz de uno, esa voz suave y arrastrada de palabras espaciadas que convierte cada sílaba en un luminoso recuento de segundo; exhibe el desaliño de otro, ese enredo de jerseys arrugados y pelo revuelto que lo hace parecer indiferente a las vanidades terrenales; y mira con los ojos de un tercero, con la misma expresión de desamparo de un cachorro de aguas y que despierta en ella idéntico afán de protección al que lo lleva a recoger a los perros y gatos abandonados en la calle. Porque la carencia de ella reside en una falta de afecto que arrastra desde siempre, que lleva grabada a fuego, y que busca llenar desesperadamente, y por eso su imago es la imago de los aparentemente débiles, de los que podrían necesitarla, y a los que imagina, por tanto, susceptibles de amarla. Elsa no se atreve a explicarle que Él le recuerda demasiado al hombre al que más amaron todas las Elsas, un Primer Él que le atrajo con el canto promisorio de su imago, y que se reveló, al rascar la imago, como una de sus peores pesadillas. Y Elsa no puede explicarle que el hecho de que Él le recuerde tanto a aquel Primer Él hace que Elsa se sienta tan atraída y repelida a un tiempo por su persona, porque intuye en Él una cualidad que podría amar y que le podría hacer daño: intuye que Él anda perdido, aunque Elsa no sabe todavía ni cuándo ni cómo Él se perdió.

Después de la comida se renueva el turno de conferencias y Elsa se esfuerza en desviar la mirada al suelo, a los ponentes, a los bolígrafos, a cualquier punto en la estancia que la distraiga de Él, y acaba cansada de mirar las cosas huyendo con cuidado del miedo a encontrarlo en el hueco de cualquier espacio, de darse de narices con su perfil entrevisto a traición. A veces, sin querer, lo sorprende mirándola y entonces Elsa improvisa una sonrisa de circunstancias. El Poeta Homosexual, que es listo como el hambre, le pasa a Elsa una nota escrita con cuidadosa caligrafía: «Creía que había ligado, pero acabo de caer en la cuenta de que ese chico te mira A TI». Elsa suspira aliviada, agradecida de que una mirada ajena le confirme que lo que está pasando no sucede solamente en su imaginación.

Esa noche, en la cena, Elsa se las arregla para situarse lo más lejos de Él que puede, exactamente al otro extremo de la mesa, pero, por más que se reprime, le busca a su pesar con la mirada para encontrarse con que Él también la mira. Al otro lado de la mesa Él conversa con el Escritor Alcohólico mientras que Elsa, desde su esquina, chafardea con el Poeta Homosexual. Elsa se dice y se repite que lo sucedido no tiene mayor importancia, que dentro de dos días volverá a la ciudad y toda esa historia se diluirá en una niebla de olvidos; que lo ocurrido la pasada noche no constituirá sino un incidente que, en la distancia, pasará a integrarse sin más pena ni gloria en su anecdotario privado; que lo recordará con cariño, y nada más. Cuando acaban la cena cada uno se va a su habitación, sin cruzar palabra, sin despedirse, y en mitad de la noche Elsa se despierta sobresaltada porque Él ha invadido el territorio de sus sueños y se le ha aparecido a destiempo, sin que ella lo hubiera conjurado.

Al día siguiente, mientras lo contempla sentado frente a ella en la mesa de herradura, separados los dos por cuatro metros y un gran centro de flores, Elsa comprende lo que le está pasando. Se ha dado de narices con su imago, y no puede evitar que cada diez minutos los ojos se le vayan hacia Él. Debería decírselo, quizá. Debería explicarle lo que Él provoca en ella, aunque sólo fuera por hacerle sonreír, por reforzarle un poco la autoestima que Él parece tener tan dañada. Pero Elsa es tímida. Toda su pretendida sociabilidad es impostada, un intento desesperado de acercamiento a un mundo que ella nunca ha acabado de entender. De hecho, Elsa fue una adolescente introvertida y problemática –el tópico calvario de las drogas, los psiquiatras y los dramas familiares– que no tenía amigos y que acabó por comprender que si quería salir adelante debía aprender a ser simpática. Decidió entonces fijarse un modelo de actuación, así que observó detenidamente a una chica a la que admiraba y le imitó los gestos y actitudes, hasta acabar por convertirse en una persona relativamente sociable y relacionada, una réplica de Raquel. Pero bajo la capa de barniz que ella misma se ha aplicado subyace la misma Elsa tímida, la previa a aquel propósito de enmienda, la que tanto acusa el dolor de corazón, la incapaz de atreverse a explicarle a Él lo que siente.

¿Y si Él sintiera algo parecido? Elsa se pregunta qué reacción podría exhibir Él si se enterara de cual es el sentimiento que ha despertado, y piensa que le gustaría que Él sintiera lo mismo, más por el deseo de reconocerse en otra persona que por el de iniciar una relación amorosa. Quizá, piensa Elsa, el deseo de ella podría ser como una cerilla que activa a otra por mero contacto, y Él experimentaría, por empatía, ramalazos gemelos de deseo. Pero si Él siente lo mismo, Elsa no quiere saberlo, porque a Elsa el deseo correspondido casi siempre la ha llevado por un camino de autodestrucción.

Elsa piensa en escribirle una carta. Una carta que le llegue cuando vuelvan a su ciudad, y el norte quede lejos. Una carta que le haga saber a Él lo que ocurrió cuando ya se haya establecido una distancia, cuando la declaración no implique un deseo de acercamiento, sino simplemente la constatación de un sentimiento que existió, sin más. Elsa ya ha hecho esto antes. Durante el tiempo que se ha mantenido célibe se ha alejado conscientemente de las personas a las que deseaba, pero siempre asegurándose de que la echarían de menos, de que no la olvidarían así como así.

Elsa recuerda a aquella actriz francesa y cuarentona que acababa de fijar su residencia en la ciudad. Elsa había visto varias de sus películas y sabía que ella amaba a las mujeres, todo el mundo lo sabía, todo se sabe en la profesión. Elsa la había deseado en silencio, en una sala oscura como un útero, cuando de su existencia apenas sabía nada más allá de la imagen proyectada en una pantalla. Y una noche en una fiesta las presentan, y ambas se presienten, y se encuentran la una en los ojos de la otra, que se van enviando mensajes sin palabras. Elsa, como un párvulo esforzado, descifró la promesa que transmitían aquellos ojos, cuando, al saludarse, la actriz le apretó la mano.

Aquella actriz se había convertido en el objeto de deseo de casi todo el círculo de amigos de Elsa, y a Elsa le sorprendía sobremanera su función de catalizador. Cuando ella entraba en algún sitio todas las miradas convergían hacia ella, e, incluso cuando ya se había marchado, la imagen de aquella mujer hermosísima revoloteaba sobre todas las conversaciones. Llevada por la curiosidad, por la impostada valentía que le proporcionaban dos copas de más, y, cómo no, por su sempiterna pasión de jugadora, Elsa se acercó a ella en una fiesta, encaramada sobre unos altísimos tacones, y desde aquella altura fraudulenta se atrevió a decirle lo que tenía que decirle. Que la encontraba fascinante y que le gustaría averiguar si era tan bella por dentro como por fuera. La actriz sonrió como sólo pueden hacerlo las actrices, luciendo una blanquísima dentadura que debía de haberle costado el sueldo de dos películas y, justo cuando iba a responderle, apareció Raquel, la amiga que la había acompañado, con unas cuantas copas de champán de más, como era y es su costumbre en las fiestas, tercera inoportuna que no comprendió que había interrumpido la brillante escena que la actriz estaba a punto de representar. En menos de un minuto, otros cuantos habían venido a engrosar el grupo y Elsa, comprendiendo que el momento se había desvanecido, desapareció en el maremágnum de la fiesta. Y justo cuando se disponía a marcharse, aquella belleza resplandeciente se acercó a ella y le entregó un papelito doblado en el que, según descubrió Elsa más tarde, había anotado su dirección y su teléfono. Se despidieron con un beso en los labios, un brevísimo intercambio de salivas. Elsa le envió su libro, por supuesto. Y, por supuesto, no ensayó ninguna otra tentativa de contacto.

A veces, Elsa fantaseaba con la idea de que ella la recordaría de cuando en cuando, de que habría encontrado entre las líneas de sus libros una frase especial que la llamara, y eso a Elsa le parecía suficiente. No se atrevió a mostrarse vulnerable, no se atrevió a iniciar una historia que pudiera dañarla, no se atrevía a ponerse a disposición de alguien que pudiera machacarla a golpes de belleza. Pero es cierto que Elsa había imaginado las caricias expertas de la actriz francesa y se había ensoñado recordando el cálido contacto de sus labios. Dentro de Elsa discutían las Elsas. La Elsa que había besado opinaba que la Elsa que no había llamado era cobarde. La Elsa que nunca llamó se defendía argumentando que era sólo previsora. Elsa no sabe que aquella historia abortada, aquella seducción imaginada y nunca llevada a cabo fue un ensayo preliminar, un paso previo para lo que estaba por venir, lo que tenía que suceder, con Él y no con otro, tal y como sucedió.

Con Él, piensa Elsa, sucederá algo parecido. Ella le enviará una carta firmada, pero sin remite, para no darle pie a respuesta, para que Él sepa hasta qué punto había sido deseado, y allí acabará todo. Elsa quiere dejar constancia de su existencia y de su deseo, pero no le apetece someterse a las angustias y las exigencias, a los encuentros y los desencuentros, a las inseguridades, a las noches en vela, a las amenazas, a los chantajes sentimentales, a las indignidades de la monogamia, a los repliegues distantes sucedidos de sobredosis de sexo salvaje... a todos esos episodios de ansiedad, en suma, que han constituido en el pasado sus historias amorosas. Durante un año Elsa se ha atrincherado en un territorio privado que contenía en sí mismo los ritos, las imágenes y las reproducciones del amor. Ha imaginado historias, pero no ha deseado vivirlas, o no se ha atrevido. En el pasado ha efectuado jugadas muy arriesgadas y ha perdido mucho. Necesita recuperar fondos si quiere volver a jugar.

Llega inexorable la tercera noche, la última, y Elsa está segura de que no volverá a verle en mucho tiempo. El tiempo que se expande y se comprime se ha distendido en el norte, y Elsa sabe que en casa el tiempo volverá a detenerse, y una hora no será capaz de contener tantas historias como una hora puede contener en esta noche. Cenan en un restaurante y más tarde, en la barra, beben sidra, y Él le habla de Dios y de su necesidad de Dios. Elsa le escucha fascinada, prendida en sus palabras, y se alegra en secreto de que ésta vaya a ser la última noche, de que al día siguiente haya de retornar a la tranquilidad de su vida monótona y simple y desprovista de imagos. Elsa evita cualquier contacto físico, cualquier posibilidad de acercamiento, y se empeña en creer que esa noche va a dormir sola, porque Elsa olvida una vez más que hay cosas que no pueden controlarse, que hay cosas que suceden porque han de suceder, y que ha tenido que ser Él y no otro, tal y como va a ser.

Después de la cena regresan al hotel y deciden seguir bebiendo en la barra del bar. Él le coge la mano y Elsa olvida sus reservas. La voz de Él la atrapa en sus redes con la inmediatez con que la música se hace con los sentidos y Elsa decide disolver en alcohol todos sus miedos, y fingir que la imago puede llenar ese boquete doloroso que lleva abierto dentro, ese angustioso vacío en el que a veces ha creído que se ahogaría. De momento Ella bebe las palabras de Él, que la van llenando líquidamente por dentro, y le parece que su interior, encogido y reseco, se hincha y se redondea por momentos; y Elsa piensa que el amor debe de ser algo parecido a eso, a esa intuición de haber hallado un Otro que parece poseer ese algo que nos falta, que representa la posibilidad de rellenar los huecos propios. Pero ella sabe por propia experiencia que esos vacíos sólo puede llenarlos uno mismo, a no ser que acceda a anularse. Al escucharlo hablar, Elsa imagina en qué consiste la dulzura de la propia renuncia, de la autoinmolación, la narcótica tranquilidad de dejar que otro asuma las riendas de la propia vida. Por eso accede a dar un paseo por la playa, y da por hecho que, a la postre, va a acabar sucediendo lo que ha de suceder, y que va a ser con Él y no con otro, tal y como va a ser.

La playa, velada por la niebla, parece diferente a la que era de día. Se han difuminado los contornos del paisaje, el mar se pierde en el cielo agujereado de estrellas y apenas se entrevén unos puntos de referencia –el perfil del hotel, el pico de la montaña– suspendidos en la niebla como en el vacío. Elsa piensa en otro siglo, en contrabandistas y filibusteros, y en amantes que habrían hecho de esta playa el punto de cita de sus encuentros secretos, y comprende que Él no podría haber hallado mejor escenario para besarla. Esa misma mañana el Escritor Alcohólico ha dicho que la felicidad no constituye tema para una novela. Sí puede serlo, ha pensado ella, y ha recordado a Jane Austen. Y Elsa piensa en felicidad porque ella es feliz, y se lo dice. «No te creerás esto, pero creo que éste es uno de los momentos más felices que he vivido.» Él, demasiado borracho, no alcanza a calibrar el alcance de las palabras de Elsa. Mejor así. Elsa ha aprendido que la felicidad se compone de momentos puntuales como éste, momentos que Elsa acapara y que atesora en el recuerdo como piedras preciosas, pero sabe que cuanto más feliz es el momento, más doloroso será el recuerdo en la distancia. Lo que Elsa no sabe todavía es cuánto le dolerá ese recuerdo

De la playa a la cama y de la cama al sexo, a dejar que la Elsa que estuvo ausente un año retorne conjurada por los vapores etílicos y se explaye en sus absurdos ejercicios gimnásticos. La otra Elsa se muestra condescendiente, demasiado embebida en su felicidad como para presentar objeciones. Esa Elsa entiende el sexo como un mero pasaporte, un trámite obligado, y piensa que lo esencial será lo que subsista en el recuerdo, y que lo que perdurará en la memoria no serán los juegos de la cama, sino los besos de la playa.

Al día siguiente los escritores se despiden y se intercambian direcciones y teléfonos a los que nunca contactarán, como si en lugar de unos encuentros literarios hubiesen compartido una acampada cumbayá. Ella se ve obligada a dejarle a él su número y, ante lo irremediable, piensa que tal vez sea mejor así, que quizá vaya siendo hora de que derrumbe su edificado muro de reservas y asuma que al fin siempre sucede lo que ha de suceder, con quien tiene que ser y no con otro, tal y como ha sido y como habrá de ser.

En el avión se sientan uno junto al otro y ella disfruta observándolo, escuchándolo, entendiéndolo inmensamente imago. Lo encuentra guapo, inteligente, ocurrente, amable, divertido, culto, irónico y sensible. Se siente orgullosa del privilegio que supone haber compartido un trozo de su espacio, y cuando Él propone compartir un taxi y cenar juntos más tarde no presenta reservas ni objeciones, porque asume lo de siempre, que sucede lo que ha de suceder.

Cuando al fin se separan se abre un largo fin de semana en el que Elsa se queda a solas con su carencia, y la tristeza la sorprende a traición al pensar en que Él, irremediablemente, estará inmerso en su propia rutina ajena a Elsa, en un lejano orden de horarios, necesidades y ataduras que han precedido a su encuentro y que lo sobrevivirán. Y Elsa persiste en esa trampa de imágenes inhóspitas porque no conoce otro modo de aproximarse a Él. De repente lo echa enormemente de menos y lo peor es que ni siquiera comprende por qué. ¿A qué viene ese imprevisto dolor de ausencia? Se desmorona el mundo que Elsa se ha construido y se revela inhóspito en su complejo entramado. Sus libros, sus amigas, sus traducciones, sus artículos, su agente literario, su editor, el jefe de sección de su periódico, su tupida y densa red de relaciones, no sirven para cubrir el hueco que Él ha descubierto, ese hueco que Elsa tan precariamente había tapiado. Elsa no acepta a definir la razón de tal angustia, qué es lo que Él representa que ella tanto echa de menos, y, en una inútil búsqueda de explicaciones, se compra el libro que Él ha escrito. Cuando lo lee cree escuchar su voz en cada párrafo, y lo encuentra en cada frase impresa. Comprende entonces lo que ha visto en Él, la razón del poder de la imago.

Elsa se ha reconocido y no ha podido evitar concebirlo a Él como a su Otro, indescifrable y complementario a un tiempo. Elsa ansía completarse, conciliar todas sus Elsas, dejar de preguntarse a cada paso quién es Elsa en realidad, cuál de todas las Elsas que coexisten en la maraña de Elsas que la habitan es la más Elsa de todas. Y lo siente a Él, en sus palabras, como a una Elsa, esencial Elsa, que faltaba, que se había perdido en un tiempo indefinido, hacía muchos, muchos, muchos años, en algún paraíso perdido e infantil que Elsa no puede ya recuperar. Desde que Elsa perdió a Elsa se ha pasado media vida arrastrando una nostalgia de la preseparación a la que se añadía la inutilidad del esfuerzo, el impulso nunca satisfecho que trata de llenar el vacío, el eternamente aplazado reencuentro. Elsa, como todos, ansía la perfección de un estado primordial, un estado de fuerza y autonomía, y lo ha buscado, desde que recuerda, de muy diversas maneras. Una Elsa había buscado la Totalidad a través del sexo, otra Elsa la buscó hacia dentro, a través del aislamiento, y tampoco la encontró. Al encontrarse en Él, al reconocerse en todo lo que Él ha escrito, ese estado inevitable de Elsa sin Elsa se ha hecho más evidente que nunca. Toda la soledad que Elsa ha acariciado (una soledad interior, puesto que en lo exterior Elsa continúa siendo la mujer aparentemente sociable y extrovertida que el mundo conoce), ese estado autárquico tan difícilmente construido, se le antoja de pronto absurdo y estéril. Y es eso lo que la imago ha venido a revelarle. La imago estaba ahí porque tenía que estar, porque tenía que aparecerse tarde o temprano, en Él y no en otro, tal y como fue.

Elsa espera. Con un poco de suerte Él llamará. Y si no llama, no importa. Elsa sabe que todos los dolores acaban por suavizarse, coincide con Wilde en suplicarle a Dios que la libre del dolor físico, que del moral ya se ocupará ella, y cree que el secreto de la armonía, si no de la felicidad, consiste en controlar la ansiedad, y en tomar con calma lo que viene, porque lo que ha de suceder sucede y no queda más remedio que aceptar lo inevitable. Pero existe un dolor sordo que permanece siempre, ése que Elsa lleva tatuado dentro, tan presente, tan perenne, tan diario, que a veces hasta se olvida; y su intensidad, inalterable, va devorando a Elsa como un cáncer.

Por fin –han pasado dos días, dos días en los que Elsa no ha dejado un momento de acordarse de Él–, Él la llama y acuerda una cita con ella. Se emborrachan. Todas las Elsas lo encuentran fascinante, y todas intentan acercarse, y se aparecen sucesivamente, en diferentes combinaciones de Elsas que cambian cada vez que Él la remira, como un caleidoscopio. Y alguna Elsa piensa para sí misma que, una vez asumida la inevitabilidad de que ciertos estados se repitan más o menos cíclicamente, queda el consuelo al menos de saber que ha elegido el mejor catalizador que hubiera podido hallar. Él le habla entonces de su vida, de una larga relación de pareja que acababa de explotarle entre las manos, de su angustia, de su obsesiva necesidad de ordenar los dispersos elementos que componen su existencia, y Elsa imagina todo lo que no sabe, lo que le hace a Él callar tantas cosas, las cosas que sabe esconder entre otras cosas que, aunque insignificantes, tampoco va a aclararle. Elsa intuye, o quizá comprende, que Él intenta avanzar por un camino de reconstrucción recién emprendido, una especie de proceso análogo al peregrinaje interior que Elsa recorrió durante sus meses de celibato, una empresa que sólo puede llevarse a cabo en soledad. Elsa sabe que no es el momento de intentar hacerse un hueco en su descolocada existencia, de la misma manera que, en su día, tampoco aquella actriz tuvo cabida en la existencia de Elsa. Una Elsa, la cobarde, suspira aliviada al comprobar que ya no tiene nada que temer de Él, mientras que otra Elsa, la jugadora, lamenta enormemente la oportunidad perdida. Y mientras lo mira, y lo admira, y lo encuentra tan maravilloso y tan imago, tan perfecto en su sobriedad y su tristeza, a Elsa le viene a la cabeza una carta que ha encontrado en su buzón esa misma mañana, en la que un ex amante escribía cuánto la necesitaba, cuánto la echaba de menos. Elsa acaba de encontrar a su imago hecha persona, pero Elsa es a la vez la imago hecha persona para otro, y está segura de que ese ex amante que le escribe constituye también la imago hecha persona para otra persona más, y de pronto la vida se le antoja a Elsa una cadena infinita de imagos, una sucesión inacabable de imagos enlazadas. Y puede que esto resulte irónico o triste, pero a qué sufrir, se dice Elsa, si finalmente se hace lo que toca hacer, y sucede lo que ha de suceder, con quien tenga que ser y no con otro, tal y como haya de ser. Y con este ánimo Elsa volverá a hacer el amor con Él porque tiene que hacerlo (o porque se emborracha, simplemente), porque está forzada a algo a lo que no cabe sentido buscar explicaciones, como no se buscan explicaciones a la caída de las hojas o al repentino aguacero de verano que estropea sin avisar una tarde en la terraza.

A la mañana siguiente, cuando Elsa lo despide en la boca del metro, el periódico anuncia todo tipo de dramas: bombardeos en Serbia, disturbios en Tel Aviv, atentados en Belfast, pasión en Elsa no correspondida. La vida sigue adelante ajena a todas estas catástrofes, el día se presenta radiante de luz, y Elsa se alegra de estar viva, y cruza los dedos para que todo salga bien, para que Él no interprete su deseo como una amenaza, para que los acontecimientos fluyan libremente por su cauce y para que, con suerte, en un futuro, quién sabe si lejano, Él acabe por transformarse, crisálida de encuentros, de imago a amigo.

VAGINA DENTATA

No era un buen trabajo. Tenía que llegar a la tienda una hora antes de que el establecimiento se abriera, y preparar su espíritu y el local para otro día anticipadamente inútil: cargar y descargar cajas, apilar el material en los estantes y adecentar un poco el espacio en el que transcurrirían horas inacabables, vendiendo cubos y palanganas, moldes para cubitos de hielo, alicates, tupperwares, rodamientos, bombillas, cables eléctricos, tornillos, escarpias, martillos... La palabra bricolaje se asocia a un campo semántico infinito. Las tardes se habían convertido en una pesadilla. Incluso había llegado a soñar con ellas. Inacabables colas de rostros anónimos y prácticamente indiferenciables que lo asediaban desde el otro lado del mostrador. Correr de un lado a otro de la tienda en busca de una lima del cinco, dos metros de cable eléctrico, una broca del tres, pegamento de contacto, cola para madera, barniz color nogal.

Pero aquella mañana la tienda estaba vacía y él entretenía las horas contemplando el entrecortado fluir del tráfico densísimo a través del escaparate, e imaginando a las mujeres de vidas apretadas que conducirían aquellos coches apretados: amas de casa camino del mercado, ejecutivas que llamarían desde su teléfono móvil para avisar de que iban a llegar tarde a la cita que habían concertado, estudiantes de buena familia que habrían quedado a tomar café con una amiga para intercambiar confidencias sobre el lamentable tránsito de sus noviazgos y quizá, quién sabe, una mujer distinta, una morena que conduciría con una sola mano apoyada en el volante, mientras con la otra encendería un cigarrillo o ajustaría el volumen del radiocasete. Imaginaba una música rítmica que la envolvería, una melodía contundente, saturada de graves, tan decidida como aquella morena que en su imaginación conducía el coche sin copiloto, la morena que él nunca había conocido, la morena que no le exigiría nada, ni atención, ni mimos, ni cariño, ni afecto; la morena que vendría a salvarle la vida y sacarle de allí.

Aquel lunes el cielo estaba cubierto de bajas nubes grises que recibían resignadas el sucio impacto de los tubos de escape, y la luz deshilada del débil sol amordazado se filtraba a través del cristal, resbalando sobre el mostrador de madera deslucida. El inasible silencio de la tienda, cercado por los ruidos del tráfico en las calles, se enroscaba en torno a su cuerpo, iba escalando por sus miembros, ascendía a su cabeza y finalmente caía, cubriéndolo por completo. Encendió un cigarrillo a pesar de que su jefe se lo tenía terminantemente prohibido, pero aquella mañana el señor había llamado para avisar de que llegaría tarde y allí no había nadie para controlar sus movimientos. El humo tejió frente a sus ojos una cortina cenicienta sobre la que él intentó fijar la imagen de su mujer, la muchachita rubia y menuda que lo llamaba cinco veces al día, que le registraba la cartera y que en la cama le hacía unos arrullos infantiles que él secretamente detestaba. Su madre adoraba a su mujer y solía mantener con ella largas conversaciones en torno a las reformas y la decoración del piso y la vida y costumbres de los vecinos del edificio, y a ninguna de las dos, ni a su madre ni a su mujer, les habría gustado saber de la existencia de aquella otra morena inexistente, tantos años colgada en algún armario recóndito de la memoria donde se guardan sueños conservados en alcanfor. Una morena alta, muy alta... que avanzaba en ese momento a zancadas marciales por la acera, que se detenía frente a la puerta de la tienda, que la empujaba con un golpe de cadera... y que se plantó de súbito frente al mostrador.

Debía de medir aproximadamente un metro ochenta e iba vestida de negro de pies a cabeza. Vestía pantalones, botas y cazadora de cuero y un jersey de cuello de cisne, y cargaba con una enorme mochila de cuero negro. Llevaba el pelo corto y la cara lavada, sin una pizca de maquillaje, ni tan siquiera la consabida raya en los ojos que las mujeres suelen considerar imprescindible. Tampoco lo necesitaba, puesto que su rostro poseía unas facciones regulares, un óvalo casi perfecto, una nariz rectísima, una boca fina pero bien dibujada y unos ojos luminosos y rasgados perfectamente encajados bajo unas cejas de corte clásico. Combinaba la cara y el cuerpo de una modelo con el desaliño de una estudiante de filosofía, ajena a las vanidades y las frivolidades de la moda, o el de una mujer perfectamente segura, sabedora de que su belleza no necesita ornato para realzarse.

–Buenos días –dijo ella, y su voz era grave, modulada, enérgica pero no estridente, tal y como él la había imaginado–. En primer lugar necesito una cuerda, no muy gruesa. Flexible, pero, eso sí, muy sólida.

–Una cuerda de nylon –sugirió él, intentando recuperar la voz que se le helaba en la garganta.

–No, nylon no, tiende a deslizarse y cerraría demasiado los nudos.

–Quizá una cuerda de escalada –sugirió él–, pero tendría usted que buscarla en una tienda de deportes, y son carísimas...

–Creo que una cuerda gruesa de algodón bastará por ahora –le interrumpió ella con voz firme.

–También quería un garfio, como para colgar una planta en la pared. Pero tiene que ser resistente –añadió.

–¿Cuánto peso debe aguantar? –preguntó él.

–Unos ochenta kilos –respondió ella sin vacilar.

–Una planta muy pesada –observó él.

–Y también quería un juego de candados –continuó ella, indiferente a la observación–. Pero que se abran todos con la misma llave. Varios candados con sus propias llaves podrían suponer un problema. Y unos cinco metros de cadena, del mismo grosor, no sé... como una cadena para el perro... exactamente, una cadena para un perro. Ésa me parece perfecta. Cuatro collares de perro... negros, con remaches plateados. Y velas, velas neutras, de fontanería, no de las de cera virgen, que ésas dejan marcas.

Él iba y venía del mostrador enseñándole el género y ella iba eligiendo y rechazando sin el menor asomo de vacilación. Finalmente, cuando ella se dio por satisfecha, él envolvió todo (garfio, escarpias, cuerda, cadena, velas, juego de candados, dos collares para perro y dos para gato) en un mismo paquete y ella pagó con una amplia sonrisa de ochenta vatios. Sus ojos brillaban como una caja de luz. Pensó en seguirla y dejarlo todo, pensó en su novia y en su madre –pupilas vigilantes, retinas reticentes– que le esperaban en casa a la hora de comer, con la comida hecha y servida; y en su vida, ya dispuesta de antemano, igual que los cubiertos sobre la mesa. Y mientras lo estaba pensando, Raquel llegó a la puerta, la abrió y la cruzó, dejando atrás la ferretería, y arrastrando tras de sí el sentido de la vida con la misma fuerza con la que el remolino del desagüe se lleva el agua de la bañera al quitar el tapón. Y lo dejó boqueando de agonía, como taladrado por una broca del trece.

MNEMOSINA

En Dublín se llama Aylsa. En su ciudad era Elsa. Pero ha asumido que tiene dos patrias, dos lenguas, dos nombres. Se ha trasladado a Dublín para una estancia de quince días, durante los que asistirá, becada, a un ciclo de conferencias que se impartirán en el Trinity College sobre la obra de Joyce. Elsa ha traducido varios libros y ha escrito una novela, y este excelente currículum, junto con el hecho de que sea bilingüe, ha contribuido a que le corresponda el honor de ser invitada a escuchar en persona a prestigiosos catedráticos, críticos y escritores que a Aylsa, en realidad, le dan igual.

Antes de partir le preguntó a su madre si existía algún familiar con el que pudiera contactar en la ciudad. La madre carraspeó.

–Nadie, no queda nadie. Paddy vive en Dublín, pero no tengo su dirección. Sólo sé que trabaja en el Irish National Theatre. Se hizo actor, ¿lo sabías?

No recordaba a Paddy. No recordaba nada.

–Vivió un verano con nosotros –le explicó su madre–. Es increíble que no lo recuerdes.

Sólo quedaba una foto de un adolescente muy rubio, en bañador, al borde del mar.

–Lo peor es lo que no se puede decir. Si no le pones nombre a tus demonios nunca sabrás cómo combatirlos

La doctora repetía lo mismo una y otra vez intentando convencerla para que se sometiera a una regresión, para que descerrajara algún recóndito armario de la memoria. Ella nunca aceptó. Prefería vivir con sus pocos recuerdos: unas cuantas fotos y alguna imagen perdida (la espuma rizada del mar en los tobillos, trozos de hielo sobre las picaduras de mosquitos, un bañador rojo de lunares, un flotador en forma de foca...). De vez en cuando los desempolvaba y los barajaba como un mazo de cartas usadas. No sabía más de lo que sabía. Y no quería saber más.

–Los temores más profundos habitan el reino de lo inexpresable. Si no cooperas nunca podrás curarte –amenazaba la doctora.

Dejó una nota en el teatro como quien envía un mensaje en una botella. Le explicó al encargado, un vejete extremadamente amable, que estaba intentando localizar a Padraic Donaghue.

Diez días después, cuando ya había olvidado la nota, recibió la llamada. Como se dirigía a ella en inglés, él habló con Aylsa y no con Elsa. Invitó a la mujer que trabajaba en la ciudad, no a la niña que jugaba en la playa, y quedaron en verse en un pub del centro.

Lo reconoció de inmediato, y no por el parecido con la foto, sino por los ojos, incisivos como alfileres, del mismo color verde que los suyos. Y era pelirrojo. A ella le gustaba el olor de los pelirrojos. Una vez se había acostado con uno y recordaba aún el olor almizclero de su sexo, como el perfume dulce y amargo de los frutos plenos. La luz jugaba densamente con el cabello rojo, lenta y complacida, como si le acariciara la cabeza, y ella sintió deseos de acariciarle la melena, de sentir en la yema de los dedos el contacto de aquellos rizos cobrizos, que debían de abrasar como una llama. Aylsa apreció el parecido de inmediato. Los mismos rasgos, los mismos ojos, el mismo pelo. Y en ese reconocimiento se enfrentó a una parte de sí misma, la mejor parte de sí misma, y se sintió inmediatamente conmovida por la figura de su primo. Deseaba abrazarle, pero no llevada por un impulso de afecto familiar, sino por una extraña atracción especular.

Ansiosa como un perro que tira de la correa, Aylsa avanzó hacia él. Y de pronto, le pareció que se le venía encima un torrente de recuerdos, el aplastante eco de un vacío sin nombre encerrado en el tiempo, en el instante, en el pulso de la sangre.

Él la llevó a cenar a un restaurante francés y encargó los platos con perfecta dicción. Después le explicó la historia de su vida, que también era la historia de la vida de Elsa y de Aylsa. Los abuelos de ambos vivían en Drogheda, y tuvieron dos hijas: Caitlin y Shiboin. La primera se casó con un español, la segunda con un escocés.

Y a ella la oprimía una necesidad tentacular e invisible, la carne lacerada por el ansia despótica que le clavaba sus espuelas.

Cuando el escocés abandonó a Shiboin, ella se volvió loca. Aunque probablemente estaba loca ya.

–Cuando se suicidó, no lo sentí –dijo Padraic–. No te diré que me alegré, pero no lo sentí. Nunca la quise. Sólo recuerdo las borracheras y las palizas.

Aylsa no había sabido, no sabía, y no quería saber. Pero no le pidió que se detuviera. El alma de Aylsa pendía del deseo, del presagio, del peligro. De los ojos de Paddy, de Padraic.

Ojos de cautiverio.

–Tu abuelo era aún peor que ella. Un borracho psicótico. Supongo que por eso tu madre y la mía se casaron con dos borrachos. No conocían otra cosa.

–Mi padre ya no bebe –respondió Aylsa.

–Pero tú sí. –Padraic señaló con la cabeza la botella vacía–. Lo llevas en la sangre. ¿Quieres que encargue otra?

Apuraron dos botellas de Clos Vougeot y a los postres permanecieron un rato largo con las manos enlazadas sobre la mesa, como cualquier pareja de enamorados.

Salieron del restaurante y se subieron a la vez los cuellos de las chaquetas. El viento les golpeó en la cara con la fuerza de una humillación. Caminaron juntos, enlazados, sobre las piedras mojadas. El frío de la noche se le aferraba al cuerpo y le clavaba sus uñas venenosas. Para espantarlo, ella apretaba con fuerza el brazo de él, fingiendo que eran la borrachera y el cansancio los que dificultaban su avance. Pero eran el miedo y la angustiosa necesidad de protección los que hacían que ella se colgase de él tan desesperadamente como un bebé asido al pecho de su madre.

Y presidiendo la escena, desde el negrísimo cielo –un abismo negro, impenetrable, agujereado de estrellas– una inmensa luna llena, amenazadora, presagiante.

–Vienes a mi casa –dijo él.

Y no era una pregunta, sino una afirmación.

Cada deseo, todo deseo, conecta con el pasado:

los placeres son ecos. Desde la noche, desde la infinita progresión de sombras, aferrada a aquel torso conocido, Aylsa se sumergió en el flujo de lo oscuro, recuperó aquel verano perdido en la desmemoria y ascendió después en oleadas hasta el borde de la luz, al abrasado filo de aquel cuerpo, el mismo cuerpo del último verano, arrastrando consigo a la Elsa que jugaba en la playa, en bañador.

–Yo no te seduje –le explicó Padraic–. Tú me sedujiste a mí. Tú viniste a mi cama, y yo me resistí las dos primeras noches. Pero venías enseñada. Sabías perfectamente lo que tenías que hacer. Por eso me echó tu padre. No por las drogas, todavía no me drogaba. No empecé con la heroína hasta que llegué a Dublín. Fueron los celos.

–Yo empecé a la misma edad que tú. Quince años. Cinco años metiéndome, y cinco de terapia, para dejarlo... Es curioso –reflexionaba Aylsa–. Siempre me he preguntado por qué a los niños, a los perros, a los amantes, no podía hablarles en castellano. Sólo en inglés. Ahora ya sé por qué.

–Porque ésta es tu tierra, es tu lengua, es tu herencia. Porque no vas a querer a nadie como me querías a mí.

Aylsa debe volver a la residencia. Él accede a acompañarla a un taxi sólo después de hacerle prometer que se verán al día siguiente. Y Elsa, acostumbrada a un mundo de deseos no elegidos, familias no elegidas y guerras no elegidas, no protesta.

–Porque yo era tu sangre, tu familia, tu casa y tu refugio.

Llueve, y la calle parece regocijarse maliciosamente por haber arrastrado en su torrente las huellas de los pasos de Padraic. En el taxi, Aylsa contiene el ruido del corazón bajo los huesos y el pulso de las venas, penoso, en ambas sienes. Y en la garganta, ese trasfondo acre de la misma saliva donde se sedimenta el limo último del semen de su primo, mezclado con el sabor agridulce a pelirrojo.

¿Cómo habría sido mi vida con otro padre –se pregunta Elsa–, con otra familia?

Mi vida no habría sido ni mejor ni peor.

No habría sido mi vida.

STIGMATA

No ha querido reservar mesa en ninguno de los restaurantes que frecuenta habitualmente por temor a encontrarse con algún conocido. Raquel es demasiado llamativa como para que su presencia pase desapercibida, y si alguien los ve juntos lo más probable es que a los tres días la oficina en pleno esté al corriente de que la pareja ha vuelto a verse. Así que ha preferido arriesgarse: mejor un sitio horrible que un encuentro infortunado. Y ha acabado por elegir un restaurante ruso cuyo nombre ha encontrado en una guía y que nunca ha visitado antes. Se ha basado en el precio aproximado que en la reseña se fija por comensal para deducir que se trata de un local decente.

El establecimiento dispone de un vestíbulo con una barra; una especie de bar en miniatura pensado, supone Jaime, para que los clientes esperen a sus citas. Han quedado a las dos. Ya son las dos y diez. Pero Raquel siempre se retrasa. Mira el reloj y luego al ventanal, por si la viera aparecer. Por la acera llega una chica que se parece a ella, pero que no es ella, tal y como comprueba Jaime en cuanto la joven avanza unos metros más. Ya son las dos y cuarto. A lo mejor no viene. Y veinte. Bueno, ahora sí que cabe una cierta esperanza. ¿Esperanza? Curioso, lo de preferir su ausencia. ¿Por qué ha concertado la cita si lo que le apetece ahora es que Raquel no se presente? No podría precisarlo, pero está claro que su vida va a ser más sencilla si Raquel no aparece. Como también está claro que no podrá soportar vivir el resto de su vida sin volver a verla. Pero en este momento lo único que quiere es apurar la copa de vino que tiene delante y abandonar el establecimiento sin haberla visto. Pese a todo, sigue esperando.

Todo parece tan silencioso... y, sin embargo, la puerta del bar, lo sabe, acabará por abrirse de un momento a otro dejando zanjado su destino. La sensación no es muy distinta de la que se produce en la antesala de la consulta del dentista: casi se siente impaciente porque llegue por fin el tormento, lo prefiere a esta angustiosa espera. Cuando vacía el vaso cobra ánimos. De pronto, le parece comprender la seriedad de este preciso instante, y se siente decidido a abandonar el local. Demasiado tarde. Raquel entra por la puerta y el reloj marca las dos y media.

–Ya casi había perdido la esperanza –dice él.

Raquel llega, como siempre, vestida con cierta despreocupación, pero sin desaliño. Ropa con aspecto de usada, pero elegante, porque todo lo que Raquel se pone adquiere, por el mero hecho de vestirla, una suerte de indiferente resistencia a admitirse como pasado de moda. Y en la cara la expresión de estar abierta a cualquier proposición. Parece más alta que antaño, quizá porque está más delgada, aunque Jaime no pueda precisarlo. Jaime siente cómo le tiemblan las piernas, pero intenta convencerse de que semejante estremecimiento se debe al nerviosismo lógico ante una situación que se prevé difícil y no al deseo –por no decir la necesidad– de verla.

Jaime pertenecía a la clase de personas que parecen disfrutar del satisfactorio promedio de ingresos, dedicación y respetabilidad que, según las estadísticas, alcanzan los ex alumnos universitarios cuando se acercan a la cuarentena. Era padre de dos niños pequeños (Irene, que iba a cumplir seis años, y Adrián, de dos), vivía en una casa de ciento cincuenta metros cuadrados e iba al cine unas diez veces al año.

Jaime y su esposa habían crecido en el mismo barrio y él ni siquiera podía recordar exactamente cuándo conoció a la que primero sería compañera de pandilla, después su novia y más tarde su mujer. Gemma era bonita como una porcelana. Tenía el cabello castaño muy claro –si bien parecía rubio debido a las mechas–, los ojos azules, de niño de parque, una cara redonda, inocente, agradable, y el carácter dulce. Ese buen carácter, pensaba Jaime, era el responsable de que consintiera a los niños. Era incapaz de negarles nada. Los vestía con trajecitos carísimos comprados en las mejores boutiques de la ciudad y cada Navidad se gastaba íntegra la paga extra de Jaime en juguetes que los críos destrozaban en menos de un mes. Irene iba a un colegio de pago donde estaba aprendiendo a hablar inglés y francés sin acento y donde participaba en actividades extraescolares como equitación o ballet. En dos años Adrián iría al mismo colegio, pero, por supuesto, no aprendería ballet, sino judo. Cuando eran novios Jaime y Gemma criticaban a menudo el modo en el que se les había educado, pero al parecer se estaban esforzando en criar a sus hijos conforme a idénticas pautas y Jaime suponía que, a su debido tiempo, irían a los mismos colegios y universidades privadas en los que ellos habían estudiado. Cuando era un bebé, Gemma había vestido a Irene con rebequitas de punto rosa. Las de Adrián, sin embargo, eran azules. A Jaime no se le escapaba que de alguna manera aquel detalle en apariencia estúpido había marcado para siempre la educación y el futuro de los niños.

Gemma se graduó en Psicología, pero nunca había trabajado. En una ocasión se empeñó en colgar el diploma en la habitación que hacía las veces de despacho de Jaime, pero su marido consiguió disuadirla. Jaime había estudiado Bellas Artes y era director creativo en una agencia de publicidad.

Gemma se levantaba todos los días a las ocho. Vestía a los niños y preparaba el desayuno. Luego los metía en el coche y llevaba a la niña al colegio. Jaime salía a trabajar alrededor de las nueve, y aunque nunca regresaba a casa antes de las ocho de la tarde, poseía una idea bastante aproximada de cómo transcurriría la jornada de su mujer: los días que hacía bueno iba al parque con el niño, y se sentaba en un banco a leer el *Hola*. Algunas tardes quedaba en una cafetería para charlar con alguna amiga. Los lunes y los miércoles iba al gimnasio, y así podía presumir de mantener un tipo envidiable después de dos partos, aunque su autocontrol también contribuyera al mantenimiento de tan esbelta figura, puesto que prácticamente no comía. Con frecuencia se aburría, ya que los niños pueden aburrir; a menudo se sentía muy cansada, pero a pesar de todo no se arrepentía de no trabajar. Dos o tres veces al mes iba de compras. Ésa era su gran pasión, y la responsable de la mayoría de las discusiones familiares, porque Jaime opinaba que Gemma gastaba excesivo dinero en lujos innecesarios.

Cuando Jaime volvía a casa del trabajo solía encontrarla preparando la cena. Una vez los niños habían cenado y se habían bañado el matrimonio cenaba a solas, la mayor parte de las veces delante de la televisión. Por las noches, después de cenar, casi nada ocurría entre los dos. Él releía un *Campaña* o un *Expansión* hasta que le pesaban los párpados, ella volvía a la cocina y luego se sentaba en el sillón a hojear una revista femenina. De fondo estaba el arrullo hipnótico de la televisión canturreando las últimas noticias. La rutina sólo se alteraba en las ocasiones en las que Jaime tuviera que trasnochar por cuestiones de trabajo. Salían juntos una o dos veces por semana, al cine o a tomar copas con el grupo habitual de amigos, que, en general, les consideraba una pareja excelentemente avenida. En tales noches la madre de Jaime, que vivía en el piso contiguo al de la pareja, estaba encantada de quedarse con los niños.

Gemma y Jaime habían construido un matrimonio modelo a base de tejer y destejer un complicado encaje de civilizada tolerancia. Durante años Jaime había considerado el suyo un enlace feliz y con recursos. Se entendía que Jaime trabajaba por amor a Gemma y a los niños, y que Gemma se quedaba en casa por amor a Jaime y a los niños. Pero los niños no significaban el centro de una vida, la razón de ser de una persona. Pueden ser mil cosas, encantadoras, interesantes, satisfactorias, necesarias incluso, pero no el único y exclusivo motor de una existencia. Y el trabajo de Jaime, si bien interesante y muy bien pagado, no constituía en sí mismo justificación bastante para levantarse cada mañana. Jaime estaba orgulloso de su trabajo, de hacerlo bien, pero muchas veces sentía que estaba desperdiciando su potencial. Si no se hubiese visto obligado a mantener a una familia, habría podido ser un buen pintor, y lo sabía. A veces se sentía como si el Jaime esencial estuviese a la expectativa, o hibernado, y fantaseaba con la posibilidad de dejar la agencia, empezar a trabajar *free lance* y dedicarse sobre todo a pintar. Pero, en el fondo, él sabía que aquello no era sino una fantasía, y que el resto de su vida ya estaba decidido de antemano.

Quedaba pues el amor. Y Jaime no era tan tonto como para no darse cuenta de que ya no estaba enamorado de su mujer, no al menos de aquella manera plena y extática de los primeros años. El carácter de Gemma había cambiado y, tras decidir adoptar la antigua y encantadora costumbre de traer hijos al mundo, había ido moderando sus hábitos de vida. Demasiado plácida, demasiado satisfecha, demasiado contenida en sus manifestaciones de afecto o entusiasmo. De cualquier modo, este tema no le importaba a Jaime excesivamente. Su mujer le hacía la vida cómoda y agradable, y sentía por ella un afecto de raíces muy profundas, madurado por el tiempo y la rutina. Era otro tipo de amor. Además, él viajaba a menudo por cuestiones de trabajo y una o dos veces por semana salía sin ella, a cenas de empresa, presentaciones de productos y demás reuniones sociales en las que tenía ocasión de beber, flirtear con chicas jóvenes –y, muy ocasionalmente, incluso acostarse con ellas– y meterse alguna que otra esporádica línea de cocaína. Gemma nunca había insistido en acompañarle, porque prefería quedarse con los niños. De novios, era ella quien lo arrastraba al cine y a tomar copas, pero con el matrimonio se había consumido por una especie de inercia sempiterna que había ido un día a visitarla y acabó decidiendo convivir a su lado, y él se lo agradecía enormemente, ya que su vida fuera de casa le impedía sentir el agobio que, según le había oído decir a muchos compañeros de trabajo, acababa provocando irremediablemente la convivencia.

El dinero también ayudaba. Los padres de él les habían regalado la casa al casarse, puesto que la madre había heredado un solar cuya venta había negociado a una inmobiliaria. En el acuerdo de venta se estipuló que la señora se quedaría con dos pisos: uno para habitarlo junto con su marido, y otro para su hijo. En realidad, la promesa de la casa y no otra fue la principal razón por la que Jaime accedió a pasar por la vicaría. Relevados del pago de una hipoteca o un alquiler, y con espacio de sobra para que Jaime pudiera disfrutar de soledad cuando la necesitara –si quería leer o escuchar música o masturbarse con el *Penthouse* sólo tenía que encerrarse en el despacho, en el cual Gemma no entraba jamás, puesto que era la asistenta la encargada de limpiar el polvo de vez en cuando–, Jaime y Gemma no habían conocido los roces y fricciones, los resentimientos y escondidas limitaciones, las peleas, el mal humor, el enojo, los silencios de inhibición y las acusaciones de la cohabitación y la rutina: esa aridez estéril, que, por lo visto, se convierte para muchos en el signo distintivo del matrimonio.

Nada hacía pues suponer que la situación iba a cambiar. Cierto era que en los últimos meses Jaime echaba cada vez más en falta el elemento creativo y bohemio que había conocido en la Facultad, como también lo era que la frecuencia de las relaciones sexuales del matrimonio había decrecido hasta un punto alarmante, y que Gemma parecía haber perdido interés por el asunto, y se limitaba a dejarse hacer, inmóvil y boca arriba como un escarabajo que se hiciese el muerto, convertida en una débil, pudorosa y cobarde montaña de remilgos; pero Jaime había acabado por asumir que madurar implica renunciar, y que era cierto lo que decían las revistas que leía su esposa acerca de que la capacidad sexual de un hombre encuentra su pico entre los dieciocho y los veinticinco años para descender a partir de entonces. Ya había conocido los hábitos de desaliño doméstico de Gemma, y había descubierto la rutina y la mecánica de sus encantos, sabía de su egoísmo y de su poca conversación, y a veces percibía en sus ojos un cierto sentimiento de desapego y de crítica indiferencia, pero la aceptaba como era, como su mujer, y punto. No esperaba que fuese perfecta, ni tan siquiera maravillosa.

A veces, sin embargo, le resultaba doloroso pensar en sí mismo, y se veía como un extraño. Al principio había ido tirando cómodamente, aunque en el fondo se revolviera una inquietud, muy sutil en su inicio, que había ido creciendo lentamente hasta que lo ahogó un sentimiento de aversión hacia la persona en la que se estaba convirtiendo. Probablemente, en aquellos momentos de crisis, Jaime renegaba de sí mismo más de lo que se merecía, pero no le quedaba más remedio que hacerlo, puesto que su propia existencia se había convertido en una amenaza para un Jaime que nadie conocía, para otra vida latente a la que nunca había dicho adiós. Se la había guardado en su interior, en la tierra oscura y negra de lo que no se nombra, y, como una semilla, había comenzado a germinarle dentro.

A menudo, y sin razón aparente, le invadía una inmensa consternación, una fatiga casi insoportable, y aquel sorprendente cansancio que le dejaba dormido encima de la mesa de dibujo y que hacía de él un ser taciturno que prácticamente no abría la boca en casa se convirtió en el peor de sus enemigos, porque le demostraba, a su pesar, que había dejado pasar una parte demasiado importante de su vida sin hacer lo que quería hacer ni lo que disfrutaba haciendo, condenado a vivir según los deseos de otros.

Más allá de la barra de entrada, el restaurante resulta ser un establecimiento pequeño y coqueto, algo tenebroso, con cierto aire démodé. En cuanto entran en el comedor, un camarero alto y moreno sale a recibirlos. Cuando Jaime le comunica que tiene una reserva, el atractivo joven esboza una sonrisa de complicidad y, tras rogarles que lo sigan, los conduce hasta una mesita situada en el fondo del restaurante. Raquel, siempre ajena a las normas del protocolo, avanza por delante de Jaime a través del pasillo que se abre entre las mesas, y él comprueba cómo, igual que antaño, varios pares de ojos siguen atentos su avance. El deseo, la fascinación, la envidia, refulgen en las miradas de hombres y mujeres. Ocupados como están con sus conversaciones y sus platos, todos encuentran tiempo para mirarla detenidamente, para llamar la atención de sus amigos, para repetir su nombre. Una chica joven le propina un codazo a su pareja para despertar su atención y acto seguido señala a Raquel con la cabeza. Raquel parece totalmente indiferente a la conmoción que causa su presencia. Allá donde va llama la atención, como una nube que presagia tormenta. Siempre ha sido así. Quizá, verdaderamente, ella no se da cuenta del efecto que provoca a su alrededor. Quizá está tan acostumbrada a ese tipo de reacciones que no las considera extrañas.

Por fin, alcanzan la mesa que el camarero les ha destinado y se sientan el uno frente al otro. Jaime observa que Raquel tiene el rostro encendido, y le parece que ahora se trata de una mujer distinta de la que había conocido. Su cara refleja el mismo tipo de ansiosa alegría de una mujer que se reencuentra con su amante en el andén de una estación.

Durante los seis meses en los que no la ha visto ha tratado de no pensar en ella, y cuando la contempla sentada frente a él cae en la cuenta de que en realidad no ha pensado en otra cosa. Desde la semana pasada, desde el momento exacto en que colgó el teléfono tras hablar con ella, ha estado contando los días. Dentro de cinco días, dentro de tres días, pasado mañana. Mañana. Hoy.

Jaime había visto a Raquel en numerosas ocasiones antes de conocerla personalmente, tanto en fotografía como al natural. La agencia se encargaba de maquetar los catálogos de temporada de una conocida firma de moda joven con franquicias en varios países europeos, y que tenía en Raquel a una de sus imágenes de marca; y antes de que se la presentaran oficialmente, Jaime había entrevisto su esbelta figura a través de la mampara del despacho, porque Raquel había aparecido por la agencia un par de veces para entrevistarse dios sabe con qué encorbatado ejecutivo. Aquel año Raquel pasaba por ser una de las modelos jóvenes con más futuro del país, si bien, debido a su particular aspecto, se la solicitaba más para que trabajara en producciones francesas o italianas que en España. Raquel llevaba el pelo rapado al uno cuando casi ninguna modelo se había atrevido a lucirlo, y poseía una imagen excesivamente peculiar para lo que se consideraba aceptable en una modelo, puesto que se había empeñado en conservar el pecho plano y los labios finos en un momento en que el grueso de las modelos se había inyectado suficiente silicona como para ingresar en masa en un programa de recolocación de testigos. Para colmo, llevaba un piercing en el ombligo y una cadena de alambre espinoso tatuada en el antebrazo. (También tenía un tatuaje a la altura del coxis, justo entre los dos hoyitos de belleza que le subrayaban las curvas, un extraño mandala celta que Jaime conocería mucho más tarde, cuando llegó a morder sus hombros y sus nalgas.) Sin embargo, sus defectos se habían convertido en su mayor virtud, porque a la hora de localizar una imagen que pudiese aportar a una campaña lo que los clientes solían llamar «un tono joven y vanguardista» casi nunca surgía otro nombre que el suyo. Era famosa también por su escabrosa reputación: se decía que era bisexual y que había mantenido un largo romance con una escritora más o menos conocida de la novísima hornada, y que, además, era muy aficionada a coleccionar amantes de todo sexo, clase y condición. Estaba muy bien relacionada con el mundillo del arte y se la veía en cada inauguración, performance o intervención a la que se pudiera aplicar el adjetivo de moderna. En definitiva, era la modelo perfecta para según qué campañas.

Y llegó el día en que Jaime se encontró cara a cara con Raquel, cuando un ejecutivo de los del departamento de marketing decidió presentarlos. En las fotos nunca le había parecido particularmente atractiva, pero cuando la vio entrar por la puerta casi se desmaya. Le pareció entonces que la belleza de Raquel, impresa en el papel couché, oscilaba entre la más tangible de las realidades y la más descarada de las imposturas, porque, aun siendo Raquel, no lo era. Al natural, Jaime apreció en su cara algo muy particular que no se veía en las fotografías: una expresión burlona y un rasgo de humor en la boca fina, que apretaba al reír como quien traga saliva, en una especie de gesto irónico de rudeza resuelta que a Jaime le fascinó.

Raquel había quedado a comer con aquel jovencito trajeado, ejecutivo junior de la agencia, más debido a una cuestión de cortesía que porque realmente tuvieran que discutir algún tema profesional, y Jaime se las arregló para que lo invitasen, después de dejar claro, en voz bien alta, que no tenía con quién comer aquel mediodía, de forma que a aquel ejecutivo, subordinado de Jaime, no le quedó más remedio que proponerle, aunque a regañadientes, que los acompañara.

Al principio Jaime pensó que la comida no iba a

ser más que un entretenimiento sin consecuencias. No podía ni imaginar que ella iba a resultar una persona tan interesante. Había estudiado Bellas Artes, como él, y había empezado a trabajar como modelo de dibujo para poder pagarse las clases. Después un fotógrafo la contrató, luego otro, y más tarde otro, y otro, y un día, sin comerlo ni beberlo, como quien dice, se vio convertida en una modelo profesional, y, por si esto fuera poco, en una de las mejor pagadas. Pero no parecía tomarse su trabajo muy en serio: hablaba de su profesión como de una etapa, una especie de purgatorio obligado en el camino hacia algo mejor que estaba por venir. En el futuro, decía, con el fruto de las operaciones en las que estaba invirtiendo el dinero, montaría una galería, o retomaría su carrera y se dedicaría a pintar. Había coqueteado con la idea de hacerse fotógrafa, porque sabía por experiencia que una modelo se siente más segura cuando es otra mujer quien la fotografía, pero después de cinco años de trabajar en moda estaba segura de que el día que lo dejara no querría tener nada que ver (y subrayaba aquel *nada* con un mohín coqueto de los labios) con fotógrafos, modelos o diseñadores. Después hablaron de arte, ante la callada protesta del ejecutivo, que los miraba con unas chispas de indignación en los ojos que Jaime fingía no advertir y en las que la modelo probablemente no había reparado, porque lo estaban dejando aparte, embebidos el uno en el otro y hablando de temas de los que el pobre chico no tenía la menor idea. Y es que el trajeado ejecutivo junior sólo conocía de oídas los nombres de Tamara de Lempicka y Frida Kahlo, cuyas obras entusiasmaban a Raquel aunque a Jaime le pareciesen ilustraciones de postal, y tampoco hubiese estado el pobre chico muy seguro de saber reconocer en su momento un cuadro de Pollock o de Wilfredo Lam, a los que Jaime defendía con tanto entusiasmo. Sabía, eso sí, que eran pintores modernos, y que Palladio, nombre hacia el cual acabó por derivar la conversación, no lo era (se dio cuenta al cabo de un rato de que se trataba de un arquitecto), así que para aquel ejecutivo junior la comida que debía haber sido la oportunidad de su vida de seducir a la chica que le había vuelto loco desde el primer día que vio su fotografía (aquella imagen de Raquel en biquini que lo miraba con cara triste desde las páginas brillantes del *Vogue*, su cuerpo escueto convertido en una invitación), acabó por convertirse en uno de los tormentos más insoportables de toda su carrera profesional. Y mientras aquel chico sufría, Jaime empezó a enamorarse de Raquel perdidamente, como debería haberse enamorado a los diecisiete años, cuando no se enamoró y simplemente se dejó conquistar por una chica de su barrio que bebía los vientos por él desde que ella tenía uso de razón.

No le pidió su teléfono, porque pensó que, si la chica estaba interesada, sabría perfectamente cómo localizarle. Eso sí, repitió varias veces que si Raquel se pasaba otro día por la agencia él estaría encantado de invitarla a comer y seguir discutiendo sobre arte. Pero ella no lo llamó y, a medida que pasaban las semanas, Jaime desechó en su corazón la idea de llegar a tener algo con Raquel, y se resignó a aparcar su recuerdo en la memoria como un sueño que podía haber sido y no sería. Trataba de no pensar en ella, pero no podía evitarlo. Varias veces al día se sorprendía a sí mismo recordándola, recreando su rostro de pintura prerrafaelista (Raquel, había decidido, era idéntica a Elizabeth Siddall), su cuerpo que parecía un Modigliani. Se hizo con todos los catálogos en los que aparecía su imagen y a veces los hojeaba para ensimismarse en la contemplación de sus ojos, de su cara, de sus manos. Pero aquélla no era Raquel, del mismo modo que el cuadro de Magritte no era una manzana, y aquella pálida y casi clandestina sustitución no sólo no lo ayudaba, sino que lo angustiaba todavía más.

El camarero les acerca dos cartas, y Raquel hojea la suya con una sonrisa.

–Carne cruda –dice ella–. Blinis, caviar, vodka... Esto es lo bueno de los restaurantes rusos. No hace falta leer la carta para saber qué platos hay. Yo ya sé lo que quiero: Blinis de caviar, blinis de salmón, steak tartar y vodka. Mucho vodka.

Él nunca ha estado en un restaurante ruso, y una vez más se da de narices ante la evidencia de que Raquel tiene mucho más mundo que él. Pequeños detalles como ése eran los que le hacían sentir una curiosa y agridulce impresión de inferioridad cuando estaban juntos. La admiración, los celos y un cierto resentimiento se mezclaban en una amalgama indiscernible. No muy seguro de lo que hace, anuncia que también quiere blinis, y pato con ciruelas de segundo. En el fondo le da igual pedir una cosa u otra, porque sabe que no va a probar bocado.

Cuando llega el camarero, Jaime deja que Raquel encargue la comida, como tiene por costumbre, y se enzarce en una animada discusión con el chico sobre la calidad de una marca de vodka sobre otra. Cuando por fin ella acepta probar la que él recomienda, el joven sonríe complacido.

Después, ella se pone a juguetear con el pan, como también tiene por costumbre, mientras inicia un excitado monólogo sobre sus últimos viajes y trabajos. Él conoce el significado de esos gestos familiares (el minucioso desmenuzamiento del panecillo y la posterior recogida de las miguitas con el filo del cuchillo, para arrastrarlas hasta el borde de la mesa, dejarlas caer sobre el cuenco de la mano y devolverlas a la cesta) y comprende que Raquel está nerviosa. Pero al escuchar el bullicioso recuento de viajes a París, a Roma, a Milán, a Londres; de fiestas y de desfiles; de *soirées* y recepciones en embajadas, no puede evitar el pensamiento de que su ruptura ha sido injusta. Porque ahora ella tiene una vida completamente nueva y a él le queda sólo la mitad de su vida anterior.

La llegada del camarero interrumpe el vivaz soliloquio. Trae una botella de vodka dentro de un cubo de hielo. Tras intercambiar una sonrisa cómplice con Raquel, el camarero deja el cubo junto a la mesa, precisamente al lado de ella. Trae también dos vasitos –recién sacados del congelador, a juzgar por la finísima capa de escarcha que llevan adherida– que deposita con cuidado frente a los dos.

–Por lo que veo –dice Jaime–, te va muy bien.

–Pues no, Jaime, no me va muy bien.

La mirada de Raquel se endurece. A Jaime tampoco le extraña aquel repentino cambio de humor, ya que en su día se había acostumbrado a los altibajos de Raquel. Se sorprende al darse cuenta de lo bien que la conoce. Raquel sirve vodka en los dos vasos y alza el suyo.

–Por los reencuentros –propone él.

–No; por la supervivencia –corrige ella.

Y brindan.

Vacían las copas a la vez. Jaime carraspea –el vodka le está quemando la garganta–, mientras ella permanece tan tranquila, como si acabara de beber un refresco.

Tras aquel primer encuentro, a Jaime le ilusionaba la certeza de que, antes o después, acabarían por volver a encontrarse, pero nunca pensó que la espera se le pudiera hacer tan tensa. Por fin, al cabo de un mes, la vio en una fiesta, yendo de aquí para allá entre los invitados. Cuando se recuperó de la primera impresión (las manos le temblaban como ratas de laboratorio y el corazón le latía a velocidad de segundero), decidió sentarse a hablar con ella. Más tarde, ella le diría que él era el único que la había tratado en aquella fiesta como si fuese una mujer y no un nombre conocido, y que por eso le pidió que la acompañara a casa. Él la llevó en su coche y la dejó en la puerta, sin atreverse a proponer nada. Ni siquiera se besaron, pero antes de abandonar el vehículo, Raquel le dio su tarjeta y le dijo que estaría encantada de volver a comer con él.

Al día siguiente, cuando Jaime llegó a la agencia se enteró, vía el ejecutivo junior que los había presentado, de que alguien había barajado el nombre de Raquel para ser la modelo protagonista de una campaña de un perfume juvenil que se le había encargado a la agencia. Inmediatamente Jaime llamó personalmente para concertar una cita y discutir la posible campaña.

Se hizo cargo de aquel proyecto como si en él le fuera la vida y no paró hasta convencer al cliente de que Raquel era la modelo idónea, y al director de la agencia de que él, Jaime, y no otro, tendría que encargarse personalmente de la producción. Por fin, por fin, por fin, tenía una razón plausible para llamar a Raquel.

La campaña no era nada del otro mundo. Se trataba de un perfume barato, destinado a un público muy joven, y fabricado por una empresa española, a pesar de que el nombre francés elegido para lanzarlo sugiriese que no era así. Raquel sólo tendría dos sesiones de trabajo, ambas en plató. Una para las fotografías de la campaña de prensa y otra para el spot de televisión, que tampoco iba a ser una cosa muy complicada: Raquel fotografiada con montones de filtros (imitando a las campañas de Cacharel), mientras una música *ambient* la envolvía en una atmósfera que se suponía muy moderna y muy de juventud juvenil. Pero cada sesión duraría entre ocho y doce horas, y Jaime, en calidad de director de arte, debería estar allí supervisándolas. Sabía además que tras las sesiones vendría la presentación de la campaña a la prensa (donde la asistencia de la modelo sería indispensable), la cena de rigor con el cliente para celebrar el lanzamiento de la campaña (en la que la asistencia de la modelo no sería indispensable, pero sí bienvenida) y un sinfín de oportunidades más de estar cerca de Raquel. En resumidas cuentas, que si Jaime se empeñó en que Raquel fuera la protagonista de la campaña, fue porque quería acostarse con ella y así, diez años después de haber empezado a trabajar, consiguió por fin comportarse como un ejecutivo publicitario vulgar y corriente.

En las sesiones de fotos nada le hizo pensar que Raquel pudiese estar interesada en él. Cierto que lo trataba con extrema amabilidad, pero lo mismo hacía con el resto de los miembros del equipo, desde las maquilladoras al fotógrafo. De algún modo, él casi lo agradecía: sabía que si Raquel le hacía caso, su matrimonio, la comodidad que aquél implicaba, y toda su forma de vida en general, peligrarían. Así que se conformaba con adorar a Raquel en la distancia, sin más expectativas, sin atreverse a admitir que su relación con Gemma estaba a punto de irse a pique con Raquel o sin ella, porque ya llevaba tiempo haciendo agua.

El camarero reaparece con una bandeja de blinis que deposita con reverencia sobre la mesa. Ella corresponde al gesto con la sonrisa propia de una reina. Con un pequeño ademán de cabeza, indica al camarero que no hace falta que los sirva, y se dispone a hacerlo ella misma. Maneja los cubiertos con la misma habilidad que un *maître* experto. A Jaime nunca dejan de sorprenderle la infinidad de pequeños detalles con los que ella, consciente o no, se esfuerza en aparentar que domina las situaciones. Como no sabe de qué manera se comen aquellos *crêpes* decide fijarse en ella e imitarla. Mientras Raquel enrolla con ayuda de los cubiertos una tortita que ha untado previamente con mantequilla y rellenado de caviar, se atreve a aventurarse por terreno peligroso.

–¿Por qué no te va bien? –pregunta–. Tal y como hablas parece que todo marcha inmejorablemente.

–Una vez me dijiste que siempre estarías bien mientras yo me sintiera bien. ¿Te acuerdas de eso? –Raquel se sirve un segundo vaso de vodka y lo apura de un trago.

–Perfectamente –responde él, un poco aprensivo.

En el pasado había aprendido a temer las consecuencias cuando la veía beber de forma compulsiva. Pero sabe que es inútil llamarle la atención al respecto, puesto que sólo se conseguía provocar que bebiera más aún.

–Pues bien: ¿cómo te sentirías si te dijera que me encuentro mal? ¿Cómo estarás si te digo que lloro todos los días? ¿Que el otro día, en el tren, me puse a llorar a moco tendido delante de todos los ocupantes del vagón? ¿Que dentro de tres días tengo una cita con Elite y ni siquiera he sido capaz de preparar la entrevista más importante de mi vida?

Raquel se detiene, respira pesadamente y hunde las uñas en las palmas de las manos.

–Lo siento –dice después–. Estoy muy susceptible últimamente.

–Es comprensible. Tienes un trabajo estresante –dice él.

–Todo lo contrario. El trabajo es lo único que me ayuda.

Rellena el vaso por tercera vez y a él le acomete un impulso instintivo de agarrarla por la muñeca para detenerla, pero lo reprime a tiempo.

–Todavía me acuerdo de la primera vez que me

puse frente a una cámara –prosigue Raquel, y su rostro recupera la misma sonrisa con la que se había sentado a la mesa–. Tenía dieciocho años. Al principio me resultó muy difícil. El fotógrafo me decía sonríe así, mira allá, gira la cabeza hacia la derecha, hacia la izquierda, no tanto, no fuerces la cara, quita esa mueca, y yo me ponía cada vez más tensa y cada vez lo hacía peor. Entonces él, desesperado, me dijo que lo mejor era dejarlo por un rato, y me sirvió un whisky bien cargado. Yo acepté sólo porque sabía que era homosexual, porque para entonces ya conocía demasiado bien el cuidado que hay que tener con los hombres, y sabía que no debía arriesgarme a emborracharme si estaba sola con uno, y no quería que..., bueno, tú ya me entiendes. Cuando llevaba dos whiskies en el cuerpo, volvió a ponerme frente a la cámara, puso música y me dijo: ahora haz lo que quieras, déjate llevar. Y entonces empecé a bailar y a gritar, y a saltar y a poner morritos, y a hacer exactamente eso, lo que yo quería, no lo que él quería, lo que me daba la real gana, y por primera vez experimenté esa apoteosis que, diría yo, es el objetivo de la adolescencia: me sentía libre de las presiones sociales, familiares, escolares, de la humillación de los juicios de las compañeras, de las frustraciones y las limitaciones de la juventud misma...

Aquí se detiene, apura su vaso y lo vuelve a llenar.

–Bueno, no quiero aburrirte. Pero entiende que yo adoro mi trabajo, aunque a veces parezca lo contrario. Es lo único que me salva –concluye.

Después de las sesiones de fotos y vídeo vino todo el trabajo de producción que llevó poco menos de un mes. Jaime llamó a Raquel y quedó a comer con ella para enseñarle el resultado de las primeras pruebas. Los dos sabían que, si bien el motivo de la cita era profesional en teoría, en la práctica la cosa iba más allá, puesto que la agencia no estaba obligada a enseñarle resultados a la modelo, y en cualquier caso habría bastado con que Raquel se hubiese pasado por la agencia a ver fotolitos y pruebas de vídeo sin necesidad de acordar una comida con el director de arte. Pero en el restaurante no pasó gran cosa. No se cogieron de las manos, ni se miraron a los ojos, ni intercambiaron piropos. Sin embargo, Raquel hizo algo que, en opinión de Jaime, iba más allá de eso, y constituía un gesto mucho más íntimo: le contó su vida, que podría resumirse como sigue.

Había nacido en un pequeño pueblo del litoral. Su padre era taxista y su madre ama de casa. No tenía hermanos. Cuando tenía cinco años el padre las abandonó. Desde entonces Raquel lo había visto una o dos veces al año, pero no mantenía una relación muy estrecha con él. La madre se volvió a casar cuatro años después. El padrastro era fontanero, pero sólo trabajaba de cuando en cuando. Bebía bastante y cuando lo hacía se ponía muy violento y maltrataba a su mujer, que más de una vez acabó con un brazo roto en el hospital, pero que nunca se había atrevido a denunciarlo. Después, la madre empezó a entrar en una serie de crisis depresivas durante las cuales se encerraba días y días en su habitación y no hacía ningún caso a su hija. Así las cosas, Raquel recordaba su adolescencia como un infierno. En el instituto las chicas de su clase no le hablaban y en las paredes de los lavabos diferentes manos habían escrito con caligrafías distintas, en mayúsculas y minúsculas, en lápiz, en bolígrafo y en rotulador, aquella frase que la definía: «Raquel es una puta». La catalogaron así por una serie de circunstancias que podían no haberse dado nunca o concurrido en alguna otra: porque era pobre, porque su madre iba al supermercado en bata y zapatillas, porque su padrastro era un borracho conocido en todos los bares del pueblo, y porque su cuerpo estaba cambiando más rápidamente que el de ninguna otra. En octavo de EGB ya medía un metro setenta y cinco y usaba sujetador (se desarrolló pronto, pero, paradójicamente, nunca tuvo demasiado pecho), y más o menos fue por entonces cuando se aficionó a salir con chicos mayores que ella y cuando saboreó por primera vez la mezcla ásperamente sexual de dos venenos de baja intensidad a los que no renunciaría nunca desde entonces: los cigarrillos y el alcohol. A los catorce fumaba como un carretero, bebía como un cosaco y sabía preparar una jeringuilla de heroína con tanta habilidad como el yonqui más experimentado. Y perdió la virginidad en un coche, borracha y drogada, en brazos de un chico varios años mayor que ella, de esos que dan por hecho que cuando una mujer dice no en realidad quiere decir sí, y que no volvió a dirigirle la palabra. Después la misma escena o parecida se repitió con varios chicos más, en varios coches más, y en descampados, y en portales, y en la playa, e incluso, una vez, en plena calle, contra una farola. Ella salía con ellos no porque deseara una satisfacción sexual, sino porque sus abrazos y sus besos, ese espejismo de amor que precedía al coito y al subsiguiente abandono, se habían convertido en una adicción. No sabía vivir sin contacto humano, sin ternura, y no tenía otro lugar donde encontrarlos. O quizá, sencillamente, había asumido el papel que le habían atribuido. A los dieciséis años ya se había convertido en la puta oficial del pueblo. Ninguna chica decente se atrevía a hablar con ella en público, y ningún chico de entre aquellos con los que se acostaba la hubiera aceptado por novia. A los diecisiete decidió irse a vivir con su padre, que se había trasladado a la ciudad, para poder estudiar COU, y para dejar atrás los cotilleos del pueblo, las palizas de su padrastro, el movedizo mundo de la adolescencia. Pero tampoco aguantó mucho con su padre, puesto que su madrastra no podía ni verla. Sin embargo el cambio de escenario trajo muchas cosas buenas. Por mucho que la casa de su padre distara bastante de parecerse al ideal de una familia feliz, al menos allí no había borracheras ni gritos, y Raquel conoció por primera vez cierto aire de tranquilidad que redundó en sus resultados académicos: sacó el COU con notables y sobresalientes prácticamente sin esfuerzo. Y en la ciudad conoció a su primer novio, el primero que se había sentido orgulloso de llevarla del brazo por la calle, un artista conceptual quince años mayor que ella, que se mantenía, como era de suponer, gracias a las rentas de su familia y no a su arte, y a cuyo estudio se trasladó a vivir Raquel el mismo día que cumplía los dieciocho años. Él fue quien la animó para que estudiara Bellas Artes. Intentando forzar una ruptura con el pintor, que bebía tanto como su padrastro aunque no la pegara con tanta frecuencia como aquél, y que se empeñó en perseguirla por los bares amenazando con cargarse a puñetazos a cualquiera que se acercara a ella, Raquel dejó la Escuela y decidió tomarse en serio su carrera de modelo. Y el resto, concluyó Raquel, más o menos él ya lo conocía.

A Jaime le impresionó el relato de aquella adolescencia miserable que Raquel soportó con impaciencia y que recordaba con terror, porque lo cierto es que no se podía ni imaginar que Raquel no era la niña pija que él creía, porque todas las modelos que había conocido eran jovencitas de buena familia educadas en colegios de pago, si bien, a decir verdad, la gran mayoría de las mujeres con las que había tratado en su vida lo eran. El pasado de Raquel le sonaba a páginas de sucesos de los periódicos, a relatos de barriadas marginales, a documentales en la línea caliente de la televisión –esos entornos familiares desmoronados, tan típicos en su dureza, en su miseria, de tantos barrios periféricos: familias que no pueden atender a sus hijos, que acaso opinen que es mejor así, que lo mejor es que los críos sepan desde pequeños lo duro que es todo, que aprendan a buscarse la vida– pero jamás hubiese relacionado ese tipo de historias con la chica de aspecto delicado que manejaba los cubiertos con exquisita precisión y silabeaba con dicción de locutora. No sólo comprendió que Raquel era mucho más inteligente de lo que él había creído, sino que al sentimiento de admiración que llevaba larvando y que acababa de desarrollarse a una velocidad uniformemente acelerada durante los veinte o treinta minutos en los que se había extendido el relato de Raquel, se le mezcló otro recién incubado, un afán de protección desconocido hasta entonces.

Después de aquella comida no forzó ningún encuentro con Raquel. Sólo contó los días que quedaban hasta la fiesta de presentación de la campaña. Se esforzaba en no obsesionarse con aquello y sin embargo no podía pensar en otra cosa: tener que recordar que no debía preocuparse por ella sólo producía el efecto contrario. Se esforzó pues en supervisar cualquier pequeño detalle (elegir negativos y diapositivas, atender personalmente las quejas del cliente, encargarse del diseño en macintosh para afiches de revistas, vallas y marquesinas...) con un celo desusado no sólo en él, sino en cualquier ejecutivo de la agencia. Revisó cada versión del spot más de cincuenta veces y maquetó y remaquetó pruebas hasta la extenuación. Y por fin, después de cinco noches transcurridas prácticamente en blanco, en las que Jaime se despertaba varias veces cada hora para volver a sumergirse en el mismo sueño intermitente que Raquel protagonizaba, llegó la gran noche y allí se presentó Jaime, ojeroso y demacrado, pero, eso sí, impecable: lucía su mejor traje de alpaca, con los pantalones tan replanchados que la raya parecía, por su incisiva agudeza, la proa de un barco, y debajo de los cuales asomaban las puntas de unos inmaculados zapatos color tostado; y dispersaba a su alrededor una nube de Fahrenheit de Christian Dior, gracias a la que se le podría haber reconocido en un radio de varios kilómetros a la redonda. En el escenario de la discoteca, el director de marketing de la agencia y el director comercial de la firma cosmética –ese tipo de hombres que uno sospecha, o sabe, vulgares en sus dormitorios pero que se mantienen correctos en las salas de reuniones– pronunciaron los discursitos so-

sos de rigor para anunciar que en breve se procedería a exhibir en primicia en la videopantalla el spot de perfume protagonizado en exclusiva por la supermodelo... y en ese momento aplausos, flashes, un cañón de foco que iluminaba una esquina del escenario desde la que surgió Raquel más Raquel que nunca, más divina que nunca, vestida de blanco como una novia y tan tranquila, en apariencia, como si la cosa no fuera con ella. Avanzó hasta el micrófono adelantando la pelvis y balanceando los brazos, los hombros y las caderas como si caminara a cámara lenta, tendió la mano a cada uno de los directores con la displicente cortesía propia de una princesita y finalmente, frente al micrófono, improvisó el discursito que le correspondía, con su característica dicción de logopeda. Sonrió, señaló la pantalla que había tras ella para reclamar la atención del público y acto seguido desapareció por donde había venido, contoneándose dentro de su traje blanco.

La sala estaba atestada de una turbamulta de cuerpos inquietos y rostros inquisitivos sobre los cuellos estirados, una inmensa babel de invitados de ojos impúdicos ansiosísimos por ver el cuerpo de la modelo apenas cubierto por cuatro gasas transparentes. Jaime, por supuesto, no albergaba el menor interés en ver por enésima vez el spot que ya conocía de memoria, y estremecido a causa de un ansia efervescente que le bullía en las entrañas, se dirigió a la barra a pedir un whisky doble, a la espera del momento inevitable en el que Raquel se dignara a abandonar la parte trasera del escenario y aparecer por allí para codearse con el resto de los mortales.

La sintió llegar incluso sin verla, cuando de alguna manera advirtió la agitación que se estaba creando a sus espaldas y luego, muy lentamente, se dio la vuelta, paladeando por anticipado el placer de verla envuelta en pliegues blancos, como si se tratase de una joya cara protegida por papel de seda dentro de su cajita. Y allí, por supuesto, estaba ella, copa de champán en mano, inmanente centro de un corrillo de admiradores y curiosos entre los que distribuía sonrisas con tanta ecuanimidad como hipocresía, esparciendo a su alrededor ramalazos de belleza a cada ligero movimiento de cabeza. Le sorprendieron su distinción y sus buenos modales. Hablaba con una sola persona, no con todos los que tenía alrededor, y escuchaba con atención, sonriendo sobre su empolvado escote, sin caer en la tentación de mirar a todas partes a la vez. Su seriedad y su aspecto de estar interesadísima en cualquier cosa que le estuvieran diciendo atraían irremediablemente la vanidad de los hombres. Jaime no despegó la mirada de su rostro, esperando el instante en que ella, forzosamente, tuviera que advertir que él la miraba. Y cuando así fue, cuando sus miradas se cruzaron, él alzó su vaso en un gesto de felicitación al que ella correspondió con una inclinación de cabeza subrayada por una amplísima sonrisa que parecía sincera. A través de la impenetrable cortina de ruido la mirada de Raquel, indiferente al estrépito, atravesó sin problemas ese obstáculo y le comunicó una repentina sensación de tranquilidad. Y entonces, sorpresa, avanzó hacia él, se colocó a su lado, se apoyó sobre la barra con aire cansado, y le preguntó qué era lo que estaba bebiendo. Cuando él le respondió que se trataba de whisky, ella le arrebató el vaso de las manos y lo apuró de un trago. Jaime advirtió el temblor de las manos de Raquel (blancas, de nudillos nudosos y largos dedos y rematadas en unas uñas cuidadísimas) y se dijo a sí mismo que cabían dos explicaciones para justificarlo: o era alcohólica, o tímida. O ambas cosas. Se adelantó a los deseos de Raquel y pidió al camarero otros dos whiskies dobles.

No les dio tiempo a hablar demasiado porque a cada minuto les interrumpía algún desconocido que se acercaba para felicitar a la modelo. Las sonrisas de Raquel habían dejado de serlo para convertirse en patéticas muecas de muñeca, y el temblor que había comenzado siendo ligero había evolucionado de tal manera que si alguien se fijara en sus manos le parecería estar viéndolas en la pantalla de una televisión con los mandos desintonizados. Al cabo de unas dos horas y unas cuatro o cinco copas más, Raquel alzó la cabeza, se quedó mirando fijamente a los ojos de Jaime y con voz sorprendentemente clara y serena le pidió, o casi le ordenó, que la llevara a casa.

Con Raquel de nuevo frente a él, Jaime revive una sensación que había intentado inútilmente enterrar en la memoria: el vínculo cerrado, feroz y físico que existía entre los dos, en aquel tiempo en que a él, literalmente, le faltaba el aire cuando estaba sin ella, y boqueaba asustado en el despacho de su casa, llamándola sin parar para dejar grabados trémulos mensajes de amor en su contestador.

Raquel se detiene a contemplarlo, sosteniendo en vilo el tenedor, pone unos ojos enormes –más enormes todavía de lo que ya son de por sí– y le sonríe.

Por un momento, parece como si ella le haya leído el pensamiento y también esté recordando aquellos tiempos.

–¿No comes? –pregunta con un tono de voz que sólo se podría calificar de tierno.

–No tengo mucho apetito.

–No te lo había dicho al llegar, pero estás delgadísimo. ¿Has estado enfermo? Bueno, no sé si es de mucha educación preguntártelo. Igual resulta que has estado matándote siguiendo un régimen y quieres aparentar salud, no lo contrario... Perdona, no sé lo que digo.

–Ni lo uno ni lo otro. O sea, ni enfermo ni a régimen. Pero es cierto que he adelgazado. Los disgustos, ya sabes... –No especifica qué tipo de disgustos, ni ella se lo pregunta–. Tú, sin embargo, estás más guapa que nunca.

–Forma parte de mi trabajo –responde ella como sin darle importancia.

Jaime, incapaz de decir nada, se limita a cabecear. Raquel le hace una seña al camarero para indicarle que la botella está vacía. Jaime comprende que debe hacer algo: no puede permitir que continúe bebiendo de semejante manera. Pero se siente demasiado ofuscado, o quizá culpable, como para atreverse a enfrentarse con Raquel.

–Lo de preguntarte si habías estado enfermo... ¿sabes? No lo decía por molestar. Es que... En fin, no te enteraste de lo de Jesús, ¿verdad?

–Sí me enteré –admite él–; salió en los periódicos.

–Fue tan absurdo... No se lo había dicho a nadie, ¿sabes? Ni siquiera a mí. Adelgazó muchísimo, por supuesto. Y todos éramos tan idiotas que no hacíamos más que decirle lo guapo que se estaba poniendo... Y de repente, ingresa en el hospital con una gripe... Y ya no volvió a salir. No estuvo allí ni quince días. Fue todo tan rápido. Y tan difícil... Se organizó un desfile póstumo para presentar sus diseños, y querían que yo participara. Pero me negué.

–No lo entiendo... Si era uno de tus mejores amigos.

–Precisamente. Me parecía demasiado morboso.

Se lleva la cara a las manos como si fuera a contener un sollozo, pero lo reprime ante la oportuna llegada del camarero, que reaparece con una nueva botella de vodka, sonriendo a Raquel. Ella le devuelve la sonrisa con los ojos brillantes. El plato de Jaime sigue intacto. Lo aparta y le pregunta a Raquel si puede fumar.

–No faltaría más –responde ella–. Siempre espero que la gente fume.

–Pero no te he visto fumar desde que hemos entrado...

–Te sorprende, ¿no? Lo he dejado, o casi. He cambiado mucho en los últimos meses.

A Jaime le resultaría imposible explicar más tarde, cuando su relación ya estaba consolidada, qué era lo que había visto en Raquel ni por qué había llegado a obsesionarle de semejante modo. Ni se trataba de la crisis de los cuarenta (acababa de cumplir los treinta y ocho), ni de una simple fascinación ante una belleza espectacular (al fin y al cabo, Raquel era más atractiva que bella en el estricto sentido de la palabra, y además Jaime se había acostado con varias mujeres que podían presumir de tan buen o mejor cuerpo que Raquel), ni siquiera, como a él le habría gustado creer, iba la cosa de relación basada en un profundo intercambio intelectual (cierto que los dos eran más bien cultos, pero no se pasaban las horas hablando de arte, precisamente). Lo que sentía por Raquel sólo habría podido catalogarse de adicción. La necesitaba, sentía que tenía que hablar con ella a todas horas, y la llamaba varias veces al día, desde la oficina y desde casa. Casi no dormía, dejó de comer, no podía pensar en otra cosa. Le enviaba ramos de flores cada semana y le escribía larguísimas cartas a diario. Algunas se las enviaba a casa por fax, otras las archivaba convencido de que nunca se atrevería a permitir que ella las leyera, de lo inflamadas y estrepitosas y cursis que le parecían cuando las repasaba. Desde la noche de la fiesta se las había arreglado para ver a Raquel una o dos veces por semana, con la esperanza de que, tras el primer deslumbramiento, la cosa se serenara, y poco a poco aquella pasión devoradora se fuese diluyendo en cariño y acabara por convertirse en algo controlable e incluso prescindible. Pero, por el contrario, aquella obsesión enfermiza iba creciendo más y más y a Jaime casi le parecía sentirla dentro, como un cuerpo extraño alojado en el estómago, un tumor gigantesco que se fuera agrandando por días. A él mismo le resultaba irreal que entre el sinnúmero de cuerpos que había conocido existiera uno del cual su vida pareciera depender tanto como del suyo propio.

Hablaba con ella más de lo que lo había hecho con ninguna otra persona en su vida. Se enfrascaban en largos y prolongados diálogos que podían durar horas. Sus conversaciones telefónicas eran inacabables: cuando caían en la cuenta de que llevaban más de cincuenta minutos al teléfono, uno colgaba y al instante el otro volvía a llamar, incapaz de sobrevivir sin escuchar la voz del otro lado de la línea. Aquellas conversaciones no trataban de nada en especial sino que se alimentaban de frases inmaduras e incluso sin sentido. El contenido emotivo que las impregnaba no nacía en realidad de las palabras, ni del sentido estricto que el diccionario habría podido otorgarles, sino del amor con el que estaban pronunciadas, porque Raquel parecía imprimir a todas sus frases una intensidad arrebatada y sagrada que las redimía de su aparente insustancialidad, y que hacía que transportaran una delirante promesa de felicidad para la vida, para el mundo, como Jaime no había conocido nunca.

Empezaron a acudir juntos a todas las reuniones sociales a las que Jaime solía ir por su cuenta antes de conocerla. En aquellas ocasiones Raquel le atraía como un torbellino, pero al mismo tiempo lo llenaba de angustia. Confundido por aquella mezcla aparentemente incongruente de fortaleza y disipación, de sensibilidad y cinismo, que su mentalidad tradicional era incapaz de entender y asimilar, a Jaime le desconcertaba Raquel con su falsa seguridad de niña, con su conversación afilada, tan mordaz como el chasquido de un látigo. El fino instinto que la guiaba, ágil y segura, en un plató o en una fiesta, constrastaba con la indecisión y la inseguridad de su vida personal, aquella sensibilidad extrema que sólo revelaba cuando estaba a solas con él. En aquellas ocasiones, cuando no había más gente alrededor, se sentía verdaderamente orgulloso de su inteligencia, de su dulzura, de su acertada comprensión de las cosas, de su capacidad de valorar y analizar los detalles más insignificantes de todo cuanto la rodeaba. Pero en compañía de otros Raquel se transformaba y se mostraba ordinaria, burlona, despectiva, superficial, aparentemente indiferente a todo lo que no fuera diversión y alcohol en grandes cantidades. A veces Jaime trataba de evitar a Raquel e intentaba convencerse a sí mismo de que debía dejarla de una vez, de que lo más importante en su vida era su matrimonio, pero aquellos propósitos eran tan bienintencionados como inútiles: comparada con la envolvente vitalidad de Raquel, con su agudeza extrema, Gemma le parecía de una palidez anémica. El vitalismo de Raquel era un asunto de nervios, de carne. Daba la impresión de que ella se comportaba como si estuviera haciendo, sencillamente, lo que le correspondía hacer: vivir. Y esto significaba que gestionaba sus recursos de forma que su tiempo no fuese invadido por lo superfluo, ni sus energías utilizadas en convenciones que no le interesaban. Por eso, probablemente, se volcaba tan apasionadamente en Jaime, con una devoción tan intensa y concentrada que pecaba a veces de agobiante. Y él se sentía irremisiblemente adherido a los imprevisibles cambios de Raquel, al huracán de luz y sombra, al frío y al calor extremos, a la eterna sinusoide que Raquel representaba, como un sello a una postal que no llevara dirección. Pero también, en algún momento, llegaba a odiarla precisamente por eso.

Jaime no puede contenerse y se atreve por fin a formular la pregunta que lleva haciéndose desde que la vio llegar, aun a sabiendas de que probablemente no venga a cuento y podría no ser la más apropiada.

–¿Estás saliendo con alguien?

Raquel tiene la mirada perdida en el plato de blinis como si estuviera intentando recordar algo. Parece estar en otro planeta.

–No... no lo sé... –dice respondiendo desde aquel mundo lejano

–¿Cómo que no lo sabes? –pregunta Jaime, ligeramente indignado–. Esas cosas se saben, vamos, digo yo. Raquel... –Ella sigue con la mirada fija en los blinis–. ¡Raquel!

Raquel vuelve a la realidad y lo contempla confusa:

–¿Perdona?

Raquel sigue tan esquiva como antaño, con esa habilidad para eludir las respuestas que le aporta un significado oculto a los gestos más insignificantes.

–Te preguntaba si salías con alguien.

Raquel ensarta un trozo de tortita, se lleva el tenedor a la boca y pondera la respuesta a lo largo de todo un bocado.

–Me gustaría poder decirte que sí. Me gustaría darte celos, porque sé que estarías celoso, no tanto porque pudieras quererme todavía como porque eres muy orgulloso y no te haría ilusión saber que te he reemplazado tan pronto. Pero no. La verdad es que no. Ni siquiera he pensado en buscarme otros amantes, ¿para qué? No me gusta ninguno. Quizá porque les tengo miedo, porque ya no confío en nadie después de todo el daño que me hiciste. Quizá, vete tú a saber, porque este corazón que, para mi desgracia, va a latirme toda la vida entre las costillas, es demasiado crítico e intransigente, por muy necesitado de amor que esté. Yo no soy fuerte, Jaime. Tú siempre me decías que esperabas que lo fuera, pero tú ya sabías que no lo era...

Aparta el plato a su vez y se sirve otro vaso de vodka.

–Seamos serios, Jaime. ¿Hemos venido aquí a fingir que todo está olvidado y perdonado, que podemos comer tranquilamente como un par de amigos, que lo pasado, pasado está? Pues no, yo no he venido aquí a eso. Cuando me llamaste el otro día acepté quedar contigo porque estoy harta de guardar todo este sufrimiento para mí sola. No me resigno a abandonar y perder sin hacerte sentir culpable. Quiero que te sientas culpable, quiero que asumas tu responsabilidad en lo que me está pasando. Quiero poder exigir compromisos. Que si se me deja, se pague por ello; que si se me hace sufrir, que si se me engaña, que si se me desprecia, se pague por ello. Estoy harta de asumir que yo no tengo valor, que no puedo reclamar nada, que es normal que se me hagan promesas que no se pueden cumplir. Estoy harta de darles la razón a los demás. Y no pienso abandonar sin patalear y sin que se me escuche. No tenías derecho. No tenías derecho. No podría volver a salir con alguien, para que lo sepas. No te daría ese gusto, la tranquilidad de pensar que estoy bien. No lo estoy.

Raquel ha explicado todo aquello con voz serena y calmada, aunque un fulgor de rescoldo en los ojos delata que es el vodka y no su propia seguridad lo que le está suministrando los ánimos para atreverse a ser directa y tan ¿cruel? No, la actitud de Raquel no denota crueldad, sino, quizá, desesperación. O incluso dignidad, una extraña definición de la dignidad desconocida para Jaime hasta ahora. El camarero se acerca a preguntar, muy ceremonioso, si puede retirar los platos y a Jaime le sorprende ver cómo una sonrisa ilumina el rostro de Raquel, la misma Raquel que hace unos segundos estaba anunciando que se moría de pena.

–Gracias –le dice Raquel, brindándole la sonrisa como quien brinda un toro–. Por cierto, tenías razón: el vodka es excelente.

Jaime piensa que quizá ella está intentando ponerle celoso, o hacerle ver lo que ha perdido. E inmediatamente cae en la cuenta de que piensa eso porque efectivamente está celoso y tiene la impresión de haber perdido algo. El camarero se retira con los platos y los cubiertos, desapareciendo por el pasillo que se abre entre las mesas hacia la puerta que da a la cocina.

Al principio Gemma parecía no enterarse de nada y esta ignorancia no hizo sino confirmarle a Jaime que su matrimonio había dejado de ser, hacía mucho tiempo, una relación de afecto para convertirse en un mero contrato: él estaba pagando a una niñera que cuidaba de sus hijos y que era incapaz de advertir sus cambios de humor, las repentinas euforias y los estados de desesperación que se sucedían casi sin transición. Y lo sorprendente es que algo, una especie de campanilla diminuta incrustada en algún rincón recóndito del cerebro, se empeñaba en recordarle que alguna vez la quiso. Pero por mucho que se esforzara en evocar aquel lejano sentimiento, sólo le venía una imagen a la cabeza: aquella vez en la que ella, todavía soltera, partía en un tren hacia la costa para ir a visitar a unos tíos que veraneaban allí, y al despedirse desde la ventanilla, le señaló orgullosa el anillo que él acababa de regalarle, con una sonrisa resplandeciente que le embelleció de repente los rasgos convirtiendo durante veinte segundos a una chica joven y bonita en una criatura verdaderamente excepcional. Sí, alguna vez la quiso, alguna vez había sentido por ella una ternura tan intensa como una quemazón. Pero aquello se había desvanecido hacía mucho, mucho tiempo, probablemente incluso antes de casarse.

A lo largo de los dos meses que siguieron, a Gemma le llegó el rumor a través de una serie de fuentes (amigas o no tan amigas matrimoniadas con colegas de su marido) de que su Jaime salía con una modelo, con una modelo nada menos, como si fuera uno de los actores cuya vida y milagros acostumbraba a devorar a través del *Hola*. Confesó a su suegra que lo estaba perdiendo, y ante la insistencia de aquélla, contrató a un detective privado, con la secreta sensación de que aquella maniobra sería en cierto modo la salvación de Jaime. En realidad, no habría hecho falta detective, puesto que a aquellas alturas no sólo la oficina para la que Jaime trabajaba y la agencia de modelos que representaba a Raquel estaban al cabo de la calle en lo que al asunto se refería, sino también la casi totalidad de las plantillas de las revistas de moda, de las agencias de publicidad, de los estilistas, de los diseñadores y de los peluqueros de la ciudad. Los únicos que parecían no enterarse de que su romance se había convertido en la comidilla de la temporada eran, precisamente, los propios interesados.

Gemma lloró, gritó, pataleó e insultó. A él lo llamó mal padre, mal marido, mal hombre y hasta mal amante (porque de pronto vomitó como un torrente todas las quejas que había ido acumulando al respecto durante años y años de resignado pudor), y a ella niñata, zorra, furcia, pelandusca, robamaridos, asaltahogares, inmoral, indecente y unos cuantos adjetivos más que no vienen al caso. Y después, cuando se cansó de gritar, aseguró que estaría más que encantada de separarse y que les estaba faltando tiempo para ponerse en contacto con un abogado.

Y es que Gemma ni era tan tonta como parecía, ni lo había sido nunca. Había hecho el negocio de su vida al casarse y pensaba rematarlo al divorciarse. Convenció a Jaime de que ella debía quedarse con la casa (a pesar de que, en teoría, había que venderla para que los cónyuges se repartieran el importe de la operación) porque los niños, los pobrecitos niños, ya tendrían suficiente con el trauma de una separación como para añadir de paso el de una mudanza y el de un cambio de casa y de costumbres. Convenció a sus suegros para que apoyaran su decisión y se esforzó en que la siguieran considerando su hija, merecedora, por supuesto, de disfrutar del patrimonio y de los ingresos de su hijo, por mucho divorcio que se plantease. Y finalmente, se convenció a sí misma de que hacía lo que hacía por amor a sus hijos y nunca llevada por un deseo de venganza ni por la necesidad de asegurarse de que su excelente tren de vida no se iba a ver mermado de ninguna manera.

Y el caso es que Jaime acabó firmando un acuerdo absurdo que lo condenaba a entregar a Gemma la casi totalidad de su sueldo en concepto de pensión para su ex mujer (que no había trabajado nunca y no albergaba la menor intención de hacerlo) y de manutención para sus hijos (que, por supuesto, no iban a dejar de ir a colegios de pago ni a seguir vistiendo como figurines, no al menos sin que alguien tuviera que pasar sobre el cadáver de Gemma), y para colmo, renunciaba a su casa, con lo que se quedaba sin lugar donde vivir (ni a su mujer ni a sus padres les parecía que esta cuestión representase mayor problema, puesto que Jaime siempre podría volver a vivir con sus padres, que estarían encantados de acogerlo); de forma que, en la práctica, poco importaba que Jaime se divorciase, puesto que había firmado un contrato según el cual se convertía en esclavo de su mujer, y por extensión de la moral y de las buenas costumbres, para el resto de su vida. Jaime, como buen católico, había nacido con complejo de culpa, y no habían hecho falta demasiadas presiones para convencerlo de que había obrado mal y debía pagar por ello. Y es que Jaime era feliz, inmensamente feliz, y el placer, en su cultura, siempre conllevaba una penitencia.

–¿Acaso crees que yo lo he pasado bien? –pregunta Jaime.

–Pues sí, querido, creo que lo has pasado bien. Sinceramente no creo que hayas llorado lo que yo he llorado. Durante los meses que estuve contigo aguantaba todo lo que tenía que aguantar sólo porque estabas tú. Y entonces me daban igual las envidias de las otras modelos, sus desplantes en los desfiles, los acosos de los fotógrafos, el agobio de mi agente y de la jefa de prensa. Siempre me repetía, siempre te repetía, que nada importaba mientras te tuviera a ti. Porque confiaba en ti. Y de repente dejé de confiar y la vida se me hundió, mi precaria estructura de resistencia se desmoronó. Y aprendí que yo siempre seré la mala y la puta y la segunda de a bordo. Y no me importaba serlo para otros, estaba más que acostumbrada, pero sí me importó serlo para ti. Lo peor, lo peor de todo, fue descubrir que podías vivir sin mí. Yo pensaba, ¿sabes?, cada vez que repetías ese bonito leitmotiv tan falso de *yo no puedo vivir sin ti*, pensaba que lo decías en serio, que de verdad no podías vivir sin mí, que de verdad se te derrumbaría el mundo si me perdieses, como me pasó a mí, como me pasa ahora, que de verdad no podrías comer ni dormir, ni trabajar ni subir en un vagón de tren. Pero es a mí a quien le pasa esto. No a ti. Soy yo la que vive a base de orfidales y lexatines, soy yo la que está destrozada, no tú. Tú has vuelto a tu casa y a tu vida y a tu trabajo como si nada hubiera pasado. Porque los hombres mienten para conseguir lo que quieren, supongo. Y no pueden evitarlo. Están educados para ello.

–¿Quién está mintiendo, Raquel? ¿Quién está destrozada? ¿La flamante modelo que acaba de venir de Londres? No exageres, por favor. Te estás poniendo melodramática.

–¿Melodramática? ¿Sabes cuánto peso, Jaime? Cuarenta y ocho kilos. Y mido un metro setenta y ocho, por si no lo recuerdas. Esto quiere decir que he adelgazado exactamente diez kilos desde que nos separamos. Y lo gracioso del asunto es que todo el mundo está encantado y piensa que mi imagen ha mejorado muchísimo. Igual que con lo de Jesús... Lo que quiero decir es que no te fíes de las apariencias, Jaime. El que trabaje más que nunca no quiere decir que esté bien. Todo lo contrario.

Una violenta oleada de tensión se ha apoderado de ella y se le refleja en la cara. A Jaime de repente se le viene a la cabeza una conocida frase tópica que se solía repetir en las antiguas películas en blanco y negro: estás más guapa cuando te enfadas. Por supuesto, no se le ocurre repetirla en voz alta.

–Raquel, fuiste tú la que me dejaste...

–¿YO? ¿Que YO te dejé? –Los comensales de la mesa de al lado vuelven la cabeza hacia Raquel, que finge no reparar en su presencia–. No me hagas reír, Jaime. Cuando nos conocimos, cuando todavía me acosabas y me perseguías con tus cartas y tus llamadas y tus flores, cuando yo todavía intentaba resistirme y decirme a mí misma que en realidad no te quería tanto, que aquello nunca iba a pasar de ser una aventura, muy bonita, pero aventura al fin y al cabo, recuerdo que te dije, estábamos paseando por el puerto, lo recuerdo perfectamente, recuerdo que te dije que yo no quería estar contigo porque pensaba que no soportarías a una mujer como yo, que antes o después tu educación te acabaría traicionando. Y yo fui tan estúpida, me digo y me repito ahora, tan estúpida de no querer ver lo más obvio. Tenías que haberlo previsto, me digo una y otra vez. Obviamente por mucho que tú me quisieras yo nunca sería nada al lado de la sacrosanta esposa y madre que conociste virgen y que además cuidaba de tus hijos y contaba con el explícito apoyo de tu familia. Mira, Jaime, he llegado a la conclusión de que en este mundo en el que me ha tocado vivir existen dos tipos de mujeres: las de clase A y las de clase B. Las primeras tienen todos los derechos y las segundas ninguno, y eso es lo que todos llevamos metidos en la cabeza. De forma que si has tenido la suerte de pertenecer al primer bando se te compadecerá, se te admirará y se te dará siempre la razón. Y si estás en el segundo serás el centro de una polémica constante. Medio mundo te odiará, te crucificará por la menor de tus acciones y te convertirá en el objetivo de sus temores, sus odios y sus desprecios. Y un batallón de mujeres, las víctimas de ese doble rasero, te adorarán y te convertirán en su icono y en su mártir. ¿Sabes por qué siempre me eligen para catálogos de moda y portadas de revistas femeninas, y no para anuncios de coches ni de refrescos? Porque yo gusto a las mujeres, está comprobado, porque les gusta mi imagen y mi reputación de chica mala y difícil, porque ellas quieren parecerse a mí. Al menos una parte de ellas. Las de la clase B, por supuesto. Las chicas fáciles, las zorras, las putas, las robamaridos, las que no cuidamos niños, las que entramos y salimos cuando y por donde nos viene en gana... Las que no llevamos anillo con una fecha por dentro.

El camarero reaparece con un plato de carne cruda para la señorita, que pestañea con los ojos secos, sin tocarlos, para que no se advierta que está a punto de llorar. A Jaime le parece que toda su historia con Raquel ha sucedido hace mucho tiempo, mucho más tiempo que los seis meses que han transcurrido en realidad. Nunca se ha sentido tan débil, tan cansado, tan infeliz, tan pobre. Porque sabe que el hombre que era hace seis, siete, ocho, nueve, diez meses, tenía algo que se ha perdido para siempre. Ha canjeado sus sentimientos por su tranquilidad. El material con el que ha construido su respetabilidad y su calma, el tributo que ha pagado por su culpa... se llama anulación. Su vida ha quedado encadenada a un sentido de la obligación que lo asfixia cada vez con más fuerza. Se retrepa en la silla, meditabundo, y el camarero se aleja con la acostumbrada sonrisa a Raquel dedicada, que, por supuesto, le es convenientemente correspondida.

–Lo más triste de todo es que yo nunca he querido ser un icono ni una mártir. Yo quería, como todas, pertenecer al bando de las protegidas. Yo no elegí ser unánimemente despreciada. Yo no elegí que un tío me violara a los trece años para luego no dirigirme la palabra. Yo no elegí que hiciera correr la voz por la pandilla para que todo el mundo me pusiera verde. Yo no elegí pertenecer a un mundo en el que se me iba a culpar por lo que no había hecho. Yo no quería ser una puta. Yo no elegí ser mal vista por media humanidad. Yo no elegí tener que ponerme a trabajar, y ni siquiera elegí hacerme modelo. No elegí mi papel. Me lo adjudicaron a los doce años, cuando me salieron tetas. Desde que tengo noción de mi memoria, desde los seis años –y lo recuerdo perfectamente, porque me recuerdo a mí misma encerrada en un armario calladísima, intentando que mi padrastro no me encontrara–, lo único que he deseado era que alguien me quisiera y me protegiera. Me parece una paradoja de lo más cruel el que haya acabado siendo yo, precisamente, la elegida para representar el papel de mujer fuerte e independiente.

El camarero vuelve a interrumpir la conversación,

trayendo esta vez el plato de pato con ciruelas para Jaime, que está blanco y callado como un fantasma. No puede hablar, no se atreve a responderle nada a Raquel porque siente el pecho atravesado por una espina amarga que le impide respirar, como si el hilo de la conversación hubiera atravesado su conciencia enhebrado en una aguja.

–Pues eso, Jaime, que yo no soy feliz haciendo de chica soltera, independiente, fuerte y poderosa. Yo no me siento mujer fatal, y cuando me veo en las revistas, sé que ésa no soy yo. Yo no soy feliz sabiendo que la vida es así. Yo no soy feliz con la conciencia de que mi papel está determinado de antemano: está bien, yo soy esa chica de la que todo el mundo dice enamorarse locamente y a la que dejan después a favor de otra un poco más normalita. Yo no soy feliz teniendo que asumir que no merezco el más mínimo respeto. Yo no soy feliz viviendo en una cultura en la que tengo que asumir que existe una disociación entre lo que una de verdad desea y lo que una debe desear, que es lo que se le impone desde fuera. Yo no soy feliz si me siento condenada a buscar y a no encontrar nunca reglas inteligibles que me orienten en este mundo caótico de juegos de poder. ¿Cómo quieres que entienda que tu mujer, que ni siquiera se había acostado contigo en meses, se pusiera tan fuera de sí sólo porque supo que alguien te daba lo que ella ya no te quería dar? Porque era víctima de la misma trampa: la virgen contra la puta. Y su papel en la vida sólo se justificaba, por oposición, si me atenía al que me correspondía y me convertía en una zorra destrozahogares. Ya sabes, no existe el blanco sin el negro. Sólo así lo que ella había hecho con su vida cobraba sentido, puesto que así se situaba en el lado bueno de la línea divisoria. Y yo tengo que asumir que siempre estaré en el lado malo. Igual que tú lo has asumido, y por eso te sentías tan culpable y por eso hiciste lo que hiciste. Y tú te sentías con derecho a despreciar a la mujer a la que decías adorar si la mujer a la que supuestamente ya no aguantabas te lo exigía. Porque yo nunca fui tu pareja. No fui más que tu amante, como todo el mundo sabe.

–Eso no es cierto, Raquel. Yo te quise con locura. Te quise como no he querido a nadie y como no he vuelto a querer, y si hubieses tenido un poco de calma, habríamos seguido juntos...

–No mientas. ¿Acaso no me mentiste ya demasiado? No, no podías estar conmigo. No puedes luchar contra casi cuarenta años de educación burguesa, ni contra los bonos freudianos que tenías que pagar a unos padres que te mantienen, ni contra diez años de matrimonio parasitario, ni contra nada. Y yo sabía demasiado bien que si me decidía a utilizar las mismas armas que usaba tu mujer, que si lloraba y me ponía histérica y exigía atención a gritos, a lo más que podía aspirar como respuesta era a llevarme una hostia, que es a lo que me acostumbraron mi padre y los chicos de mi barrio. O a que se me ignorara, que es lo que hiciste tú. Porque soy una mujer de serie B. Ya que tu mujer podía recibir una inmensa compensación económica por tu supuesto abandono, ¿qué voy a recibir yo? ¿Un bono de restauración de mi autoestima? ¿Excusas formales? Estoy harta de asumir que no tengo valor, que no puedo reclamar nada, que es normal que se me hagan promesas que no se pueden cumplir. Estoy harta de darles la razón a los demás. Y no pienso abandonar sin patalear y sin que se me escuche. No tenías derecho. No tenías derecho. –Se le corta la voz en un gemido y se lleva la servilleta a los ojos para atajar una lágrima que amenazaba con desbordarse de sus ojos brillantes–. Y si vas a despreciarme por esto, por llorar en un restaurante, perfecto. Te estarás despreciando a ti mismo, puesto que fuiste tú el que escribió aquello de «tengo absoluta necesidad de tu existencia... y eres condición suficiente y necesaria para mi vida... si no somos una sola persona en este universo cruel y aburrido... no pienso dejar que nada me separe de ti». ¿Has visto? Recuerdo cada palabra de memoria. –Oculta la cara entre las manos, abatida–. Tú creías en esta dependencia, tú la fomentabas, tú me hiciste creer que era posible, y lo peor de todo, tú sabías perfectamente que estabas tratando con una persona que no se iba a tomar todo aquello en broma. Ahora no puedes esperar que finja que me encuentro bien, o que puedo mantener una dignidad en la que no creo, porque no puedo. Yo nunca te mentí. No te dije que sólo quisiera una aventura. Dejé muy claro lo que quería y lo que buscaba, y tú lo aceptaste. Y cuando decía que nadie te querrá como yo te he querido, lo decía en serio. Me estoy muriendo, te repito. Siento que una parte de mí ya está muerta.

En este restaurante caro, con el pasado que cada vez pesa más en la atmósfera, la frase se le antoja a Jaime teatral y rancia. Y sin embargo una parte de él envidia a Raquel, porque sabía que él nunca se atrevería a decir cosas semejantes, ni en público ni en privado.

–No exageres, Raquel, por favor.

Raquel se queda inmóvil, mirándolo fijamente, cierra los ojos y los vuelve a abrir desmesuradamente. No es tanto la expresión de desconcierto de Raquel como el sobrecogedor instante de silencio que se crea de pronto lo que encoge el corazón de Jaime. En ese momento se ven el uno en los ojos del otro y aspiran a la vez una breve y apresurada bocanada de aire. Aquí están, frente a frente, todo lo que podían haber sido.

–No exagero. Te aseguro que no exagero –replica Raquel con voz lúgubre y cansada.

Tras la separación, Jaime se planteó trasladarse a vivir al estudio de Raquel y no cabía duda de que a Raquel le habría gustado la idea, pero aquel sitio apenas abarcaba sesenta metros cuadrados, y a Jaime, acostumbrado a las amplísimas habitaciones de su casa y a contar siempre con un espacio en el que podía estar solo, le agobiaba aquella estrechez, y se sentía acosado como una cobaya de laboratorio en el apartamento de Raquel (poco podía imaginar él entonces que apenas seis meses después, Raquel habría triplicado su *cachet* y alquilaría un *loft* de doscientos metros cuadrados en pleno centro de la ciudad). Prefería pasar el tiempo en casa de sus padres, donde contaba con una habitación y un estudio para él solo, y desde donde podía pasarse a ver a los niños siempre que quisiera, porque él no podía pasarse sin verles, y no habría podido ni soñar vivir lejos de ellos. Raquel insistía en que alquilasen un piso más grande en el que pudieran vivir juntos, pero Jaime argumentaba que la separación le había dejado sin dinero como para permitirse ese lujo y en que, desde luego, no se iba a dejar mantener por Raquel, aunque no le diese ninguna vergüenza mantener de por vida a su ex mujer.

Raquel se tomó aquella actitud como una traición, porque tenía la impresión de que Jaime, en realidad, había tomado partido por su familia, un bloque compacto que incluía a sus padres, a su mujer y a sus hijos, a los que Raquel consideraba como un batallón de conspiradores decididos a arrebatarle la presidencia sobre los afectos de Jaime merced a un golpe de mano cuidadosamente urdido. Se sentía abandonada y relegada a un segundo plano. Empezaron a mantener amargas discusiones al respecto en las que Raquel se mostraba encolerizada e inflexible. Él insistía en que debían dejar pasar el tiempo, esperar a que el divorcio fuese efectivo, quizá entonces casarse y ver si Jaime conseguía ahorrar lo suficiente como para iniciar una vida juntos, pero ella consideraba que él, sencillamente, estaba demasiado apegado a su forma de vida y sus comodidades como para atreverse a sacrificar nada por ella. La desconfianza de Raquel no tardó en aparecer cada vez con mayor frecuencia en las conversaciones y sus críticas empezaron a cebarse en Jaime. Aquella mujer cariñosa y apasionada que había sido Raquel se iba volviendo fríamente distante tanto en las maneras como en la cama, y empezaba a mostrarse indignada ante diferencias sumamente triviales entre los dos (porque no les había gustado una misma película, porque Jaime había hecho algún comentario despectivo sobre una conocida de Raquel, porque había halagado a cierto escritor al que ella consideraba un misógino detestable...), hasta que él comenzó a sentir que pisaba terreno resbaladizo, como si no supiese hacer una sola cosa bien, como si fuera el objetivo de una demanda insaciable. Jaime escuchaba sus quejas con recelo, captaba la incomprensión tajante y resentida que se leía en sus ojos y en el rictus amargado de la comisura de sus labios, y a veces le sorprendían tanto estos nuevos gestos de Raquel que ya no le parecía ella misma sino una antipática desconocida a la que se había unido en un momento de locura. Mientras que al principio se había sentido seguro y completo, envuelto en la satisfacción física y las imágenes idealizadas de Raquel, a partir de su separación oficial de Gemma empezó a sufrir como si Raquel le hubiese degradado por un crimen repugnante que él hubiera cometido. No podía evitar sentirse culpable, culpable por haber dejado a su mujer, culpable por no hacer feliz a Raquel. Empezó a sumirse en estados de ánimo depresivos a los que Raquel respondía con más enfado que preocupación, pues al parecer encontraba en ellos pruebas adicionales de traición, ya que le confirmaban que él no era feliz con ella y que sólo se había separado porque las circunstancias le habían forzado a ello. Raquel y Jaime habían dejado de significar la felicidad posible el uno para el otro y se habían convertido en adversarios que se vigilaban con recelo y cansancio entre un laberinto de trincheras, hastiados tras innumerables batallas.

La situación se precipitó a medida que se acercaban las Navidades. Los padres de Jaime esperaban que las pasaran juntos como todos los años, en familia, por el bien de los niños, decían, como si Jaime y Gemma no se hubieran separado. Jaime no había encontrado nada de malo en la proposición y no pudo entender por qué Raquel se enfadó tanto cuando le notificó su decisión de pasar la Nochebuena en la casa paterna con su ex mujer y sus hijos. Raquel, que no mantenía contacto con su familia, no tenía con quién pasar la noche y esperaba pasarla con Jaime. Le parecía intolerable que él la dejara abandonada en aquella ocasión tan señalada, y Jaime, que nunca había concedido demasiada importancia a esas fechas, no podía comprender la actitud de Raquel, y no veía por qué Raquel no se avenía a pactar con él la compensación que había propuesto: cenar con ella en cualquier otra ocasión, al día siguiente si ella quería, en el mejor restaurante de la ciudad, con velitas y todo si hacía falta. Finalmente ella accedió a regañadientes a preparar una cena especial justo el fin de semana anterior a la Navidad.

Raquel insistió en cocinar ella misma y pasó varios días ultimando los preparativos. Hizo listas de todo lo que había que comprar, aguantó largas colas en el supermercado, y se pasó horas en la cocina libro de recetas en mano. Tuvo también que adecentar el estudio para conseguir darle una apariencia doméstica. En realidad, se estaba esforzando por hacer especial lo que Gemma hacía todos los días sin concederle mayor importancia. Se suponía que Jaime iba a llegar alrededor de las ocho. A las ocho y media llamó desde su casa para anunciar que se retrasaba. Finalmente apareció a las once, cuando el asado se había enfriado y las hojas de la lechuga se habían ennegrecido a causa del vinagre. Había pasado toda la tarde discutiendo con Gemma a cuenta del boletín de notas de Irene.

Raquel no hizo comentario alguno, pero se pasó la cena con los labios apretados y respondiendo con monosílabos a los intentos de Jaime de iniciar una conversación. Cuando se levantaron a la mañana siguiente ella propuso ir a dar un paseo, pero él tenía trabajo pendiente en la agencia y no pudo acompañarla. En realidad el papeleo acumulado no era tan urgente, pero lo cierto es que le escocía todo el cuerpo de resentimiento porque la noche anterior Raquel se había negado a hacer el amor con él aduciendo que estaba muy cansada. Jaime empezaba a sospechar que su relación estaba perdiendo intensidad y sabor, y que en realidad era como la cena recalentada de la noche anterior: un intento de salvar algo cuyo punto ya había pasado.

El resto de la semana, mientras se aproximaba la fecha de Nochebuena, Raquel estaba cada vez más tensa y de peor humor, y se replegó en un mutismo agudo. Fueron al cine y salieron a tomar copas, pero ella había perdido el entusiasmo de antaño, cuando desmenuzaba los argumentos de las películas con pasión o se empeñaba en besuquearlo en las barras ajena a los ojos de los demás, altivos, desaprobatorios, solemnes, perplejos o acusadores. Ante la actitud de Raquel, Jaime se sentía más atrapado que nunca entre la compasión que sentía por su amante y las exigencias de su vida familiar.

La noche anterior a Nochebuena, cuando Jaime iba a dejar a Raquel en la puerta de su estudio antes de dirigirse a casa de sus padres, ella recuperó de pronto su antiguo ardor y empezó a besarlo y a acariciarlo con vehemencia, hasta que acabaron haciendo el amor en el coche. A él le parecía que ella se esforzaba tanto porque se tomaba el sexo como si fuera la última oportunidad de poner a prueba su cariño. Fue un acto defensivo e implorante por parte de ella y poco más que compensatorio por parte de él. Más que amantes fueron contendientes, y cada uno se esforzaba, en realidad, por mantener a raya al atacante. Cuando todo acabó, él se despidió prometiendo que la tarde misma de Navidad, después de que hubiera comido con sus padres y dado por terminadas sus obligaciones familiares, quedarían, la llevaría al cine y pasaría con ella toda la tarde.

La Nochebuena transcurrió tan tranquilamente como podía esperarse dadas las circunstancias. Gemma no se dirigió a Jaime en toda la noche y no hizo sino ocuparse exageradamente de los niños con unos modales melodramáticamente cariñosos. Su voz parecía más apagada que de costumbre y sus movimientos alternaban entre apáticos y nerviosos. Cada cinco minutos se interesaba por saber si Irene tenía sueño o se levantaba para comprobar si Adrián descansaba tan apaciblemente como se esperaba en la cama de matrimonio de los padres de Jaime. Su suegro, el padre de Jaime, intentando lidiar como podía con la delicada situación, no hacía más que alabar los complicados manjares que su mujer y Gemma habían preparado mano a mano; y su suegra, la madre de Jaime, empeñada en ayudar a su marido en su difícil tarea de amable anfitrión, respondía explicándole detalladamente la receta de cada uno, como si creyera de verdad que a él podía importarle. De esta manera aquellos padres, tan amables, tan señores, cuyas opiniones eran siempre tan correctas como perniciosas, intentaban rellenar con sus frases el aplastante vacío que se cernía sobre la atmósfera pretendidamente cordial, pero sus palabras estaban tan vacías como el ambiente, y no sólo no contribuían a dulcificar el envaramiento general de la situación, sino que lo intensificaban. A las doce y media, cuando Irene se caía de sueño, dieron por terminada una velada que a Jaime se le había antojado interminable. Gemma volvió a su piso y Jaime se retiró a su antigua habitación de soltero, en la que se había instalado ahora. Intentó llamar a Raquel para decirle lo mucho que la había echado de menos durante toda la velada y cómo había llegado a pensar que quizá ella tuviera razón y que habría sido mejor haber pasado la noche con ella, pero le respondió el contestador automático. Pensó que probablemente Raquel habría salido a celebrar la noche en cualquier discoteca, en una de las innumerables fiestas a las que había sido invitada en su condición de modelo.

La comida de Navidad no fue más alegre que la cena y ni siquiera la animó la alegría de los niños al recibir los juguetes (muchísimos y carísimos, por supuesto), que presuntamente les había regalado Papá Noel. Jaime intentó llamar a Raquel en vano: el contestador seguía conectado. Pensó que estaría durmiendo la resaca y no empezó a preocuparse hasta bien caída la tarde, cuando Raquel seguía sin coger el teléfono ni responder a ninguno de sus mensajes.

El camarero se acerca con una bandeja de pasteles –hileras y más hileras de pequeñas rarezas, de delicadas inspiraciones, de diminutos y sabrosos sueños–, y empieza por ofrecérselos a ella.

–Oh, no tengo nada de apetito... –Y luego rectifica, coqueta, mirándole a él–. O sí... ¿por qué no?

Y señala un rollo de chocolate con nata, un éclair de café, un pastel en forma de castaña y un cornete de hojaldre relleno de fresas del bosque. El camarero los deposita en un platito con unas tenacillas de plata y los coloca frente a ella.

–No sé por qué he elegido tantos –dice ella sonriendo–. Si sé que no me los voy a comer.

Jaime rechaza los dulces que el camarero le ofrece y pide que le traiga una taza de café. Ya no le desconciertan los imprevisibles cambios de humor de Raquel. Está más que acostumbrado a ellos. Por eso, cuando ve que la sonrisa se frunce y deja paso otra vez a una expresión de mártir inmolada, se prepara para lo peor.

–Me he sentido tan mal, me siento tan mal, que no me parece justo que tú no sientas lo mismo. Quiero que lo sientas correr por tus venas. Quiero que sufras como yo sufro, como dicen que les pasa a los gemelos. Quiero que te derrumbe la misma desesperante, larga y estéril desolación. La misma sensación de incomprensión y abandono, esta rabia ciega, muda y sorda. Y no me siento egoísta por decirlo. Sólo me siento estúpida por no haber aprendido a enarbolar mi frustración antes, por no habérsela echado como ácido a la cara de unos cuantos: a ti, a tu familia, a mis compañeras de instituto, a mis primeros amantes... Dime: ¿era necesario, era justo, era legítimo que yo participara en las trampas de tu vida, que yo tuviera que ahogarme en tus mismas arenas movedizas?

–Raquel, no sirve de nada echarle la culpa a nadie, ni a mi mujer, ni a mi familia... Quizá yo fuera un cobarde, pero tú tampoco me diste tiempo...

–Vale, vale, no hay culpas, sólo causas. Pero aunque lo aceptara así, qué quieres, aun así persiste un sentimiento de impotencia y de rabia. Vale, la vida es como es y hay que aceptarla, y es absurdo fingir que no es así. Pero saberlo no cura lo que siento... En fin, para qué seguir llorando, si a ti no te interesa lo que digo, si dentro de un rato vas a volver a tu vida cómoda y a tu mujercita y a tus niños. Pues nada, seamos civilizados, que es lo que a ti te gusta. Es bonito este lugar, ¿no crees?

¿Bonito? ¿Este lugar? Este lugar empieza a parecerle a Jaime una celda de castigo. Raquel mira a su alrededor y parpadea. Sus hermosos ojos brillan en exceso, como si estuviera a punto de llorar otra vez, quizá porque está triste, quizá porque está borracha. Un caballero muy apuesto, de mediana edad, le devuelve la mirada observándola a través de sus gafas de montura de oro. Pero ella ni siquiera le ha visto. Como si en el sitio en el que se halla existiera un agujero en el espacio. Luego vuelve de nuevo la vista hacia Jaime.

El camarero reaparece con la taza de café y de pronto Jaime empieza a sentirse más tranquilo, quizá porque ahora es consciente de que ya no alberga la menor esperanza, de que lo ha perdido todo, y de que no queda, por tanto, ni el más mínimo resquicio abierto a la ansiedad. Cuando llegó al restaurante lo hizo con la misma absurda e insolente esperanza con la que uno relee una historia trágica esperando que termine de otra manera. Pero ahora la marea de lo inevitable se ha abalanzado sobre él, dejándolo demasiado exhausto como para respirar. La marea se aleja, se lleva lo que Jaime deseaba ser, y cuando regresa, imponente, trae la certidumbre de que Jaime ha perdido a Raquel para siempre. Da un sorbo a la taza, se recuesta en la silla y se la queda mirando con expresión lastimera.

Raquel, obviamente nerviosa, ensarta el cornete

de hojaldre con demasiada fuerza y el dulce salta partido por la mitad. Un trozo cae sobre la mesa. Se pone tan roja que incluso las orejas se le ven encarnadas, y una mano temblorosa repta sobre la mesa para retirar los restos del cuerpo del delito.

–Estoy borracha –admite.

El día 26, preocupado y después de haber pasado en vela toda la noche de Navidad, había decidido pasarse por casa de Raquel desviándose en su camino hacia la agencia. Pulsó varias veces el timbre del portero automático pero nadie respondió. En aquel instante lamentó no haber accedido en su momento a la proposición que le había hecho Raquel de dejarle un juego de llaves propio, oferta que él rehusó llevado por una extraña mezcla de amor propio y miedo a la responsabilidad. Se planteó la idea de avisar a un cerrajero y entrar por la fuerza en casa de Raquel, imaginando todo tipo de escenas escabrosas (Raquel víctima de un paro cardíaco, de una sobredosis de pastillas, del ataque de un violador psicótico, de una descarga eléctrica descerrajada por un enchufe malévolo...), pero finalmente desechó la idea porque se le ocurrió que Raquel bien podía haberse ido a celebrar la Nochebuena con una juerga monumental y estar todavía durmiendo en casa de una amiga. Resolvió esperar al mediodía y, caso de que Raquel no hubiese dado señales de vida, avisar a la policía. Intentaba como podía tranquilizarse a sí mismo, pero en el fondo de su conciencia, de una manera premonitoria, las garras de la angustia ya habían empezado a desgarrarle las entrañas.

Cuando llegó a la oficina se encontró con un fax de Raquel encima de la mesa. No pudo evitar advertir que su secretaria se lo había dejado intencionadamente allí en lugar de pasárselo en un portafolios a primera hora, junto con el resto de la correspondencia, como tenía por costumbre. Por el fax se enteró de que Raquel había decidido dejarle, y se había instalado de momento en casa de una amiga para que él no pudiera localizarla. Estaba bien y le rogaba que no hiciese ningún intento de contactar con ella. En la nota, Raquel se disculpaba por no haber tenido valor para notificarle su decisión de viva voz, y se excusaba argumentando que creía que, de haberlo hecho, él habría sido capaz de convencerla de que desistiera.

Al principio se negó a aceptarlo e intentó localizar a Raquel a través de todos los medios posibles. Llamó a la agencia que la representaba, siguió dejando mensajes en el contestador, le envió faxes. No podía llamar a ninguno de sus amigos, puesto que las amistades y relaciones de Raquel siempre habían sido difusos misterios para él: voces que dejaban recados en su contestador, rostros a los que se besaba en fiestas, personajes con los que se mantenían fugaces conversaciones en algún cóctel. Supuso que Raquel se habría alojado en casa de Elsa, su mejor amiga, pero él no tenía el teléfono de Elsa ni su dirección, ni siquiera había llegado a conocerla aunque Raquel hablaba a menudo de ella, y aunque sabía el apellido de la chica, en el servicio de información telefónica no supieron facilitarle el número. Entonces se dio cuenta de que la relación que le había unido a Raquel, que en algún momento parecía sólida como un cable de acero, había sido en realidad tan frágil como un cordel, sin más que los uniera que una mutua pasión quizá inventada. Ni amigos comunes, ni pasado en el que apoyarse, ni proyecto de vida.

Ni siquiera le quedaba la excusa de pasarse a recoger sus cosas: nunca había dejado nada en el apartamento de Raquel. Ni un miserable cepillo de dientes.

A la mañana siguiente, cuando por fin asumió el hecho de que Raquel lo había dejado, y se dio cuenta por fin de que se trataba de una decisión irreversible y no de un capricho ni de un chantaje sentimental, Jaime se despertó con el mundo en ruinas. Sin embargo aceptó la situación con estoicismo, y con un sentimiento que nada tenía que ver con la felicidad, pero sí con una resurrección de la propia dignidad, del valor, que él sentía como la recompensa de aceptar una verdad dolorosa. El dolor de la ruptura se le antojaba una carga que debía soportar y caminaba despacio, como si literalmente tuviera que adaptar sus pasos al peso de ese fardo. Así fueron pasando los días y los meses, y poco a poco pareció normal que con el roce la antigua relación con Gemma se restituyese y que la pareja se reconciliase. Al cabo de dos meses Jaime había vuelto a su casa. No había olvidado a Raquel, ni sentía nada nuevo por Gemma, pero le parecía que las cosas eran más fáciles así y que su amor por Raquel había estado desde el principio condenado a convertirse en una fantasía irrealizable. Supo que Raquel había vuelto a su casa, contempló su imagen en numerosos anuncios, y a través de algunos programas de televisión se enteró de parte de su vida social, de las fiestas a las que acudía o de los desfiles en los que participaba. Algo de él había muerto, silenciosamente, tras un largo periodo de deterioro. No sentía deseo, ternura, ni especial aprecio o admiración hacia su mujer, ningún placer en su compañía, ningún particular interés en gustarle, ninguna curiosidad por lo que ella pudiera decir o hacer, ninguna esperanza de volver a amarla, pero la asunción de ese desastre, la adaptación al monótono compás de la desilusión marital, venía acompañada también por la tranquilidad de lo predecible, por la calma envolvente que le aportaban los lazos del deber y la costumbre. Algo espeso y duro, una mampara, una concha, se formó en su conciencia para acorazarla, para protegerse de sí mismo y del recuerdo. A veces tenía la impresión de que se iba desmoronando por dentro, pero se esforzaba por contener aquella fragmentación, por amor a sus hijos, por afecto a su mujer, por respeto a sus padres... y por miedo a la propia Raquel, a la que no se atrevía a llamar. Pero el poso amargo de la memoria pudo en algún momento más que todos aquellos factores y Jaime acabó por marcar su número y concertar aquella cita absurda que lo había llevado a un no menos absurdo restaurante falsamente ruso.

Por fin las cucharillas planas descansan sobre los platitos de cristal. Jaime se siente realmente agotado, pero Raquel mantiene un aspecto radiante, como si tal cosa, como si no se hubiera metido dos botellas de vodka ella solita entre pecho y espalda, como si no hubiera llorado, como si no se sintiera tan muerta en vida como asegura. Jaime hace una seña al camarero para que les traiga la cuenta. Inesperadamente, Raquel le coge la mano y la aprieta con fuerza entre una de las suyas.

–Cuando era pequeña mi cuento de hadas favorito era uno en el que se le mostraban tres cajas a la heroína para que eligiera una de ellas. La primera contenía una piedra mágica que hacía feliz a su poseedor; la segunda, un anillo; y la tercera, un dragón. Ahora que he crecido me he dado cuenta al fin de cuál era el mensaje del cuento: cuando eres una mujer y te acercas a un hombre que te desea te encuentras ante tres puertas mágicas: detrás de la primera está el placer; detrás de la segunda, el amor de tu vida; detrás de la tercera, un monstruo. Y una vez que abres una puerta es demasiado tarde para cambiar tu destino. Y yo, sin saberlo, elegí la cajita del dragón, la puerta de la infelicidad. Eso es todo.

Jaime contiene la mano de Raquel y responde a la presión. Sus emociones, adormecidas durante mucho tiempo, se han despertado y reviven. No sólo estuvo enamorado de Raquel. Sigue enamorado de Raquel. Siempre estará enamorado de Raquel. Este preciso instante contiene todo el tiempo del mundo: la vida de él y la de ella. Aunque busque durante toda la eternidad nunca volverá a encontrar el tiempo de Raquel. Raquel es algo extraño, deseable, algo por lo que luchó en su día, que le había pertenecido y que perdió. Definitivamente. Pero existe otro tiempo de Raquel, menos preciso, más intangible, contenido en este instante y proyectado hacia el futuro, porque él siempre llevará a Raquel dentro, aunque no vuelva a verla. Alza la mirada y se encuentra con la de Raquel clavada en la suya.

–Lo que nunca has querido entender, Raquel, es

que no vivimos las historias, sino que son las historias las que nos poseen. Y no nos está dado elegir los finales.

La expresión de Raquel se altera. Tiene los labios apretados y los ojos llameantes de ira. Abre la boca como si fuera a decir algo, pero nada dice, sólo aspira aire, como si se estuviera ahogando.

El camarero trae la factura en una cajita que deposita frente a Jaime sin apenas mirarlo, puesto que sólo tiene ojos para Raquel. Ella le sostiene la mirada con insolencia y de pronto, mientras Jaime procede al vulgar acto de pagar la cuenta, se levanta rápidamente y, cruzando el pasillo a toda velocidad, abandona el local sin esperarle. Varios pares de ojos la siguen y, entre ellos, los ojos atónitos de Jaime, demasiado cansados para llorar.

FIAT LUX

La piscina parecía tener una intensa vida propia, pero colectiva, porque Eduardo sentía que el zumbido de las abejas, los gritos de los niños, el ronroneo leve de los transistores al mínimo volumen (su uso estaba prohibido, pero a Eduardo no le importaba hacer la vista gorda siempre que no se hicieran notar demasiado) y el sonido de los cuerpos al estrellarse en el agua, constituían evidencias y aspectos de una sola existencia, como si vibrasen al latido de un solo corazón. Eduardo había acompasado los suyos a aquel ritmo, y normalmente pasaba los días en un estado de dulce laxitud, gracias al calor que le remansaba la sangre en las venas en aquel vacío de sol y tiempo que se abría entre la hierba. A veces, frente a la piscina, cerraba los ojos y respiraba profundamente, acogiendo en su ser la inmensidad azul, sintiendo cómo se extendía a través de sus arterias y lo inundaba de calma. Los días pasaban sin diferenciarse mucho unos de otros en el curso apacible del tiempo estival, amalgamados en un mismo sopor pegajoso y turquesa, bajo un inacabable y oprimente cielo azul vivísimo, sin nubes.

En su barrio sólo había una piscina, enorme, bulliciosa, que nada tenía que ver con el sitio tranquilo que Eduardo vigilaba. Tampoco las mujeres que frecuentaban la piscina municipal se parecían a las que se esparcían por aquel césped siempre brillante, que se bebía al día agua suficiente como para acabar con la sequía en Sudán. Las mujeres del barrio de Eduardo dejaban de ser deseables poco después de cumplir la veintena. Entonces engordaban, y los pechos y los muslos se les ponían fofos y blandos. Casi todas tenían el pelo demasiado negro o demasiado amarillo, narices aguileñas, labios finos como cuchillas y pieles macilentas y agrietadas. Años de mala alimentación, el trabajo sedentario, la propia genética... ¿quién podría saberlo? Eduardo no acertaba a definir la razón por la que las mujeres de su barrio contrastaban tan escandalosamente con las que en aquella piscina privada dormitaban al sol tostándose como filetes –vuelta y vuelta–, cuidaban de algún niño pequeño, y, de vez en cuando, recorrían la piscina –largo va, largo viene–, esforzándose diligentemente por conservar en su sitio cada apéndice de aquellos cuerpos de anuncio.

Eduardo sabía que había sido afortunado. Lo normal es que le hubiese tocado trabajar en una piscina como las de su barrio, festiva, escandalosa y sucia. Las piscinas privadas no solían recurrir a los servicios de la Federación, puesto que siempre contaban con algún jovencito vecino de una de aquellas urbanizaciones de lujo que había aprendido a nadar en su colegio privado y que podía obtener el carnet de socorrista en una tarde. Pero aquella urbanización era de tan reciente construcción que ni siquiera había jovencitos, sólo matrimonios con niños pequeños, o eso suponía Eduardo a tenor de lo que veía en la piscina:

mujeres solas, con sus críos, y algún que otro marido calvo y barrigón que venía a acompañarlas los fines de semana y que leía con ceño de intensa concentración las páginas naranjas de la sección de negocios del periódico.

Entre todas aquellas mujeres había una que se había convertido en la favorita de Eduardo. Llegaba todas las mañanas a las once y media en punto, saludaba con un ligero cabeceo y se tumbaba sobre el césped, unas veces sola, otras con algunas amigas con las que cuchicheaba, todas ellas parecidas entre sí, falsas rubias de sol y mechas caras, cuerpos de dieta estricta y de gimnasio y biquinis de diseñador. Aquella morena se marchaba a las dos y regresaba a las cuatro, para volver a marcharse a las siete. Eduardo suponía que no tenía hijos.

Era suelta y flexible como un látigo, de hombros escuetos y angulosos, una columna de cuello largo y fino, pechos pequeños y erguidos y piernas que parecían de muchacho. De vez en cuando, un poco de aire cálido le agitaba suavemente el pelo negro, que brillaba y producía irisaciones. Aquel cabello brillante, casi compacto de tan suave y lacio, cortado a lo paje con profesional pericia en alguna peluquería cara, enmarcaba con desmayada indiferencia un rostro de nariz corta y labios abultados, seductores labios de niña mimada que sugerían mohínes y pucheros. Cuando se alzaba de la toalla y caminaba hacia la piscina lo hacía con los hombros echados hacia atrás y con una languidez elegante, no exenta de una aplastante seguridad. Y entonces el sol, al ceñirla, la vestía de una piel más dorada.

Al caer la tarde la piscina se quedaba vacía, el césped cambiaba de color y se ponía más oscuro. La sombra de una rama se alargaba a través de la fina hierba esmeralda y era aquél el momento que ella elegía para hacer sus largos, cuando ninguna otra bañista pudiera molestarla. El sol, descendiendo entre los árboles, incidía en el agua y se producía un deslumbramiento, un increíble fulgor amarillo y blanco. La mujer se bañaba en sol disuelto en agua, y cuando buceaba de lado a lado de la piscina, Eduardo disfrutaba persiguiendo con los ojos aquel espumante cuerpo de luz filtrada.

Al cabo de tres o cuatro días entablaron por fin una conversación. Cuando la vio llegar a la piscina, él comentó alguna intrascendencia sobre el calor, a lo que ella respondió con alguna nadería similar que él olvidó enseguida. Después hablaron de la urbanización, de la piscina, del trabajo de Eduardo, de la Federación... Le dijo que se llamaba Carlota. Llevaba poco tiempo viviendo allí, apenas cuatro años. El piso había sido el regalo de boda de los padres de su marido, y se habían trasladado a la urbanización inmediatamente después de casarse. A ella le había llevado un año decorarlo. Había sido una tarea agotadora, dijo sin el menor atisbo de ironía en la voz. Ella había estudiado decoración pero no trabajaba, al menos no de forma regular. De vez en cuando hacía proyectos para los pisos de conocidos, nada fijo.

Todas las mañanas, cuando ella llegaba a la piscina, mantenían una conversación trivial que nunca duraba más de tres minutos. A él le encantaba la voz de ella, grave y profunda, y la manera en que arrastraba las eses al hablar. Las mujeres de su barrio hablaban a gritos y la mayoría pronunciaban las eses como jotas. El cuerpo de Carlota iba señalando el paso del tiempo: más morena cada día que pasaba, más evidente el contraste dorado contra blanco en la divisoria de color que se intuía cuando, al ascender por la escalerilla de la piscina, la parte inferior del biquini se le movía de su sitio. Todas las tardes, Eduardo se ensimismaba viéndola nadar. Ella también lo miraba, de eso estaba seguro. De vez en cuando la sorprendía con la vista clavada en su persona, como si estuviera tasándolo. La mayoría de las veces ella, sabiéndose pillada, desviaba inmediatamente la mirada. Pero otras se la aguantaba y ambos permanecían retándose a los ojos durante un instante que a Eduardo se le hacía eterno. Cuando ella regresaba a su casa, se despedía de él con una sonrisa luminosa y amigable y un movimiento de cabeza mucho menos escueto que los que le dedicaba al principio.

Un mediodía, ella se quedó en la piscina después de las dos en lugar de subir a comer como tenía por costumbre. Se acercó a Eduardo, que estaba apoltronado en uno de los bancos, y se sentó a su lado. Le dijo que había empezado un régimen y que prefería no subir a comer a casa para no ceder a la tentación de la nevera repleta. Él protestó: ella tenía un cuerpo estupendo, era absurdo que intentara adelgazar. Carlota rió y le agradeció mucho el comentario. Entonces se acercó un poco más a él, de forma que Eduardo percibió el contacto de su piel, y le pareció que todo su cuerpo estaba concentrado en esa zona minúscula en la que la pelusa amelocotonada del brazo de Carlota rozaba su propio vello espeso y moreno, mientras aspiraba el olor de su cuerpo y de su cabello, mezclándose con el del césped y con el del agua saturada de cloro. Eduardo volvió la cabeza hacia ella y se dio cuenta de que sus ojos, enrojecidos por el desinfectante del agua, lo miraban de manera extraña, y se le ocurrió que en la expresión le quedaba algo de la niña precoz y animosa que sin duda debía de haber sido.

–Te ha picado una avispa –dijo ella, señalando un diminuto montículo rojo intenso que destacaba en el hombro de Eduardo.

–¿Esto? Esto no es de avispa –aclaró Eduardo–. Yo creo que es una araña.

–En casa tengo un repelente de insectos muy eficaz. Lo compramos especialmente para un viaje que hicimos a Senegal. Allí las picaduras de insectos son muy peligrosas. Puedes coger la malaria, o algo peor... ¿A qué hora abres la piscina?

–A las once –respondió él, confuso, porque no entendía a qué venía la pregunta–. Pero normalmente llego a las diez para limpiarla antes de abrir.

–Lo digo porque mañana, si quieres, puedes pasarte por casa a primera hora, y te lo doy. Yo me levanto muy pronto, porque mi marido sale de casa a las ocho y media, así que no te preocupes, no me despertarás ni nada por el estilo. A las nueve ya estoy presentable. Vivo en el bloque C, en el segundo C. Ce-dos-cé, como la marca de ropa. Es fácil.

Eduardo no conocía la marca de ropa, pero, en cualquier caso, hubiese sido capaz de memorizar la dirección aunque se la hubieran dado formulada en algoritmos. No se le escapaba el hecho de que Carlota habría podido traerle el repelente de insectos ella misma, y mucho menos la referencia a la ausencia de su marido. Durante todo el día luchó contra un anónimo espíritu de inquietud, un hambre febril de movimiento que le danzaba en la sangre. Aquel ambiguo comentario se le antojaba al momento como una invitación explícita, y al otro como un simple gesto amable, convertido en lo que no era por obra y gracia de su propio deseo. Aquella tarde Carlota se demoró en sus ejercicios más de lo normal. Antes de lanzarse al agua le dirigió a Eduardo una mirada de soslayo cargada como un revólver, y acto seguido se dobló en el aire, y, en un perfecto salto de cabeza al agua, penetró en ésta con tanta limpieza como un cuchillo. Después nadó y buceó como nunca, contorneando egipciamente su cintura y sus caderas con toda la gracia y la precisión de una sirena, y Eduardo no pudo evitar pensar que era a él a quien estaban dedicados los esfuerzos de aquel cuerpo ondulado, aquellas danzas acuáticas dignas de una Esther Williams.

Bloque C, segundo C. Se presentó allí a las nueve y tres minutos, según se leía en la pantalla de cuarzo de su reloj sumergible. Ella le abrió la puerta vestida con un traje liviano de rayas blancas y negras y lo condujo a un salón más grande que toda la casa que él compartía con sus padres y sus hermanos. El aspecto desnudo de la sala le resultó excesivamente austero, pero supuso que esa falsa pobreza se acomodaba a lo que ella entendía por buen gusto. Carlota le pidió que esperara y desapareció en busca del repelente. Volvió al cabo de pocos minutos con un frasco en la mano. El frasco era el macguffin de aquella película, pensó él, la excusa para desencadenar una acción en la que aquel recipiente, en realidad, no importaba absolutamente nada. La agresividad y la confianza en sí misma que Carlota transpiraba saturaban el aire. Ella se sentó a su lado y él, un tanto torpemente, le apartó el flequillo oscuro de la frente. Vista tan de cerca, resultaba mayor de lo que normalmente aparentaba. Unas arruguitas minúsculas le circundaban los ojos. Podía tener alrededor de unos treinta años, diez más que él. Aquella reflexión le duró poco porque de pronto ella adelantó la cara hacia él, y Eduardo, sintiéndose obligado a corresponder al gesto de alguna manera, apoyó la palma en una de las mejillas de Carlota, aprovechando para acariciarle suavemente el dorso de la oreja con el pulgar.

–¿Te molesta? –preguntó.

Carlota negó con la cabeza y le miró a los ojos. En el fondo de aquellas pupilas oscuras Eduardo captó un destello ininteligible. Con las yemas de los dedos, le acarició a Carlota las comisuras de los labios, que se curvaron ligeramente hacia arriba, en una sonrisa apenas esbozada, y después la besó suavemente en la boca, rozándola apenas, como había visto hacer al galán de alguna película. Ella respondió a la caricia y entreabrió los labios, casi se diría que involuntariamente. Permanecieron así un rato, mientras Eduardo esperaba ansioso a que ella prosiguiera, a que le cubriera por completo la boca con la suya, a que explorara con la lengua el interior húmedo, ya que él no se atrevía a hacerlo, por respeto, por vergüenza o por miedo. Y la espera se le hizo infinita y a la vez excitante, una especie de refinada tortura.

Pensó que no sabía casi nada de ella, ni siquiera su apellido. Qué más daba... Sabía de ella cuanto tenía que saber. Sabía, por ejemplo, de la tersura de los labios. Conocía el perfil de la boca, exquisitamente moldeada. Sabía que ella se sentía atraída por él, y aquella certeza actuaba como un acicate más para sus sentidos, añadiendo un nuevo aliciente a su ya sobreestimulada imaginación.

Carlota suspiró profundamente y fue ella, tal y como Eduardo había esperado, la que inmediatamente le rodeó el cuello con los brazos, la que presionó los labios –cálidos y tiernos, por supuesto– contra los de él. Él correspondió a su beso con tan firme decisión como pudiera esperarse de un macho de barrio, y descubrió que la saliva de ella era agridulce, un gusto familiar e inidentificable a la vez.

Se desplomaron abrazados sobre el sofá y Eduardo se maravilló de la naturalidad con la que ella asumía su propio deseo, sin inquietudes ni remordimientos, sin aparentes problemas de conciencia. Fue ella quien le quitó la camiseta, quien le recorrió el torso con las palmas de las manos, como si intentara aprenderse de memoria cada curva y cada músculo, quien enroscó sus dedos en el vello del pecho delimitando una línea fronteriza dibujada con remolinos azabache que le dividía el pecho en dos, mientras él permanecía inmóvil y –a qué negarlo– asustado. Habían dejado de besarse y Eduardo volvió a contemplarla de cerca. Sí, le resultaba mayor y menos bella que en la piscina. Pero Eduardo encontraba fascinante aquella imperfección: la mandíbula cuadrada, la nariz respingona y ligeramente desviada, los ojos –enormes, negros y separados– que parecían tan hambrientos. Por fin Eduardo se decidió a corresponder al abrazo y colocó las manos sobre cada uno de los pechos. Bajo el algodón, los pezones reaccionaron inmediatamente a aquel contacto, alzándose insolentes y curiosos.

Carlota ladeó la cabeza, inclinándola sobre uno de sus hombros, y él comenzó a besarle la garganta, trazando con su lengua un camino descendente por la curva del cuello, construido a base de pequeños circulitos enlazados que él dibujaba a lametones.

–Quítate el vestido –se atrevió a susurrar Eduardo.

Carlota se levantó del sofá y se plantó de pie frente a él. Se deshizo del vestido con mucha calma, con una lentitud exasperante: deslizó cada tirante del vestido por los hombros –primero el izquierdo, luego el derecho– dejando claro que no llevaba sujetador. Acto seguido, empezó a bajarse el trajecito, revelando poco a poco su cuerpo. Eduardo pensaba que Carlota se esforzaba todo lo que podía por prolongar aquel momento. Cuando el vestido cayó por fin al suelo, Eduardo adelantó la mano hacia ella e introdujo uno de sus dedos en el elástico de las bragas. Agarrándola de esta manera, la atrajo hacia sí.

Se quedaron situados el uno frente al otro, en paralelo, en el sofá. Ambos jadeaban y, sin darse cuenta, fueron acompasando los ritmos de sus respiraciones hasta que acabaron resoplando al unísono. Él llevaba unos vaqueros cuya bragueta se cerraba con botones, y que a Carlota le costó dios y ayuda desabrochar. Le quitó los pantalones y después los calzoncillos, deslizándolos cuesta abajo por sus muslos, como quien desenvuelve un regalo, y, por fin, se abalanzó sobre él (para Eduardo no existía otra manera de explicarlo). Se fundieron en un arco de sangre, un puente de latidos, mientras Carlota escribía en su piel una criptografía de cardenales y arañazos que él no podría ocultar en la piscina, como si quisiera gritar al mundo que aquel cuerpo había sido suyo.

–¿Vas a follarme o no? –le susurró al oído.

Su voz sonaba áspera y ronca, pero conservaba un matiz extrañamente sedoso. Eduardo se quedó atónito, incapaz de asimilar que Carlota –tan fina, tan elegante, tan señorita– hubiese articulado aquella frase. Alzó hacia ella una mirada inquisitiva y la encontró completamente roja, acalorada y sudorosa.

Carlota, que estaba bajo él, le revolvió el pelo suavemente y luego continuó acariciándole la espalda hasta que se detuvo en las caderas, para aferrarse después a su cuerpo con ambas manos y ambas piernas.

–Despacio –le susurró otra vez al oído.

Resultaba evidente que ella quería ser la maestra de ceremonias.

Eduardo contuvo el aliento mientras entraba en ella, calculada y morosamente, centímetro a centímetro, de forma que ella pudiera percibir cada diminuto avance. Sentía el miembro tenso al máximo, pleno de vigor y de entusiasmo a medida que entraba, y cómo las paredes de la vagina se contraían alrededor, como dándole la bienvenida, como invitándole a entrar, como intentando atraerlo hacia lo más profundo, y por fin se supo dentro, completamente dentro, en el légamo oscuro, casi fundido en ella. Y allí se mantuvo, rígido e inmóvil, sin desplazarse un milímetro.

Carlota agitó las caderas, impaciente, pero él permaneció inmutable, descansando en su interior, con las manos apoyadas en el respaldo del sofá para no perder el equilibrio. Y entonces, muy, muy despacio, haciendo gala de un control que a él mismo le maravilló, empezó a moverse con estudiada calma. Se retiró y volvió a entrar en ella como a cámara lenta, y a la segunda embestida hundió el miembro un poco más profundamente.

Poco a poco incrementó su ritmo, más rápido, más profundo, más rápido, más profundo, hasta alcanzar tal intensidad que Carlota casi perdía el equilibrio a cada nuevo impacto, y aquella fricción le provocaba a Eduardo un calor intenso que se le iba extendiendo por todo el cuerpo, un ardor que le crepitaba sobre la piel con fabulosos guiños de conquista. En un momento los cuerpos parecían pegados uno al otro, al momento siguiente él se despegaba. Carlota respondía a cada nuevo ataque con un profundo gemido, y a medida que él aceleraba el ritmo aquellos gemidos ganaban en volumen, hasta que Eduardo empezó a temer por los vecinos. Cuando comprendió que Carlota había perdido por fin su seguridad de siempre, aquel imperturbable dominio de sí misma, Eduardo se sintió enormemente poderoso, dueño de una energía que había conseguido derribar semejante fortaleza. Se emborrachó de aquella sensación de superioridad y dominio, y, sin poder evitarlo, sintió cómo se unía a ella en una especie de segunda voz acompañante. Y de repente, todo el contenido de la habitación pareció converger hacia el sofá, un gemido más intenso y agudo ascendió salvaje por su garganta, y cuando lo dejó salir –un ímpetu ciego que se le desbordaba mugiendo– se desplomó sobre Carlota, entre espasmos.

–Son las nueve y media –dijo Carlota, todavía bajo él–. Te da tiempo a tomar un café.

Julio pasó deprisa. De lunes a viernes, todas las mañanas, a las nueve, Eduardo se pasaba por casa de Carlota y repetía con ella la escena del sofá, con diferentes variaciones. A veces en el sofá, a veces en la cama, una vez sobre la mesa de la cocina, como Eduardo había visto en una película. Todo transcurría siempre rápida, precipitadamente, y Eduardo salía de la casa todavía sudoroso y casi incrédulo. En la piscina intentaba no mirarla, puesto que ella había insistido en que lo suyo debía quedar en secreto, pero no podía evitar que se le escapase alguna mirada de soslayo y alguna vez la sorprendió a ella devolviéndole la mirada, y entonces se sentía tan feliz, tan orgulloso, como cualquiera de los niños que jugaban por allí con un tiburón hinchable, aparentemente galáctico y obviamente carísimo, que su papá acababa de regalarles. Ella solía tumbarse al lado de sus amigas. Juntas hojeaban revistas de colores brillantes y cuchicheaban como alumnas de primaria, mientras la luz les resbalaba sobre los hombros como un vestido tibio. Alguna vez sorprendió a Carlota señalándolo a él con la cabeza, y a la rubia más rubia de todas –una mujer de grandes ojos azules desvalidos y pelo suave, echado para atrás, que huía en bucles– sonriendo con un guiño de complicidad. Nadie debe saber nada de esto, había dicho Carlota, y, sin embargo, era evidente que se lo había contado a su amiga, imaginaba Eduardo, henchido de vanidad. No puede evitar contárselo, no puede evitar hablar de ello, se decía

Eduardo, y entonces le invadía un mareo, un remolino de sol, porque él tampoco pensaba en otra cosa a lo largo del día sino en cómo cada mañana con sus manos, que ya no eran cuadradas y romas de hijo de charnego, sino manos de pianista, acariciaba a Carlota, intensa exploración de los sentidos en las ligeras yemas de sus dedos, moldeaba a Carlota, la templaba, la pulsaba y la afinaba, hasta extraer de su garganta las notas más agudas, los gemidos sostenidos con los que siempre culminaban las sinfonías amorosas de Carlota, y si pensaba en ello, en la piscina, tan lejos de Carlota, tan cerca de Carlota, apenas separados por la distancia intrusa que hay entre dos toallas, sentía transfundir entre sus venas un ligero calor enamorado.

Nadie debe saber nada de esto, había dicho Carlota mientras se cepillaba el cabello ante el espejo, sin mirarlo siquiera, sin mirar otra cosa que a su propio reflejo, a la negra masa dúctil que se levantaba en oscuras masas eléctricas, como hacía cada mañana después de gemir debajo de él, como si cepillándose el pelo se llevara por delante lo que habían hecho, prendido entre las púas del cepillo, y a Eduardo, que la miraba y la admiraba, absorto en la radiante oscuridad de los ojos de Carlota, del pelo de Carlota, mientras Carlota, sin dejar de cepillarse el pelo negro, repetía por enésima vez nadie debe saber nada de esto. Pero sí, los amigos de Eduardo lo sabían, él no pudo evitar el alarde: me la he tirado, tío, me la tiro cada mañana en su casa, te lo juro, tío, justo después de que su marido se vaya al curro, tío, y te juro que es la tía más buena que me haya follado nunca, nunca, tío, y no veas cómo me pone, tío, es la bomba, tío.

Y así transcurrió julio, fugaz como un silbido, el tiempo suspendido en el amplio pulso del agua, añil y tornadizo, y de lunes a viernes, todas las mañanas, a las nueve, Eduardo se pasaba por casa de Carlota.

Nadie debe saber nada de esto, había dicho Carlota, porque su marido, el mismo que todas las mañanas, a las ocho y media, se largaba de casa maletín en mano dejándole a Carlota vía libre para gemir debajo de un socorrista de barrio que acababa de cumplir los veinte años, aquel marido tonto o complaciente no sólo era un hombre celoso, sino también un hombre rico, y Carlota, se decía Eduardo, no tenía la más mínima intención de dar por terminado tan provechoso desposorio, y, sin embargo, de qué le servían al marido todos sus millones y la empresa de construcción que había heredado y que dirigía con implacable lucidez desde ese despacho al que llegaba cada mañana a las nueve en punto, de qué le servían si luego, en casa, no sabía hacer gemir a Carlota, y la dejaba ansiosa del consuelo de un socorrista de barrio que acababa de cumplir los veinte años.

Y así transcurrió julio, como el pulso del agua, añil y tornadizo, y Eduardo prendido de la radiante oscuridad de los ojos de Carlota, del pelo de Carlota.

Carlota se marchaba el primero de agosto de vacaciones con su marido, a hacer un crucero por las islas griegas. Eduardo nunca se había parado a pensar que su historia con Carlota, como toda historia, tocaría un día a su final; no se había parado a pensar que la vida no podría detenerse eternamente en un tiempo estival hueco de días, en el que cada mañana, de lunes a viernes, Eduardo definiría el contorno de la cintura de Carlota y gustaría del sabor a cloro en los labios de Carlota. El hombre que era Eduardo aceptó lo inevitable, entendió que no habría una vuelta en septiembre, que aquello se había acabado, que se había acabado para siempre, pero el niño que aún vivía en él se puso mustio de pronto a veintiocho de julio y no pudo evitar declararle a Carlota los tópicos de siempre en estos casos, que no sabía qué iba a hacer sin ella, ahora que se había acostumbrado. Carlota le tapó la boca con las manos y le dijo que no podían permitirse siquiera decir esas cosas, que ellos dos ya sabían desde el principio que su historia tenía los días contados y que no iba más allá de lo que había sido, una cosa muy bonita, algo para recordar en un futuro, y nada más. Que estaba casada y enamorada de su marido (aunque eso Eduardo lo dudaba muy mucho) y que nunca se había planteado sus encuentros de cada mañana como algo más trascendente de lo que era. Le dijo también que tenía un regalo para él, para que se acordara siempre de ella, para agradecerle lo bien que la había tratado, para corresponderle de alguna manera por haberla hecho sentir joven. Y entonces le entregó una caja envuelta en papel oscuro, y cuando Eduardo la desenvolvió y la abrió se quedó de piedra al ver aquel reloj de oro y acero, un reloj como el que podría llevar el marido de Carlota, algo que Eduardo no habría podido pagar ni con el sueldo del verano entero, un reloj que venía a recordarle que Carlota era rica y él no, y que, por mucho que ella hubiera gemido debajo de él, Eduardo nunca sería más que un charnego que no podía aspirar a conseguirla.

En agosto llegaron días resplandecientes de puro inútiles. Otra vez la chicharrera voraz, y el cielo suspendido como una colcha abrasadora, siempre tan azul, tan blanco, sólo alterado, muy de vez en cuando, por la grave ociosidad indiferente, la lenta parsimonia de unas nubes anémicas. Aquí y allá las manchas de sombra de los setos intensificaban, por contraste, el rigor del baño de luz, y, en medio de aquel paisaje cercado y soñoliento, Eduardo rumiaba a solas su nostalgia, su aburrimiento, la inútil complacencia en un deseo inútil, sus erecciones innecesarias y agresivas, sin destinataria, o, mejor dicho, con una destinataria que estaría dios sabe dónde, surcando un mar de nombre impronunciable al lado de un marido tonto o tolerante. La piscina estaba casi vacía. Habían amainado los gritos de los niños y al hervidero de voces y bromas infantiles lo había sustituido una calma asesina que dejaba a Eduardo aplastado en la toalla.

Las amigas de Carlota aún no se habían ido y la rubia más rubia de todas lo miraba con sus ojos grandes y bovinos, como si comprendiera. Apoyada de espaldas, reluciente de aceite, alzaba de vez en cuando la cabeza hacia él, pestañeaba como si el sol le hiriera en los ojos y fijaba la vista. Luego dejaba caer de nuevo la cabeza. Eran intercambios brevísimos que a Eduardo se le antojaban cómplices. Ella sabía, pensaba Eduardo; seguro que Carlota se lo había contado. Era posible incluso que lo compadeciera. Cuando ella regresaba a su casa, se despedía de él con una sonrisa luminosa y amigable y un ligero movimiento de cabeza, un ademán casi idéntico al que en su día le dedicara Carlota, y Eduardo pensaba que la educación de colegio de pago iguala los gestos de algunos (los que tienen dinero) para diferenciarlos de los de otros (los que no lo tienen). En los andares de la rubia se apreciaba la misma satisfecha y agradable languidez de los de Carlota, idéntico aire de propia estimación, pero la postura abandonada de sus hombros y caderas era mucho menos sugerente, y sus movimientos no eran tan precisos y bellos. Los dos cuerpos no se veían muy distintos, nalgas, piernas y pechos bien torneados por el ejercicio, pero Carlota era más esbelta y la rubia más opulenta. La amplitud de las caderas, el contorno dilatado de la cintura le conferían a la segunda cierto encanto sereno y reposado, en contraste con el aire astuto y vivaz de la primera.

A cinco o seis de agosto, cuando la tarde ya estaba vencida y no quedaba casi nadie en la piscina excepto la rubia más rubia, el socorrista y un puñado de niños inagotables, ella se sentó a charlar con él. La rubia se llamaba Gemma, y era la madre de alguno de los niños que correteaban por el césped. Era bastante bonita, más dulce que sensual, y, pese a su innegable belleza, no espectacularmente atractiva, o al menos no para Eduardo. Sus facciones eran del tipo que se ha dado en llamar clásico: una frente amplia, una nariz recta y una boca grave aunque carnosa constituían el marco perfecto para sus ojos húmedos y celestes, orlados de blanco en las pestañas. Sus cabellos relumbraban como terciopelo dorado. Eduardo sintió la súbita urgencia de acariciárselos, y tuvo que sentarse sobre las palmas de las manos para contenerse. La conversación derivó por los temas de siempre: el calor, el trabajo de Eduardo, la rutina diaria de Gemma, que había estudiado psicología antes de casarse y que había renunciado a la idea de trabajar para poder ocuparse de la casa y de los niños. Mientras ella peroraba con su voz profunda y calma, el claro día tenso se apagaba hacia la sombra, y la superficie del agua, sin más luz que reflejar que la de los últimos y mortecinos rayos del sol que huía de la tierra, adoptaba un tono inquietante y mineral. Y de pronto, antes de que Eduardo pudiese colegir cómo había podido suceder, sintió el tibio contacto de la mano de Gemma en el muslo.

–Carlota me contó... –empezó a decir ella, con un tono suave a la vez que poderoso, como el de quien recita una oración, y se detuvo, como si no supiera bien cómo seguir–. Quiero decir... debes de sentirte muy solo.

Él no dijo nada, intentando confirmar si de verdad estaba insinuando lo que él sospechaba. Pero Gemma mantenía la mirada fija en la figura de su hija que correteaba por el césped. Entonces se levantó muy lentamente, se acercó adonde estaban jugando sus niños (chico y chica, la parejita, pequeños los dos, él todavía un bebé, ella unos veinte centímetros más alta que él), tomó a la niña de la mano y al niño en brazos y, tras recoger sus cosas, desapareció con ellos por el sendero de piedra, hacia el portal.

Los niños que quedaban se marcharon y aún permaneció Eduardo un rato más frente al agua, solo, y pensó en lo fría y desamparada que se queda una piscina al atardecer. Cuando sintió que el frío empezaba a instalársele en los huesos, levantó la toalla y se marchó de allí.

Gemma nadaba de una forma muy diferente a la de Carlota. Apuraba los largos con suavidad, nada que ver con las fervientes brazadas de la amiga ausente. Al salir del agua se secaba el pelo rubio con la toalla, las piernas separadas, los codos en ángulo hacia arriba, ocultando en parte el rostro, y a Eduardo le daba la impresión de que toda aquella calma, la minuciosidad con la que ejecutaba cualquier pequeño gesto, le servían a Gemma para exhibirse, para dejarse desear, porque lo cierto es que Eduardo, al mirarla, sentía cómo le subía por la sangre una breve ráfaga encendida que devolvía a su carne la pujanza. Pero Gemma no era Carlota: calentaba, pero no quemaba. En esos dos días se intercambiaron miradas y sonrisas, y no fue hasta el tercero cuando, al caer la tarde, Gemma volvió a sentarse a su lado en aquel banco que Eduardo empezaba a considerar como suyo, y, sin el menor temblor en la voz, lo invitó a desayunar en su casa al día siguiente, a las nueve, después de que su marido se hubiese ido. No cabía duda: Carlota se lo había contado todo.

Llegó a las nueve, puntual como una sentencia. Gemma, envuelta en un albornoz blanco y con el pelo despeinado, olía a bollo recién hecho. Se llevó el dedo a los labios y en un susurro le indicó que no hiciese ruido, pues los niños dormían.

–Ayer les dejé ver la televisión hasta tarde –explicó.

A Eduardo se le ocurrió que podría haberlo hecho intencionadamente. Después ella lo tomó de la mano y lo condujo a su dormitorio.

Decorado en tonos pastel, turquesa y melocotón, e iluminado con suaves luces indirectas, no se parecía, desde luego, a ninguna otra habitación que Eduardo hubiera visto, aunque le recordaba a la estancia de alguna película, o a esas revistas de decoración que se hojean en la consulta del dentista. La cama, enorme, estaba rematada por un dosel de madera satinada, y cubierta por una colcha gruesa y opulenta, estampada con motivos florales, de un color albaricoque pálido. Una mullida moqueta color crema se extendía bajo sus pies.

Gemma se abrazó a él, sin besarlo. El calor de su rostro, de su aliento, y el roce de sus pestañas en el cuello conmovieron a Eduardo. Correspondió al abrazo estrechándola. Juntaron sus labios, después sus lenguas, y finalmente aterrizaron revueltos sobre la cama, desnudándose el uno al otro.

Gemma no era Carlota. Gemma llevaba bajo el albornoz un conjunto de ropa interior en algodón blanco, de apariencia sencilla pero cara. Eduardo alzó los brazos de Gemma, no Carlota, por encima de la cabeza y le quitó el sujetador. Acto seguido la despojó de las bragas y, cuando las yemas de sus dedos rozaron el monte de venus, supo que ella se estaba humedeciendo.

Gemma, no Carlota, lo apartó suavemente, se levantó, dobló la ropa interior y la colocó junto con el albornoz en el respaldo de una silla entelada a juego con la colcha. La silla, la colcha, la propia cama, le parecían a Eduardo el atrezzo de una obra teatral. Cuando Gemma, no Carlota, volvió a tumbarse, Eduardo, aferrando cada pierna por los tobillos, las separó todo lo que pudo para contemplarla expuesta ante él, abierta en canal como una res expiatoria, la víctima de un sacrificio ritual, perfectamente visible el botón rosado del clítoris, y se quedó muy quieto, de pie frente a ella, admirándola en silencio. Rubia por todas partes, habrían dicho en su barrio. Frente a Gemma, no Carlota, rubia por todas partes, Eduardo se sentía obligado a demostrar algo, a demostrar que él también se merecía una casa como aquélla, una habitación como aquélla, una mujer como aquélla, y la rubia seguía allí, quieta, sin decir nada, paciente como siempre, mirándolo con los enormes ojos serios y escrutadores, y esperó hasta que Eduardo, por fin, se decidió a romper su inmovilidad y se arrodilló frente a ella, con las piernas un poco separadas, de forma que mantenía cada rodilla en contacto con una de las pantorrillas de Gemma, firmes y doradas. Las yemas de los dedos se deslizaron desde la mandíbula de Gemma –ahora más Gemma que nunca, sin que fuera necesario el recuerdo de Carlota para hacerla brillar–, trazando una línea descendente por la línea del cuello hasta el hombro. La piel de los pechos era más blanca allí donde el biquini la había protegido del sol y de las miradas y los comentarios de la gente. Eduardo los acarició despacio, embobado, pensando que aquellos pezones rosa pálido habían alimentado a un niño. Era la primera vez que estaba con una madre, y frente a aquel misterio, galerías secretas y cavidades húmedas, frente a aquel bulto de vida se sintió pequeño, y se obligó a sí mismo a parecer más grande. «Cierra los ojos», susurró Eduardo, y ella obedeció sin rechistar. La sumisión de Gemma –sí, Gemma– era tan absoluta como si la hubieran atado a cada una de las cuatro patas de la cama. Los dedos de Eduardo ascendían por la cresta de sus pechos, remontando aquella cuesta y desviándose luego hacia el hueco de la axila, y después continuaron, muy despacio, dibujando una línea que coincidía con el perfil de su brazo. Al llegar a la mano fue acariciando, uno por uno, con cuidado, cada dedo. Después Eduardo deshizo el camino andado con los dedos y, cruzando apresuradamente el cuello, inició una exploración similar por el otro brazo. Se estaba tomando su tiempo, disfrutando del pudor de Gemma, tierna Gemma, que no se atrevía a moverse un milímetro. Se trataba de un ceremonial tan minucioso, tan exageradamente lento y elaborado, que Eduardo llegó a pensar que se correría sin ni siquiera tocarla. El contacto de la piel de aquella mujer, una piel suave que sugería cremas hidratantes y sales de baño y yogures de frutas y un marido respetuoso aunque ausente, resultaba cada vez más intenso y más caliente. Una vez explorados los dos brazos, Eduardo continuó jugueteando por el torso y el abdomen. Trazó un círculo alrededor del ombligo y Gemma, toda ella Gemma, involuntariamente, abrió un poco más las piernas. Eduardo ignoró aquella señal tan evidente, rodeó el pubis y se dedicó a acariciarle la cara interior de los muslos, el resto de las piernas acto seguido y finalmente los pies. Eduardo sabía muy bien que estaba húmeda y casi podía sentir sus fluidos derramándose, el sexo empapado y reluciente, pulpa roja de vida. Su propio miembro estaba tenso como las cuerdas de un violín. Gemma arqueó la espalda y adelantó la pelvis y Eduardo percibió claramente cómo ella contenía el aliento mientras él jugaba con los rizos del pubis, rubia por todas partes, aplastándolos contra su piel y liberándolos luego para aplastarlos otra vez. Por fin se decidió a lamerla. Primero paladeó apenas con la punta de la lengua aquel nudo de nervios, el botón de dicha, y supo que ya estaba en sazón, dispuesto a ser degustado. No, no sabía como las chicas de su barrio, a mar y a sal, ni siquiera sabía a perfume caro como Carlota. Gemma resultaba un poco insípida, demasiado limpia quizá, con su sabor de hogar, de densa duplicidad asumida, y Eduardo se cansó pronto del clítoris y se arrodilló frente a ella, su figura enmarcada por las piernas abiertas de Gemma. Se inclinó y cubrió el cuerpo de ella con el suyo. Permaneció tumbado sobre ella, apoyándose sobre los codos para no descargar sobre la frágil Gemma el peso de su cuerpo. La sentía bajo él, indefensa como un cordero lechal enfrentado al matarife, sin el menor control sobre la situación, mientras se preguntaba cuánto tiempo conseguiría mantenerse él en tan incómoda posición, con el miembro erecto apoyado en el sexo palpitante de Gemma, rubia Gemma, rubia por todas partes, como una bestia de presa que acecha un descuido de su víctima. Sus mejillas se rozaron y la sintió caliente como un horno. Vistos desde tan corta distancia, aquellos ojos azules aparecían iluminados por un brillo de fiebre que le hizo sentirse inmensamente poderoso. Muy despacio, comenzó a balancearse rítmicamente hacia adelante y hacia atrás, presionando el miembro contra el clítoris y arrancándole a Gemma, por fin, un gemido de impaciencia. La besó y, una vez vencida la inicial resistencia de los dientes, exploró a conciencia su interior. Presionaba con firmeza sus labios sobre los de ella, casi impidiéndole, intencionadamente, respirar. Ella se aferró a la almohada, anclándose con las piernas en el colchón. Adelantó la pelvis, las amplias caderas lunares, de cosecha, y en ese preciso momento él entró en ella. Ella lo recibió ansiosa, las paredes de la vagina se cerraron en torno a su miembro, apartó su boca de la suya y arqueó su cuerpo como un puente. Eduardo se movía dentro de ella, adelante y atrás, adelante y atrás, adelante y atrás, bombeando fluidos hacia aquel túnel húmedo que conducía a una gruta donde un niño acuclillado había dormido nueve meses chupándose el dedo, adelante y atrás, adelante y atrás, hasta que Gemma emitió al correrse una especie de sollozo estrangulado, adelante y atrás, adelante y atrás, aguantando unas cuantas, pocas, embestidas más, y cuando supo que iba a terminar se retiró precipitadamente de ella al eyacular, y esparció el semen sobre la colcha de color albaricoque, que quedó salpicada de motitas blancas. La abrazó muy fuerte contra sí, y la arrastró con él mientras se incorporaba. Gemma le rodeó a su vez el cuello con los brazos y le acarició cariñosamente la nuca, y él pensó en cómo, cuando era niño, su madre, una madre morena, grande, tosca, que no olía a crema hidratante sino a lejía, lo despedía cuando cada mañana se marchaba al colegio. Permanecieron abrazados durante unos minutos que parecieron siglos hasta que ambos dejaron de temblar. Después los cuerpos se fueron despegando poco a poco. Él se levantó primero y después le tendió la mano a Gemma para ayudarla a incorporarse. Se vistieron a la vez, en un silencio cómplice, y después Gemma se quedó mirando con expresión contrariada la colcha sobre la que habían estado tendidos, que, aplastada y delatora, revelaba todavía la huella del peso de sus cuerpos. El dibujo se veía más oscuro allí donde los jugos de Gemma la habían humedecido y, en algunos puntos emborronado por las motas blancas del semen de Eduardo.

–Espera aquí un momento –dijo ella en un susurro.

Se puso el albornoz y salió de la habitación cerrando cuidadosamente la puerta tras de sí. Al cabo de un rato regresó deslizándose de puntillas sobre el parquet, silenciosa como un fantasma.

–Va a haber que llevar hoy mismo esta colcha al tinte... Gracias a dios los niños no se han despertado –dijo como para sí misma, y añadió–. Procura salir sin hacer ruido. Por cierto, por hoy pase, pero a partir de ahora usaremos preservativo.

Y entonces algo se le desinfló a Eduardo por dentro al comprender que, en realidad, ella le había estado dirigiendo todo el rato.

El sexo con Gemma estaba hecho de susurros y precauciones, de pisadas de puntillas y puertas cerradas con llave, porque ella siempre temía que alguno de los niños se despertara y los sorprendiera. Perdía por tanto el aire travieso de los juegos de Carlota, pero ganaba en morbo y en misterio, ya que el temor de verse sorprendidos, suspendido sobre la cama como un puñal, los excitaba a ambos. Hubo pocos encuentros, y el asunto no llegó a durar una semana porque ella se marchaba el quince de agosto. En la piscina, Gemma mantenía el aire plácido y maternal, y seguía nadando con la misma tranquilidad de siempre, como si Eduardo no existiera. Las horas caían abrasadoras desde el sol y se hundían silenciosamente en el agua. Gemma hojeaba el *Hola* a ratos, y a ratos charlaba con las otras madres y las miraba sin expresión, los niños seguían correteando y jugando a dispararse con pistolas de agua, y la vida en la piscina mantenía en apariencia su amodorrada y apacible rutina. La mañana de su última visita, Gemma lo acompañó al quicio de la puerta y, al despedirse de Eduardo con un beso, no sin antes mirar a ambos lados de la puerta para comprobar que ningún vecino podía sorprenderlos, le puso un paquetito en la palma de la mano.

–No lo abras ahora –dijo ella–. Ábrelo cuando yo no esté.

Eduardo desenvolvió el regalo en el ascensor y se encontró con una caja que llevaba impreso el logotipo de una joyería. Dentro había un par de gemelos brillantes. Nada más verlos supo que eran de oro. Supo también que nunca los usaría, que acabaría vendiéndolos en una tienda de empeños. Gemma lo conocía muy poco. No había ninguna nota. No tuvo ocasión de agradecerle el regalo, porque aquel último día, el catorce de agosto, ella no pensaba bajar a la piscina, ocupada como estaba con los preparativos del viaje y las maletas.

A partir del día quince se había marchado casi todo el mundo. Hubo mañanas en las que la piscina se quedó completamente desierta y Eduardo se preguntaba qué hacía allí. Quedaba una señora que bajaba todas las mañanas, una de las amigas de Carlota y Gemma en la que ni siquiera se había fijado hasta entonces. Y no era de extrañar, porque probablemente era la menos atractiva de todo el grupo, y pese a todo, aún conservaba algo, un barniz reluciente de lo que algunos llaman clase y otros buena salud, y otros gimnasio, peluquero caro o esteticienne, que la diferenciaba de las mujeres del barrio de Eduardo y que la hacía, si no deseable, al menos interesante. Se trataba de una ex morena, reteñida de rubio, pero la piel y los ojos la delataban. Era más grande que alta, y de lejos podía haber pasado por tener buen tipo. Pero de cerca cierta blandura en los brazos y las piernas, cierta laxitud crepuscular, cierta pesadez de matrona, negaban la primera impresión y aportaban al conjunto un aire de insalubridad.

No tardaron mucho en establecer contacto, puesto que a veces se quedaban solos en la piscina y no tenían más remedio que mirarse e intercambiar sonrisas de solidaridad. Una tarde él estaba sentado en el bordillo, balanceando las piernas en el agua y mirando a la nada, cuando ella se sentó a su lado. Al principio reinó un silencio tenso y persistente, como el de los que esperan una mala noticia, y al final ella se decidió a romper el hielo, y dijo algo sobre lo sola que parecía la piscina ahora que los niños se habían ido. Acabaron charlando de lo de siempre, picoteando en los mismos temas que habían presidido las conversaciones con Gemma y Carlota, pero había una diferencia: esta mujer parecía prestarle más atención, y escuchaba con ansia patética cada una de sus palabras, como si antes o después fueran a revelarle el misterio para recuperar la juventud. En cuanto a Eduardo, bebía su admiración a sorbos agradecidos, paladeando los halagos sutiles que ella deslizaba en la conversación («Tú, que eres tan atractivo –decía ella–, a tu edad, tendrás muchas novias...»). De cerca, se notaba que había sido guapa. En cierto modo, todavía lo era. La frente amplia, los pómulos fuertes, la barbilla puntiaguda... le recordaban a Carlota. Pero lo que en Carlota era bello en ella resultaba casi amenazador porque sus rasgos marcados, no suavizados por la clemencia de la juventud, daban una impresión batalladora, como si cada facción se esforzara por dominar en aquel rostro, haciendo caso omiso de unos ojos apagados que no lograban imponerse.

Estaban solos, bajo un cielo descolorido y distante y unas pálidas nubes a la deriva. Cuando ella le acarició los bíceps con la punta del dedo índice, para subrayar un comentario lisonjero que estaba haciendo sobre sus brazos, Eduardo comprendió lo que iba a suceder. Pero ella no lo citó para la mañana siguiente. No le dijo que subiera cuando su marido se hubiese ido a trabajar. Porque su marido no estaba, ni sus hijos adolescentes. Estaban fuera, en Mallorca, pasando las vacaciones. Y Carmen –que así se llamaba la mujer–, con la excusa de una visita médica que no podía aplazar, había decidido reunirse con ellos un poco más tarde, a finales de agosto. Su marido y sus hijos sabían, en el fondo, que lo que ella quería era aprovechar el momento en que pudiese tener la casa para ella sola, para poder disfrutar de una soledad que se le negaba el resto del año, y no decían nada, porque tampoco la necesitaban. No comían en casa, y en Mallorca tenían una asistenta, así que ¿para qué les podía hacer falta una madre? A Eduardo le sorprendió la tranquilidad con la que aquella mujer exponía una situación que a él le resultaba un poco sórdida, y pensó si en su casa no estarían tratando a su madre de la misma manera. Pero desechó enseguida aquel pensamiento, porque bastante triste y solo se sentía ya. Se esforzó por contener aquella marea negra que amenazaba con desbordársele dentro y, cuando ella le invitó a tomar una copa, aceptó con una sonrisa. Se acercaba la hora de cerrar la piscina. Tenían el tiempo justo para que Carmen subiera a cambiarse antes de recogerlo.

Ella manejaba un coche grande, de anuncio, frenos ABS, elevalunas eléctricos y aire acondicionado, que se deslizaba por el asfalto vacío de gente como si patinara. El radiocasete del vehículo vomitaba una música absurda, algo pasada de moda, que Eduardo no supo reconocer. Se sintió fuera de lugar, y decidió que, puesto que no sabía en qué tiempo se movía, tampoco podía sentirse responsable de sus actos. No cruzaron palabra durante el trayecto. Finalmente Carmen detuvo el coche frente a la puerta de un bar que él no recordaba haber oído mencionar en la vida. Un aparcacoches se hizo cargo del auto.

El sitio mantenía ese aire de atemporalidad en el que Eduardo se había sentido sumergido desde que subió al coche de Carmen. Larga barra de madera, camareros con bandeja y pajarita, mesitas en penumbra, moqueta... y una mujer madura invitando a beber a un jovencito que podía haber sido su hijo, y que obviamente, a juzgar por las miradas que ella le dirigía, no lo era. Al cabo de dos vasos de whisky, Eduardo se sumió en una turbia semiconsciencia y, de repente, le pareció que las facciones de Carmen se suavizaban, y creyó ver bajo ellas a la joven interior, la réplica de Carlota que Carmen debió de haber sido en tiempos mejores. Le tomó la mano, y ella correspondió apretándola y acariciándole la palma con los dedos. Al cabo de un rato se levantaron y, todavía de la mano, atravesaron el local hacia la puerta ante la mirada impasible de los camareros. Eduardo seguía a Carmen sin decir palabra, como una res conducida al matadero. La tarde vencida había cedido ya su espacio a la noche.

La casa de Carmen tenía un salón muy grande, como la de Carlota, y estaba decorada en colores pastel, como la de Gemma. Eduardo se desplomó en un sillón enorme y blando mientras esperaba a que ella le trajera el vaso de whisky que le había prometido, y al mirar por el inmenso ventanal que daba al patio central vio la piscina, ahora negra y sombría, con la luna tiritando en la superficie, como un espejo inquietante de madrastra de cuento. Piscinita, piscinita, ¿quién es el más tonto de esta urbanización? Y en aquel momento regresó Carmen con dos vasos en la mano, los depositó sobre la mesita, se sentó a su lado, y tomándole por la nuca lo atrajo hacia sí. Antes de que él supiera lo que estaba pasando, la boca de Carmen se cerró sobre la suya como un cepo, y se sintió rodeado, atrapado, envuelto en ella, como si fuera un pozo enorme en el que hubiera caído. La asió con firmeza por los hombros y la retiró. Estaba harto de aquel deseo tránsfuga que iba de cuerpo en cuerpo, de todo lo que había perseguido como un idiota. Sustancias, posos, ilusiones, roces, ansiedades, engaños de gracia y hermosura, ficciones aladas, humo, nada... Todo lo que Carlota había aprisionado, sin saberlo, en el frágil reducto de su cuerpo. Todo lo que se había llevado. Porque al mirar a Carmen se dio cuenta de que a pesar del alcohol, y la luna, y las luces indirectas, el fantasma de Carlota, de todo lo que él había visto en Carlota, ya se había escabullido. Se enderezó y se dispuso a marcharse.

–¿Qué estás haciendo? –preguntó Carmen con tono de sargento, la mirada glacial y los labios apretados.

–Me marcho a casa –respondió él.

–¿Cómo que te vas? –volvió a preguntar ella–. Si todavía no hemos empezado...

Se irguió hasta plantarse frente a Eduardo, con los ojos candentes, la cara desfigurada por la rabia, y el aspecto de un ave de rapiña belicosa que se aprestara a saltar sobre él.

–¿Quién te crees que eres, niñato de mierda? ¿Acaso crees que no sé que has estado jugando al gigoló con media urbanización? ¿Te crees que yo no voy a pagarte, o qué? Mejor que cualquiera de ellas.

Y entonces a Eduardo le sacudió una convulsión galvánica que le cortocircuitó el cerebro, y antes de que supiera lo que había hecho había derribado a Carmen de un puñetazo seco y potente, que la tiró de espaldas sobre el sofá. Y allí se quedó ella, sangrando por la nariz y sollozando, mientras él, sin mirar atrás, recorría en tres zancadas el camino hasta la salida, y, dando un sonoro portazo, abandonaba la casa.

Por fin, Carmen reunió fuerzas para levantarse del sofá, se dirigió renqueando al ventanal y desde allí lo vio salir por el portal. El agua negra continuaba deslizándose en silencio, ignorante de la mujer que allí arriba, demasiado arriba como para que pudiera verla nadie, se estaba planteando saltar al vacío. Y el muchacho avanzó por la acera, dejando atrás el edificio blanco, soñoliento, suntuoso, sumergido en la húmeda claridad de la luna estival, y continuó avanzando con las zancadas largas de un cuerpo de veinte años, y las manos en los bolsillos, los puños cerrados de rabia, los nudillos blancos, las uñas clavándose en las palmas para intentar mitigar un dolor tan mediocre como inútil. Las lágrimas que no podía derramar escocían. Apretó los ojos, tragó saliva y se esforzó por enviar el recuerdo que lo abrasaba vivo a ese lugar perdido de la desmemoria, a ese desván espléndido de polvo donde se guardan sueños envueltos en telarañas, donde se pudren todos los veranos.

SED NON SATIATA

Eduardo no alcanza a comprender, por mucho que en el cursillo de Ultrasegur le hayan explicado lo que es la cleptomanía y que se trata de un desorden padecido, mayoritariamente, por el género femenino, por qué la mujer que, frente a él, oculta abatida la cabeza entre las manos con gesto de profundo desaliento se ha jugado el honor, la reputación, la propia estima o lo que sea; en cualquier caso, se ha arriesgado a que le pasara lo que le ha pasado, a vivir la humillante experiencia de verse requerida a la salida del establecimiento por dos fornidos agentes de Ultrasegur para conducirla a un cuartito y acusarla de ladrona, y todo por cinco vídeos, cinco películas pornográficas que en cualquier caso habría podido pagar sin problemas, porque en cuanto la han acusado, esa joven alta y delgada, de mirada inquietante y pómulos salientes, ha sacado su tarjeta de crédito dispuesta a enmendar el asunto sin tardanza. No, no ha sido por falta de dinero, evidentemente, porque se nota que a la joven no le falta, no se aprecia en nada especial, puesto que la chica no va vestida de marca ni lleva joyas ostentosas, aunque Eduardo, eso sí, es capaz de adivinar que la cazadora y las botas de cuero no las adquirió en un mercadillo, precisamente, y que el pelo corto, en apariencia descuidado, ha conocido el arte de tijera de un peluquero caro, y el caso es que el desahogo económico se le adivina quizá en los gestos, en la impostación modulada de la voz –un acento neutro que parece de presentadora de televisión–, en la forma de actuar y de moverse que le recuerda tanto a Eduardo a esas señoras elegantes y mimadas que vivían en la urbanización de lujo en la que trabajó de socorrista durante el verano.

Eduardo ya supone que la impresión que la chica le ha causado no será única, que su belleza provocará el mismo efecto en muchos hombres. Pero Eduardo está lejos de imaginar hasta qué punto ella es consciente de lo atractiva que es y lo poco que en el fondo, a ella le importa o le ayuda el impacto que provoca su imagen. Eduardo no sabe, por supuesto, que una vez, en una fiesta, apoyada en la pared con su fingida y elegante desgana de siempre, sosteniendo en la mano un canapé que no pensaba ni morder y en la otra una copa de champán (Raquel tiene por costumbre beber champán, muchas copas de champán en cada fiesta, y es que Raquel bebe mucho, demasiado, como todo el mundo –amigos, conocidos, agente, ex amantes– sabe), y refiriéndose a un joven, un periodista escuchimizado y anodino que llevaba gafas de concha y que no dejaba de mirarla, Raquel comentó entre risas: «El pobre debe de haberse enamorado de mí. Como todo el mundo». La joven modelo asegura que no recuerda haber dicho semejante cosa, pero su amiga Elsa sostiene que sí lo dijo, que ella misma la escuchó, y, además, Elsa utiliza esta anécdota cada dos por tres cuando tiene que explicarle a alguien las peculiaridades del carácter de Raquel. Oh, sí, Raquel gusta mucho a los hombres. Y a las mujeres. Raquel tiene un tipo excelente, una sólida carrera, una cuenta corriente saneada, unas amigas que la admiran y que la quieren o que no la quieren, y que, en cualquier caso, la llaman a todas horas, pero que no pierden ocasión de hacerle notar a quien esté dispuesto a escucharlas que Raquel, tan atractiva, tan chispeante, es *rarita*. Unas amigas empeñadas en contarle a todo el mundo que una vez, en una fiesta, apoyada en la pared con su fingida y elegante desgana de siempre, sosteniendo en la mano un canapé que no pensaba ni morder y en la otra una copa de champán y refiriéndose a un joven, un periodista que no dejaba de mirarla, Raquel comentó entre risas que el pobre debía de haberse enamorado de ella, *como todo el mundo*. Unas amigas que han acuñado un gesto de complicidad que no dice nada y lo revela todo a la hora de referirse a Raquel, ese encogimiento de hombros, esa mirada a lo alto, como quien alude a una intervención divina, y ese suspiro al que sucede la frase tantas veces repetida: *ya sabes, Raquel es así*.

En el curso de vigilante jurado, a Eduardo le explicaron que las cleptómanas no roban por dinero, o por necesidad, sino porque simbolizan el afecto por medio de objetos, esto es, algo así como que roban porque les falta cariño, o porque les gusta el riesgo, o porque quieren llamar la atención, el caso es que Eduardo no recuerda muy bien la explicación que le dieron. Y Eduardo se pregunta cómo una mujer tan atractiva como la que se sienta frente a él puede sentirse falta de cariño. De hecho, la han pillado por eso, por llamativa, porque en un principio sólo la enfocaron por guapa, y porque, naturalmente, les sorprendía un poco ver a una chica sola –una chica así– curioseando en la sección X. Estaban en el cuartito de vigilancia, aburridos de muerte frente a las veinte pantallas desde las que se controla todo el establecimiento, cuando Manolo, el compañero de Eduardo, se fijó en aquella morena espectacular y comenzó a manipular botones y palancas para conseguir que la cámara la enfocara y ampliara en zoom su imagen, y fue entonces cuando cayeron en la cuenta de que la tal bombón estaba robando un vídeo, introduciéndolo con disimulo en su enorme mochila de cuero. Y cuando la llevaron al cuartito se encontraron con que no se llevaba un vídeo, sino cinco, cinco películas porno para más inri, con lo que a la humillación que suponía haberla pillado en fragante delito –fragante y no flagrante porque la morena llevaba un perfume de los que provocan desmayos– se añadía la cuchufleta de Manolo, las preguntas de doble sentido que le hacía a la chica («Y dime, bonita, ¿pensabas verte las pelis sola o acompañada? Porque si necesitas compañía...») probablemente para ocultar la mezcla de miedo, incomodidad, sorpresa y excitación que le provocaba la idea de que una mujer tan guapa se dedicara a robar vídeos de contenido sexual explícito. Pero a ella parecían no importarle ni mucho ni poco las preguntas de doble sentido ni las sonrisas irónicas, y no porque pareciera muy segura de sí misma, ni muy por encima de todo aquello, sino porque daba la impresión de que se encontraba profundamente abatida, consumida por una pena tan honda que, en comparación, aquel humillante incidente no revestía la menor importancia. La chica contestaba a las preguntas con desgana, como si la cosa no fuera con ella, como si tuviera asuntos mucho más importantes en los que pensar. Les dio su carnet de identidad para que le hicieran la ficha pertinente –de forma que, si la volvían a sorprender en una situación parecida, la denunciarían en toda regla– y accedió a pagar los vídeos con la tarjeta de crédito, tan tranquila, como esforzándose por demostrar que nadie puede vivir tan peligrosamente como para que al final la redención no le tienda la mano con sus exigencias. No parecía nerviosa ni avergonzada, sino infinitamente triste, y a Eduardo le resultaba obvio que su tristeza nada tenía que ver con el hecho de que la hubieran sorprendido en el acto de sustraer ilegalmente unos vídeos, unos vídeos de contenido erótico por más señas.

Eduardo se pregunta si estará casada. La chica no lleva alianza, pero eso no quiere decir nada hoy en día. (De hecho, no lleva ningún anillo. Quizá los encuentre molestos.) Le parece probable que lo esté. Se la imagina casada con un hombre inmensamente rico, mucho mayor que ella, un hombre que podrá sentirse orgulloso de su casa en Cadaqués, de su velero, su biblioteca, su afgano y su bellísima esposa. La joven tiene el aspecto de ser una compañera deliciosa, dispuesta a ir a cualquier parte en cualquier momento, el tipo de mujer capaz de dotar cualquier acontecimiento ordinario de un halo de aventura, la más agradable defensa contra el agobio de la rutina. Tan guapa, tan elegante, tan serena, incluso en una situación tan delicada como aquélla. Eduardo piensa que si él estuviera casado con una mujer semejante a ella nunca la pillarían robando nada. Ya se ocuparía él de mimarla y de tratarla como a una reina para que no se sintiera ni triste ni desamparada ni falta de afecto y no tuviera que ir robando chismes por ahí. Pero las mujeres como ella no se casan con tipos como Eduardo, aunque a veces se acuesten con ellos.

Amigos, amigas, agente, conocidos, ex amantes, todos ellos saben del carácter imprevisible de Raquel, capaz, como el más caro de los coches de lujo, de pasar de cero a cien en cinco segundos. Ya saben de sus rabietas, de sus depresiones, de sus llantinas, de sus llamadas agónicas en mitad de la noche. Pero también conocen su contagioso sentido del humor, su ironía electrizante (bien que avinagrada y rencorosa), su desparpajo, su vitalidad, ese fuego interior que la hacía refulgir hasta hace bien poco en aquellas fiestas en las que, con elegante y fingida desgana, permanecía apoyada en la pared esperando tan tranquila a que cualquiera de los jóvenes que no podían apartar los ojos de ella le trajera una copa de champán. Y fue por eso por lo que nadie pudo entender que Raquel, de la noche a la mañana, se desmoronara como un edificio dinamitado, y adelgazara a ojos vistas, y se negara a acudir a las fiestas, a iluminarlas desde una esquina con su elegante y fingida desgana, y se echase a llorar en los momentos más inoportunos –en mitad de una sesión de fotos, por ejemplo– sin razón aparente. Pareció secarse, encogerse, en cuestión de unos meses. Era como si su conversación, su espíritu, su presencia, hubieran perdido la viveza y la luminosidad que la caracterizaban, dejando paso a una nueva Raquel siempre cansada y triste, una Raquel plañidera con ojeras de virgen dolorosa, una Raquel tan elegante y bella en su tormento, eso sí, una Raquel de expresión indiferente, de ojos ciegos al entusiasmo o a la vida, una Raquel que miraba a la cámara con desdén, como si hubiera agotado todas sus posibilidades y ya poco pudiera importarle que la retrataran o no, una Raquel que aún seducía desde las páginas de papel couché con su look *heroine chic*.

Esas cosas pasan, comentaban algunos, y cuando alguien habla del caso de Raquel –y mucha gente habla del caso de Raquel, y mucha gente se cree con derecho a opinar sobre ella puesto que al fin y al cabo Raquel es famosa, o casi famosa– siempre hay alguno que trae a la conversación alguna historia de una conocida, una cuñada, una antigua compañera de trabajo, que de la misma manera pasó de ser un ángel a un fantasma, y se hundió en la más negra de las depresiones a cuenta de un amor contrariado. Al parecer –o eso se oye decir en los corrillos, mientras los camareros aparecen por el fondo con bandejas repletas de *delicatessen* y se aprecia cómo, entre las abarrotadas aguas de la concurrencia, una corriente de glotones se desplaza en pos de los canapés–, la modelo había perdido la cabeza por un don nadie, un publicitario con el que había estado liada, que no era particularmente guapo, ni rico, ni llamativo, pero, ya se sabe, estas cosas pasan, estas cosas pasan.

La joven modelo famosa o casi famosa es una mujer de carne y hueso, tan de carne y hueso que muy poca gente la relaciona a primera vista con la imagen de la joven atormentada en blanco y negro que ilustra en las revistas el anuncio de un perfume muy chic y muy de juventud juvenil, y es por eso que a Eduardo su cara le recuerda intensamente a alguien, pero es incapaz de precisar con exactitud dónde diablos la ha visto antes. Cuando no trabaja, Raquel se pasa días enteros en casa, acurrucada bajo las sábanas, dejando correr las horas mientras los platos sucios crían hongos en el fregadero y el contestador graba las voces de todas las personas que tratan de localizarla en vano. Llora mucho, y, cuando se cansa de llorar, recurre a una pastilla que la abotarga lo suficiente como para que las horas puedan seguir transcurriendo sin que se note su presencia. Chapotea en la ciénaga fangosa de la autocompasión, hundiéndose más y más a cada pensamiento. La habitación en penumbra –deja las cortinas permanentemente echadas en un intento vano de combatir ese intenso dolor de cabeza que amenaza con trepanarle las sienes– le parece un cementerio repleto de las calaveras y los esqueletos de las esperanzas de otro tiempo. En el pasado ha sido infeliz, a veces incluso tan infeliz como ahora, pero si entonces le acometían tentaciones de acabar con todo, al menos el asunto era suyo en exclusiva. Ahora le toca vivir con la deslumbrante luz de la fama enfocada sobre su desgracia. Imagina los titulares del papel couché –trágico suicidio de una modelo– y empieza a pensar que su fracaso o sus ganas de acabar con todo ya no le pertenecen en exclusiva, y esta idea la asquea. Eso sí, a veces sale, se esconde en bares, en esquinas de locales muy poco iluminados, y bebe mucho, mucho, mucho, para recuperar su antigua valentía. Entonces, durante un breve y luminoso segundo, Raquel vuelve a ser la que era, la misma que, atrayente como es la cadencia de sirena de su voz arrastrada y pastosa, enamora a unos y otras sin proponérselo, o proponiéndoselo a veces. Bebe para seguir siendo amable, se droga para poder dormir, se priva de cosas por temor a quedarse sin dinero, y luego lo gasta a manos llenas por miedo a perder todo lo que el dinero le puede dar. De vez en cuando le toca enfrentarse con su imagen en los espejos de los bares –esa chica alta, morena, delgada, que recuerda de lejos a Sigourney Weaver– y se sorprende mucho. Se mira y no se reconoce.

Raquel no admite fidelidad ni a una familia, ni a un obispo, ni a un banco ni a un presidente. Su amor fue la única patria a la que perteneció, la única autoridad que asumió, amarrada a él por una dependencia que sus amigas, sus conocidos, su agente y sus ex amantes calificaron unánimemente de neurótica. Entonces le daba igual. ¿Acaso no es neurótico perder diez horas diarias en una oficina enfrascado en un juego de competencia y suma cero para reafirmar el débil ego de uno? ¿Acaso no es neurótico embarcarse en una relación que establece el control sexual de la persona a la que teóricamente se ama, y que equipara amor a la restricción de la vida sexual, la intimidad y la privacidad del amado? A su alrededor, ejecutivos de medio pelo mantienen a mujercitas que no hacen otra cosa en todo el santo día que leer el *Hola* y llamar por teléfono. Cualquier relación sexual fuera del lazo del matrimonio se condena, cualquier signo de independencia se recrimina. Cuando piensa en este tipo de relaciones, Raquel casi se siente orgullosa de su esclavitud. Al menos fue emocional, libre, asumida, sin estar condicionada por ningún imperativo económico o social. Nunca hubo una mártir que fuera con tanto valor al suplicio como Raquel a la hoguera que ella misma se preparó.

Raquel ha recorrido el mundo y sus contornos. Ha desfilado en Milán, en París, en Londres y en Nueva

York, y ya sólo viaja en clase business. Ha conocido cuerpos de hombres y mujeres. Ha sabido lo que es sufrir de amor y ha hecho sufrir a otros. La persiguen los ojos de los justos y un huracán de lenguas venenosas; una cohorte de amigas que han acuñado un gesto de complicidad que no dice nada y lo revela todo a la hora de referirse a Raquel (ese encogimiento de hombros, esa mirada a lo alto, como quien alude a una intervención divina, y ese suspiro al que sucede la frase tantas veces repetida: *ya sabes, Raquel es así*); y un batallón de desconocidos aburridos que se creen con derecho a opinar sobre ella puesto que al fin y al cabo Raquel es famosa, o casi famosa.

Y ahora, si se contempla, no se reconoce.

Cuando Raquel avanza por la calle y examina los rostros de todos esos hombres y mujeres, todas esas chicas y chicos que parecen felices, que no necesitan pastillas para dormir, que no se levantan con los ojos llorosos cada mañana, que no sienten extrañas náuseas sin razón aparente, que no fantasean a cada minuto con la idea del suicidio, Raquel se pregunta ¿seré yo tan rara?, ¿es culpa de mi educación, de mi ambiente, de mi entorno?, ¿o acaso está impresa en mis genes esta insatisfacción constante, esta intrusiva tendencia a la melancolía, esta incapacidad de superar los abandonos? No, Raquel no está casada, como piensa Eduardo. Pero su amor lo está. Raquel intenta no pensar más en él. Aquel presunto don nadie, aquel director de arte con el que había estado liada, que no era particularmente guapo, ni rico, ni llamativo –pero ya se sabe, estas cosas pasan, estas cosas pasan, y una no siempre va a elegir a quien le conviene–, que no tenía obligación de quererla. Jaime no podía quererla. Jaime es egoísta, o tonto, o insensible, o, más sencillamente, Jaime no podía borrar de golpe una programación impresa en su cabeza, palabra a palabra, gesto a gesto, durante treinta y muchos años. Jaime tenía otras lealtades irrenunciables, por nocivas o estúpidas que fueran. Jaime está casado. Jaime ya no es parte de ella. Es una pena que Raquel no consiga volver a sentir lo mismo, la misma admiración, la misma compenetración con ninguna otra persona. Es una pena que Raquel se sienta tan inmensamente vacía. Pero ¿por qué ahora?, le dicen sus amigas (las mismas amigas que han acuñado un gesto de complicidad que no dice nada y lo revela todo a la hora de referirse a Raquel: ese encogimiento de hombros, esa mirada a lo alto, como quien alude a una intervención divina, y ese suspiro al que sucede la frase tantas veces repetida, *ya sabes, Raquel es así*), precisamente ahora, en tu mejor momento, cuando tu carrera va viento en popa, y se pelean por ti en todas las agencias, y estás trabajando tanto... ¿a qué viene darle tantas vueltas a las cosas? Raquel lo intenta. No acercarse al teléfono a marcar ese número que no puede olvidar por mucho que lo intente, respetarse más a sí misma, repetirse ante el espejo todas las mañanas, en voz alta, lo mucho que se quiere.

Pero Raquel se mira y no se reconoce, de la misma manera que Eduardo no acaba de reconocerla porque, por mucho que esta Raquel sea la misma Raquel que posó en su día para aquella foto en blanco y negro, un abismo de vértigo se abre entre el decidido glamour de la imagen que vendía aquel perfume y el aire de abandono de la chica a la que han pillado robando cinco vídeos.

¿Qué tienen todos esos hombres y mujeres que parecen felices? ¿Qué secreto resorte de entusiasmo lleva escondido dentro la portera de su inmueble que la impulsa a cantar todas las mañanas mientras barre las escaleras? ¿Por qué el chico de la tienda de vinos parece tan satisfecho de haberse conocido? ¿Cómo lo han hecho esas jovencitas arrastracarritos para engañar a un macho que las preñe y se ocupe de ellas y de su prole? Raquel se encuentra con sus rostros en las aceras y se los queda mirando fijamente hasta incomodarlos, intentando desentrañar el misterio de su aparente acomodación al mundo, una mirada o un gesto que le recuerde a sí misma tal y como era antes de Jaime, cuando no era feliz del todo, pero no vivía hundida. Una mirada o un gesto en el que se reconozca, y que disminuya de algún modo el vacío que se abre entre su presente y su pasado, o al menos que sirva de material para fabricar un puente de ilusiones o de falsos recuerdos entre ambos.

Raquel abre su mochila, esa misma mochila en la que había ocultado cinco vídeos, cinco, de contenido sexual explícito, y extrae una cajetilla de tabaco. En teoría, había dejado de fumar hace tiempo, pero lo cierto es que en la última semana ha retomado el vicio con renovado ardor y consume cajetillas a un ritmo vertiginoso, porque ¿qué puede importarle ya la salud de sus pulmones o la posibilidad de contraer un enfisema si lo cierto es que no sólo su salud, sino su vida, han dejado de importarle? Mientras espera a que el agente de Ultrasegur rellene la ficha que pruebe que Raquel no sólo es una ratera, sino una ratera chapucera por más señas, porque se ha dejado pillar de la manera más tonta, Raquel saca un cigarrillo y busca en las profundidades de la mochila un mechero que no encuentra. Entonces la deslumbra una repentina llama frente a los ojos, y es que el otro guardia de seguridad, el más joven, acaba de ofrecerle fuego en un ademán caballeroso digno de un hombre que toma las decisiones adecuadas en los momentos precisos, en la mejor tradición bogartiana, un gesto romántico y cínico a la vez. Lástima que Raquel, tan ensimismada en sus pensamientos, no haya apreciado la elegancia del detalle y haya permanecido con la mirada fija en ninguna parte, sin dignarse siquiera a darle las gracias al amable joven.

Pero en realidad Eduardo no espera siquiera que ella le agradezca el gesto. Ha adivinado que algo grave le sucede a la muchacha. Una corriente sutil, mágica, le atrae hacia ella, sin que apenas él mismo lo advierta. La chica es tan delgada como un tallo, de una escualidez que la hace parecer desprotegida y casi irreal, y fuma con gesto lento y orgulloso, la cabeza levantada y el largo cuello echado hacia atrás, esforzándose, es evidente, por aparentar una dignidad extraña e inútil, que no la redime de su obvio desamparo porque la pobre parece a punto de partirse en dos. Ese aspecto, que combina a la vez fuerza y desvalimiento, y la expresión de gravedad prematura de su rostro, ese extraño miedo de niña solitaria que la morena transmite, han despertado la compasión de Eduardo, un instinto atávico de protección. Le parece que nunca ha sentido una sensación parecida, agridulce, que ni siquiera se atreve a confesarse, una rara desazón que lo corroe por dentro, como si quisiera detener los latidos del propio corazón. Encuentra el perfil blanco de la chica, la nariz breve y fina y la sombra de las pestañas bellísimos, casi sobrenaturales. Y de repente ella alza la mirada y sus ojos se encuentran por un segundo y Eduardo siente la punzada de las dos niñas negras y fijas, intensa como una quemadura. Las pupilas transmiten un miedo frío, una angustia de vacío que le impresiona, como si la muchacha albergase un montón de historias desapacibles dolorosamente guardadas en los ojos.

Quizá, se dice Raquel, la gente normal, la gente feliz, *los otros*, no aspiran a una vida tan intensa. Quizá se conformaron con lo que encontraron. No son adictos a las emociones fuertes. No aspiran a que su amante sepa hablar de cuadros y de libros y de composiciones de Stravinsky, y sea perfecto en la cama, entregado, perverso, imaginativo y sofisticado. Les basta con vivir el día a día y no esperan hallar fuera lo que no tienen dentro. Este chico, por ejemplo... y Raquel repara por vez primera en Eduardo cuando alza la cabeza y sus miradas se cruzan, aunque sin prestarle, por supuesto, más atención de la que merece a sus ojos, o sea, la mínima. Seguro que este chico, se dice, tiene una novia encantadora que será peluquera o trabajará de cajera en esta misma tienda, y seguro que no pierden el tiempo hablando de música ni de cine ni de arte, y seguro que están tan a gusto el uno con el otro, y seguro que son mucho más felices que yo. No, si lo que siento yo es un síndrome de abstinencia. He perdido mi droga, eso es todo.

Raquel desearía tener hijos, un hombre a su lado, sí, un hombre, un hombre fiel y sólido y amable, como recién salido de un anuncio de Nescafé, y le parece absurdo pensar que sólo un hombre pueda ser su pareja y no sabe si está mimetizando el modelo familiar que ha conocido (o que no ha conocido) o si es que Jaime ha dejado una impronta tan indeleble que desde ahora estará condenada a buscar algo parecido a él. Quizá, se dice, no es más que una víctima de los medios de comunicación. ¿Acaso no dicen que hay millones de jovencitas anoréxicas que se embarcan en una espiral de hambruna sólo por mímesis, por asimilación de los modelos que les graba en el subconsciente una pesadilla mediática? Raquel prefiere no creer que una niña todavía impúber haya dejado de comer sólo porque haya visto su foto en el *Elle*, aunque es cierto que desde que Jaime la dejó y Raquel dejó a su vez la comida recibe muchas más ofertas de trabajo. Raquel se está quedando en piel y huesos. Cuando se mira no se reconoce.

Quizá, al igual que esas chiquillas, ella ha asumido un modelo equivocado, y a fuerza de ver culebrones y películas de amor y anuncios con parejas heterosexuales de jóvenes guapos y delgados que se quieren, y se besan, y se desean, y que incluso follan delante de la cámara, haya acabado por pensar que la vida no tiene sentido sin pareja, y que ella está incompleta sin un hombre a su lado, y seguro que ése es un pensamiento ridículo, se repite Raquel intentando creérselo, intentando convencerse a sí misma, seguro que ella puede vivir tan bien sola como acompañada. Al fin y al cabo, lo que echa de menos de Jaime (su cultura, su gusto, su elegancia, su sentido del humor...) lo podría buscar dentro de sí. Está segura de poseer las mismas cualidades que tanto le llamaron la atención cuando las encontró en otra persona. Se reconoció en otro, eso es todo.

Y sin embargo, ahora, cuando se mira no se reconoce.

Al final, lo único que queda, la única fuerza que sostiene y empuja, aunque una no sepa bien ni por qué ni hacia dónde, no es el perseguido amor, ni su recuerdo siquiera, no ese intento, imposible por definición, de comunión de almas. El único motor, total y solo, que acaba guiando los pasos de cada uno, de las Raqueles y los Eduardos y de tantas otras personas, es –triste decirlo, pero cierto– la inercia, la voluntad, posiblemente genética, de supervivencia.

El vacío de Raquel es el mismo vacío de otras tantas mujeres que han perseguido en vano un consuelo, un sostén, un sedante, un narcótico; es el mismo vacío de tantas mujeres, de esos mil millones de condenadas destinadas a habitar un lugar solitario desde donde no se escuchan sus llamadas a los ecos que dispusieron a su alrededor desde que nacieron, incrustadas en un mundo que les resulta tan extraño como extrañas le son ellas al mundo. Y no hay Jaimes ni Eduardos que puedan suplir esa carencia.

El amor se alimenta de fuegos enterrados, de fragores ocultos, de brasas escondidas, de ascuas atesoradas, que no pueden vencer el frío intenso, esa capa de escarcha brillante y diamantina, de un corazón helado. Raquel ha visto sin embargo arder piel contra piel, ha visto llamear las grupas abrasadas, perladas de sudor. Ha visto hervir la vida, incendiarse la noche. Aunque después de aquello no quedaron rescoldos, solamente cenizas. Porque la felicidad, se repite Raquel cada noche, no existe, no es un estado del alma, sino un impulso fugaz, como un orgasmo: puntual, efímero, y estrechamente ligado a otro.

Pero hay que sobrevivir al naufragio, se dice Raquel. Olvidar ese espejismo romántico. Recomponerse, aguantar a solas con una misma. Es ésta la única esperanza, la estación final y la más pura. Ni el amor ni los besos la corrompen.

Y ahora, se dice, levántate, pon buena cara, manténte erguida, y sal de aquí con dignidad, como si nada hubiera pasado, porque, en realidad, nada ha pasado. Nunca pasa nada. Y sale del cuartito indiferente a la mirada intensa de Eduardo, completamente ignorante del hecho de que está dejando atrás una posible solución a sus problemas. Poco imagina Raquel que Eduardo estaría dispuesto a convertirse, sin dudarlo un segundo, en un hombre fiel y sólido y amable, como recién salido de un anuncio de Nescafé, y que estaría dispuesto también a preñarla y a ocuparse de su prole y a dormir a su lado todas las noches. Pero las mujeres como Raquel no se casan con hombres como Eduardo, aunque a veces se acuesten con ellos y a la mañana siguiente pretendan olvidarlo, o convencerse de que todo en el fondo fue el resultado de un exceso de champán.

O de desesperación.

NOCTURNALIA

Adivinó a Raquel en la cola del cine. Había acudido solo, porque en el último momento Gemma, que había prometido acompañarlo, se echó atrás. Aseguraba que las tareas de la casa la agotaban, y que no le quedaban fuerzas para salir de noche. Jaime, desanimado ante la idea de una velada doméstica en la que, como de costumbre, no intercambiarían más de diez palabras, resolvió finalmente salir por su cuenta.

Raquel no le vio –quizá fingió no verlo– enzarzada como estaba en una animada charla con su acompañante, una pelirroja algo llenita, e innegablemente atractiva. Raquel se había cambiado el peinado: llevaba el cabello un poco más largo que de costumbre, desflecado, y algunas de las mechas del flequillo le llegaban justo a la altura del mentón y le enmarcaban el rostro, suavizándolo. Jaime pensó que probablemente el cambio de imagen respondía a las exigencias de su agente. Una de las obligaciones de las modelos, ya se sabe, consiste en reinventarse continuamente. Desde la impunidad que le facilitaba su situación (iba cinco cabezas por detrás de ella y era poco probable que la chica pudiese reparar en su presencia), observó con detenimiento los efectos que había producido el cambio, y finalmente dictaminó para sí que Raquel estaba más favorecida. El cambio de peinado, o la soledad, le habían sentado bien. Decidió no comprar la entrada, olvidarse de la película que quería ver y volver a casa. No quería encontrarse con Raquel en la sala o a la salida del cine.

En el coche la imagen transformada de Raquel lo persiguió durante todo el camino de regreso. Raquel llevaba un traje blanco de verano, y, desde la distancia, Jaime había encontrado en su silueta un cierto parecido con una foto conocida de Marilyn Monroe.

Al llegar a casa, colgó el abrigo y se dirigió a su despacho. En su mesilla de trabajo reposaba el libro que estaba leyendo, una biografía de Isak Dinesen. Buscó la foto. Karen Blixen conversaba con Marilyn Monroe y Marilyn la observaba con la misma expresión con la que Raquel había estado mirando a su acompañante en la cola del cine: una mezcla de asombro, admiración y timidez.

Raquel no sabía quién era Karen Blixen. Lo cierto es que Raquel no leía mucho. Lo intentaba con toda su buena voluntad, eso había que reconocérselo. Comenzaba muchos libros, pero sólo conseguía terminar los guiones que le enviaban. (Como la mayoría de las modelos conocidas, recibía constantes ofertas para trabajar en el cine, pero ella había rechazado sistemáticamente todas las proposiciones, aunque no había dejado de leer uno solo de los argumentos que su agente le había hecho llegar, por muy malos que fueran.) Prácticamente no había leído una novela hasta los diecisiete años, cuando tuvo que hacerlo por exigencias del temario de literatura del instituto. Poco acostumbrada como estaba a los libros, le resultaba muy difícil concentrarse en las letras, y a pesar de su buena voluntad, se eternizaba con la lectura. Eso sí, compraba muchos libros de arte y se aprendía de memoria los títulos de todos los cuadros reproducidos. Jaime nunca había comprendido cómo podía ser que su mejor amiga fuese, precisamente, una escritora. En realidad él no podía saber mucho de las razones o el desarrollo de aquella amistad, de qué hablaban o dejaban de hablar Elsa y Raquel, de qué experiencias o intereses comunes podían participar, puesto que en todo el tiempo que estuvo saliendo con la modelo ella jamás le había presentado a su amiga. Sólo sabía de su existencia a través de lo que le contaba Raquel, de lo que rumoreaba la gente –historias sobre una presunta relación sentimental que las unía o las había unido y que Jaime prefería ignorar– y de los mensajes grabados por Elsa que había escuchado en el contestador automático cuando Raquel lo conectaba al llegar a casa.

Nunca le había importado que Raquel no leyera. Había terminado por aceptar que no compartirían las lecturas como no compartían muchas otras cosas: las amistades, la casa, el pasado. A él no le importaba que Raquel no supiera que Isak Dinesen y Karen Blixen eran la misma persona.

La abuela de Karen Blixen exigió en su testamento que se grabara el siguiente epitafio en la lápida de su tumba: «Vivió días horribles, pero sus noches fueron hermosas». No se refería a lo que hoy nos parece más obvio. En el siglo XIX, y tratándose de una dama de alcurnia, ni siquiera se hubiera concebido tal interpretación. Al mencionar sus noches, se refería a sus sueños, a los paisajes que recorría con los ojos cerrados, más allá de su casa y de sus sábanas. Karen

Blixen heredó aquella facultad y podía volar por las noches, atravesar sabanas, desbrozar selvas y vadear ríos, sin necesidad de barco, ni tren, ni porteadores, ni brújula. También tuvo días horribles. Se casó con un impresentable, el barón Blixen, que la arruinó y que, de paso, le contagió la sífilis. Perdió a su amante en un accidente de aviación. Un incendio devastó su plantación de café y, agobiada por las deudas, se vio obligada a vender su granja en Kenya, el único lugar del mundo que había considerado su hogar. Pero sus noches también fueron hermosas. Y vivió para contarlo y para escribirlo en un libro, *Out of Africa*, donde hablaba de su vida y de sus sueños.

Raquel no había leído *Out of Africa*.

A lo largo de su vida, Jaime había tenido días horribles, con Raquel y sin Raquel. Le parecía que los peores se habían sucedido precisamente durante los últimos seis meses, cuando tuvo que tomar partido por su antigua vida y eliminar a Raquel de su cabeza. Pero había tenido noches francamente maravillosas. Durante años y años había paseado por inacabables playas de arena dorada, colindantes con un mar plateado e inmóvil. En aquellos sueños él era una criatura pequeña atravesando un paisaje totalmente desierto, la única persona en aquel escenario oro y plata de cuento de hadas, y se sentía plenamente feliz en aquella soledad. Seguridad, confianza, tranquilidad, protección. Aquellas imágenes parecían demasiado reales como para no pensar que la playa que recorría tantas noches pudiera existir en algún rincón de la tierra.

A raíz de la separación de Raquel empezó a visitar a un psicoanalista (no podía Jaime imaginar que estaba viendo, precisamente, al mismo doctor que tratara a Elsa cuando ella tenía 15 años). Ni Gemma ni su familia sabían de la existencia del doctor, y él se había guardado mucho de explicarlo, puesto que daba por hecho que intentarían disuadirle de que siguiera acudiendo a la consulta. «Los psiquiatras –opinaba su familia– son para los locos. Y tú no estás loco, Jaime.» Casi podía oír a su madre diciéndoselo. El terapeuta asumió, pues, el lugar que Raquel había dejado vacante: un territorio privado y secreto que su familia ignoraba y que no podía colonizar. Fue la primera persona a la que Jaime le habló de sus sueños. Ni siquiera a Raquel se los había contado. El doctor sugirió que intentara analizarlos. Que se concentrase en intentar averiguar qué recuerdo subconsciente conjuraban. Que cerrase los ojos, que caminase con paso firme por aquella extensión color crema, que avanzase por la playa y retrocediese en el tiempo para arribar finalmente al punto de su cabeza donde se gestó ese recuerdo. Para averiguar cuándo había vivido aquello y por qué aquella imagen le resultaba tan tranquilizadora.

Durante una semana se esforzó, cada noche, por llegar un poco más allá, por dejar la playa atrás y reconstruir otros trozos del paisaje. Más allá de la playa había una casa, la torre en la que su familia había pasado los veranos durante su infancia, la torre que se vendió hacía tanto tiempo, antes de que Jaime tuviera siquiera edad para que la pérdida le entristeciera. Cada mañana su madre, a las nueve o a las diez, después de desayunar, le dejaba salir a pasear por la playa desierta, cuando era apenas un renacuajo de tres o cuatro años. Una niñera cuya presencia recordaba, pero no su figura ni su aspecto, lo controlaba desde la distancia. Aquél era uno de los escasos recuerdos felices de su infancia. Probablemente el más feliz. Aquellos veranos de total libertad en los que, al contrario que en la ciudad, su madre, tranquilizada por la misma seguridad en la calma del verano y en la buena fe de los vecinos que la animaba a dejar puesta la llave en la cerradura, por si alguno de los primos necesitaba una toalla o quería hacerse con algo de comer, le permitía corretear sin excesiva vigilancia: la niñera no lo perseguía y, sentada bajo una sombrilla, hacía punto o leía revistas, quién sabe, la memoria de Jaime no alcanzaba a precisar sus actividades.

Jaime conservaba un tesoro de recuerdos: los días inacabables y amarillos, la luz horizontal, el aire seco que aplanaba los colores; los huevos de las monas de Pascua que la madre le rompía en la cabeza; el barco del padre y aquellas excursiones a alta mar en las que contemplaban desde la borda cómo corrían las medusas bajo el agua, pataleando frenéticas con los tentáculos, empeñadas en llegar a tiempo quién sabe a dónde. Tardes y tardes y tardes perdidas en no hacer nada, o en hacerlo todo: jugar a hacer castillos en la arena, recolectar conchas y caracoles, sestear al sol o intentar vislumbrar desde la ventana de su habitación dónde estaría el fin de la playa. Imposible: incluso vista desde un tercer piso, la playa no acababa nunca.

Dos días después de la fugaz visión en la taquilla del cine, soñó con Raquel, que paseaba, vestida con su traje blanco de algodón, por aquella misma playa. Él intentaba alcanzarla en vano. Ansiaba desesperadamente abrazarla, pero no podía llegar hasta ella. Trataba de correr para tocarla y le resultaba imposible, porque el aire se había vuelto denso de repente, como si fuera agua, y cada paso hacia adelante le costaba un esfuerzo infinito. Raquel se iba alejando hacia la línea del horizonte y él sabía que en cuanto la perdiera de vista no volvería a verla más. La ansiedad se le hacía insoportable. Gritaba su nombre, pero ella no parecía escucharlo. Se despertó bañado en sudor, con el sabor del miedo envenenándole todavía la saliva. A su lado, Gemma dormía plácidamente, indiferente a la angustia de su marido. No la habían despertado los movimientos de Jaime ni sus gritos de pánico.

Jaime nunca había tenido muchos amigos. En realidad, no tenía ninguno. Conocidos, colegas, relaciones de conveniencia... puede. Pero nadie a quien llamar para contarle lo que le estaba pasando. Nadie en cuya discreción confiar, nadie cuyo criterio respetara.

A la mañana siguiente, apenas media hora después de llegar a la agencia, le comunicó a su secretaria que no se encontraba muy bien y que se tomaba el día libre. Llamó a Gemma y a su madre para decirles que estaría todo el día en reuniones fuera de la oficina, no fuese que a alguna de las dos les diera por llamarlo, como tenían por costumbre, para comentar alguna intrascendencia sobre el recibo de la luz o el boletín de notas de la niña o el resultado del último análisis de sangre de la madre, o cualquier otro contratiempo que a Jaime le traería al pairo pero que revestiría para ellas importancia más crucial que la declaración de la tercera guerra mundial. Después, obedeciendo a un impulso súbito que no le apetecía lo más mínimo detenerse a analizar, bajó al parking, cogió el coche y enfiló hacia el litoral, en dirección al pueblo en el que habían transcurrido los veranos de su infancia, radiantes veranos blancos de puro sol, inacabables veranos de cuatro meses. Llenó el depósito en una gasolinera a la salida de la ciudad y después de hacerlo no se detuvo una sola vez en dos horas. Fue un viaje muy agradable. El día era brillante y soleado y el motor del coche ronroneaba satisfecho, como contento de salir de excursión.

El pueblo no se parecía nada al paisaje que él guardaba en la memoria. La línea de playa estaba cubierta de grandes edificios blancos, enormes adefesios de ladrillo y cemento. La arena antaño amarilla se había convertido en una amalgama grasienta, sembrada de envoltorios de helados, bolas de papel de plata y manchas de aceite bronceador, pegajosos vestigios de incursiones domingueras. El mar ya no era plateado, sino que se había convertido en un inmenso cenagal verde grisáceo en el que nadaban botellas de plástico, manchas de combustible y algún que otro condón usado. Aquella playa idílica ya sólo existía en sus recuerdos, en sus sueños.

Detuvo el coche, aparcó, salió del vehículo, caminó hasta la playa, se quitó los zapatos y los calcetines, se remangó los pantalones y siguió avanzando hasta el mar. Las plantas de los pies le abrasaban, pero aguantó el dolor con los labios apretados, como un faquir. Fuera de temporada la playa estaba prácticamente desierta. Cuando el agua le lamió los tobillos pensó en seguir avanzando. Recordó a Alfonsina Storni y a Virginia Woolf. Las piedras que Virginia se había cargado en los bolsillos, las cartas sin respuesta que Alfonsina había enviado a su amante. Pero el agua estaba demasiado fría. Y los hombres no se suicidan por amor. Comprendió que no iba a tener valor para seguir avanzando. Volvió sobre sus pasos, recogió un puñado de arena de la playa, la vertió en el envoltorio de plástico de su paquete de cigarrillos y decidió volver a casa.

Cuando llegó, bien caída la noche, con el cansancio incrustado en los huesos, sólo pensaba en dormir. Gemma no preguntó sobre las presuntas reuniones de trabajo que habrían justificado semejante tardanza y un aspecto tan derrotado, ni pareció apreciar el cambio que se había operado en su marido. Los niños ya estaban acostados y en la casa decorada en tonos pastel reinaba un silencio plácido como una tumba. «Mis días son horribles –pensó Jaime–, pero mis noches aún pueden seguir siendo hermosas. Nada muere si permanece en el recuerdo.» Antes de meterse en la cama se dirigió a su despacho y abrió el cajón del escritorio –siempre cerrado con llave– donde conservaba algunos dibujos de Raquel, sus cartas, sus postales, un pendiente desparejado, unas braguitas, las fotos de la campaña que habían hecho juntos. Depositó allí dentro el paquetito de arena y cerró el cajón para siempre. Nada muere si permanece en el recuerdo.

VIRAGO

María está bailando con los ojos cerrados en medio de la pista, agitándose rítmicamente, sacudida de cuando en cuando por la oleada de gente que baila a su alrededor, cuando de pronto, zas, un empujón, y María abre los ojos y ve cómo desaparece entre la masa una chica alta e imponente que se da la vuelta y sonríe como para disculparse, y a María le llaman la atención esos ojos grandes engastados en su rostro, húmedos, vivos y risueños, tan relucientes como si acabaran de fabricarlos, tan verdes y brillantes como un semáforo, y de pronto María, zas, siente que se enamora, mientras la chica de los ojos verdes y fugaces desaparece hacia el fondo de la pista, su cuerpo vertical retorciéndose en un ágil contoneo. Flechazo.

Acto seguido alguien le toca el hombro y María se da la vuelta y se encuentra con una Raquel de expresión ofendida que le pregunta «¿te ha gustado mi amiga?», y María, que lleva tiempo sin ver a Raquel y que tampoco sabe demasiado de su vida privada, teme, por el tono con el que la pregunta se ha formulado, que en breve se desencadene en medio de la pista un absurdo drama lésbico-etílico. Porque de la modelo sabe poco, hace tiempo que no la ve, la conoció cuando todavía no había triunfado, cuando vagaba por los bares del puerto de la mano de su entonces novio, aquel artista o presunto artista o lo que fuera, pero sabe lo que rumorea todo el mundo, aquello de que está liada con una escritora o algo así. Y sin embargo María, que de vez en cuando se hace pasar por chica valiente, le dice a Raquel, pese a lo que la respuesta pueda desencadenar, que sí, que su amiga le ha gustado mucho y le ha parecido guapísima.

–Pues te la presento –dice Raquel, y tomándola de la mano la arrastra por el mismo camino por el que la de los ojos verdes y ácidos ha desaparecido.

–Espera –advierte María–, estoy con una amiga.

Y señala con la cabeza a Susi, que sigue bailando en su esquina sin enterarse de nada, como fuera de sí, como en trance, como integrada en una secta, totalmente obnubilada por el contagioso encanto de las cimbreantes anatomías que colapsan la pista, mientras la mente le gira y le gira con tanta rapidez que el movimiento centrífugo la libra de todo pensamiento inútil, de días y días malgastados.

–¿Es tu novia, o algo? –pregunta Raquel.

–No, qué va, por Dios; sólo una amiga –responde María.

–Ella también es sólo una amiga –aclara Raquel, mientras señala con la cabeza al fondo de la pista para dejar claro que al decir «ella» se refiere a la de los ojos verdes.

«Ahora vuelvo», le dice María a Susi. Y Susi se queda en la pista rodeada de desconocidos, rostros anónimos que no le dicen nada, como nada le decían, en su día, las imágenes de los santos en la capilla del colegio. A los diez años les hablaba, y se quedaba en la iglesia mucho tiempo, tratando de creer que podían interceder por ella ante una presencia omnipotente e invisible, intentando sentir la religión, empeñada en meterse en los pulmones el suficiente incienso y polen de lirio blanco como para saberse partícipe de ese juego, como para imaginarse tocada por aquellos hombres y mujeres de facciones de porcelana y ojos de cristal. Inútil esfuerzo: jamás llegó a sentir que aquellos seres la aceptaran o la entendieran, y sus caras esmaltadas le resultaban tan distantes como los maquillados rostros de las chicas que ahora bailan a su alrededor. Desconcertada, como siempre, entre el sólido y terco rebaño de la mayoría, Susi se pregunta por qué, cuando todas las cabezas balan al unísono, a ella le acomete esa punzante tentación de desafinar.

María se deja arrastrar por Raquel que, sin soltarle la mano, la conduce hasta la barra, donde está apoyada la de los ojos verdes con una copa en la mano y expresión de infinito aburrimiento en el semblante. Es pelirroja, y grande. Una camisa blanca y larga cuelga despegada de su finísimo cuello –tiene los miembros finos aunque no esté delgada– y le hace parecer una sacerdotisa de un culto oscuro y decadente. La luz de los focos juega densamente con el cabello rojo, y se le inflama, confundida en un mismo tono de fuego, en un resplandor candente sobre la cabeza. A María la sangre le corre vertiginosamente por las venas y el corazón le palpita a doscientas pulsaciones por minuto. Ese momento mágico, con la chica de los ojos verdes frente a ella, sin haber abierto la boca todavía, sin haber revelado si es maravillosa o mediocre, contiene el germen de infinitas posibilidades.

–Te presento a Elsa –dice Raquel.

–Y tú, ¿te llamas...?

–María, me llamo María –aclara María, completando la frase de la desconocida.

–Pues ya estáis presentadas –dice Raquel–, y ahora mismo voy a pedir una copa. Mejor dicho, dos copas: una para ti y otra para mí –aclara dirigiéndose a María–. ¿Qué quieres tomar?

–Vodka –dice María y se da cuenta de que está aceptando la invitación de Raquel sólo para conseguir quedarse un momento a solas con la tal Elsa–. Vodka con naranja.

–Ah, un destornillador.

Así que Raquel se precipita sobre la barra, con todo el aspecto de ir a agarrar a la camarera por las solapas, y María se queda frente a Elsa.

María, fascinada, intenta tejer una conversación enhebrando los tópicos de siempre: «hace calor aquí, ¿verdad?, bueno, no sé, quizá yo siento más calor porque estoy borracha, vete tú a saber, y tú.. ¿vienes mucho por aquí?...» El alcohol quizá contribuya a esta agresividad repentina, puesto que normalmente no entra en el carácter de María esforzarse demasiado por conseguir lo que quiere. Pero a medida que habla se va hundiendo en una ciénaga de sustantivos, verbos y adjetivos, porque la verborrea no parece despertar demasiado interés en su interlocutora.

Elsa no habla mucho, pero sonríe, no sólo con la boca sino con los ojos, como lo harían los niños, y semejante forma de sonreír y de mirar rebosa, o eso piensa María, una vitalidad activa y despierta. Su charla, sin embargo, parece poco más que un lánguido fluir de buena educación. Sí, para mucho por el bar, casi siempre con Raquel, no, ella no tiene calor, y sí, también ella va un poco borracha. En realidad a Elsa le importa muy poco lo que dice o deja de decir María, y se limita a responder de forma automática a sus preguntas. No puede apartar los ojos de Raquel, cuya cabeza morena se eleva por encima de la muchedumbre. Diversos pensamientos corretean por su mente de un lado a otro, como ratones: no le gusta que Raquel se aleje, que la deje a solas con una desconocida. Elsa es tímida en el fondo y este tipo de situaciones la desconciertan, pero es importante que permanezca serena en la torre de control de la razón, el mejor observatorio para evaluar el significado y las posibilidades de la conducta de su amiga, que parece empeñada en complacer a esta chica de ojos negros que se empeña en darle palique. ¿Está Raquel intentando ser amable o busca algo más? ¿Y por qué a ella le molesta tanto esta desmedida simpatía de su amiga? Y entretanto Raquel y Susi se agitan como campanillas, una bailando, otra intentando en la barra atraer la atención de la camarera.

En la pista Susi se siente incapaz de predecir hacia dónde se balancearán los cuerpos que la rodean. Cada bulto parece tener cuatro sombras: una oscura y tres penumbras débiles, que hacen imposible afirmar en qué dirección se precipitan, qué ritmo siguen. La luz oblicua y parpadeante de los focos transforma a la masa en un ente remoto que Susi intuye imposible de alcanzar. En ese momento la inunda una ansiedad creciente, impalpable, sin contornos, y echa de menos desesperadamente el contacto de María, una cara amiga, un lenguaje familiar, un espejo humano en el que mirarse. Se sabe cada gesto, cada inflexión de la voz de esa mujer, puede preverlos hasta el aburrimiento, y esa ausencia de sorpresas, ese íntimo reconocimiento que llega a hacérsele tedioso a veces, le proporciona en momentos como éste una sensación de seguridad, como si llevara una brújula en el bolsillo.

Cuando María vuelve a mirar a Elsa la de los ojos verdes, la sorprende con los ojos fijos en Raquel, y adivina un cierto toque de melancolía en esa mirada. El corazón se le cae a los pies como un ancla.

–Raquel... –articula María, y continúa como puede, porque no sabe cómo va a atreverse a formular la pregunta que le roe las entrañas– ¿... sale contigo?

Elsa sonríe, pero no del todo esta vez, como si a las comisuras de sus labios les costara decidirse.

–¿Que si sale conmigo? Sale a beber conmigo.

–¿Y eso es todo? –pregunta María indiscreta, merced al impostado valor que el alcohol otorga a las noctámbulas.

–Eso es todo –confirma Elsa.

–¿Y sois amigas desde hace mucho? –pregunta María.

–No sé qué decirte, no mucho... unos años.

–No será una amistad muy larga... –opina María– si no, nos habría presentado antes.

–Yo no lo llamaría amistad –dice Elsa–. Quizá obsesión...

Esta afirmación resuena en el interior de María como un campanazo. Lo que había empezado a conocer, se dice, ya no lo conocerá nunca, la emoción vivísima asesinada casi al momento de nacer. Abandona la barra, deja a Elsa con la copa en la mano y la palabra en la boca, se planta en la pista en dos zancadas y tras comunicarle a la asombradísima Susi que se marcha, se decide a abandonar el local.

Raquel adivina desde la barra la espalda de María, que desaparece entre la multitud. Duda entre seguirla o quedarse en la barra y beberse ella solita las dos copas –un destornillador y un benjamín de champán– que la camarera le acaba de poner delante (no se las ha cobrado, por supuesto: Raquel casi nunca paga lo que bebe). La presencia de María, a la que no había visto en tanto tiempo, ha desempolvado viejos recuerdos. Le ha sorprendido tanto encontrársela... Y precisamente en este bar. ¿Qué puede hacer una chica como ella en un sitio como éste? No es que sea un antro de lesbianas, exactamente, pero todo el mundo sabe que tiene cierta reputación de bar *de ambiente* y no es el tipo de local en el que Raquel hubiese esperado darse con María. Y mucho menos hallarla así, tan cambiada. Ella creía que María era distinta, una chica *de las otras*. Cuando Raquel llegó a la ciudad, de eso hace ya casi ocho años, solía coincidir con aquella chica en los bares del puerto, los bares que en principio no eran sino tascas de mala muerte donde iban a emborracharse los marineros y los inmigrantes y que, por azares de la vida, del esnobismo o del presunto hastío existencial de los que se creen que ya lo han visto todo, habían acabado por ponerse de moda entre los artistas y los cachorros de familias bien que pretendían serlo de familias mal. A María la recordaba como a una chica callada, siempre parapetada tras su novio, un joven alto y locuaz, cuya familia estaba remotamente emparentada con el entonces novio de Raquel. Raquel la había envidiado dolorosamente. Había envidiado su acento de señorita de dinero (que Raquel acabaría por imitar a la perfección, merced a unas oportunas clases de dicción pagadas por su agente), sus modales exquisitos, incluso su timidez, su encantadora timidez... Había envidiado en realidad la comodidad y la protección que aquellos signos externos delataban, la certidumbre de que esa niña pija no había conocido ni el miedo, ni la escasez, ni la falta de cariño, ni el desprecio de los hombres, ni los desplantes de las mujeres. Y probablemente fue esa envidia la que años más tarde, cuando volvió a reencontrarse con aquel chico alto que solía acompañar a María, en un cóctel organizado para presentar una nueva revista de modas en la que él, según le hizo saber a Raquel, trabajaría como director comercial (porque su padre era uno de los principales accionistas de la empresa editorial responsable del lanzamiento de la revista, aunque eso él no lo dijera), Raquel se dejó admirar por el tal Miguel y le dio su teléfono, sabedora de que no iba a responder a sus llamadas, de que iba a jugar con él al gato y al ratón, a hacerse la estrecha, la difícil, la niña tonta, porque quería arrebatárselo a esa novia que todo lo tenía (la buenísima familia, la carrera acabada con notas excelentes, el apartamente céntrico, el apellido compuesto, la reputación intachable), porque quería ponerse, por una vez, en el lado de *las otras*. Al principio fue un juego, no podía Raquel siquiera imaginar que el chico se enamoraría de verdad, que se ofrecería a dejar a su novia de toda la vida, que se llevaría a Raquel de vacaciones a Italia. Ni mucho menos podía Raquel imaginar que los quince días en Italia iban a convertirse en semejante pesadilla, que la conversación de él resultaría ser tan farragosa y predecible, que su actuación en la cama sería tan decepcionante, que su carácter sería tan hipercrítico y tiránico, que no dejaría de ponerle pegas a todo lo que Raquel hiciera o dijera, empeñado en subrayar una presunta superioridad –en razón de cuna, de apellido, de formación o de sexo– que él había decidido arrogarse. Hasta que una mañana de agosto Raquel, harta de cúpulas renacentistas, de frescos boticellianos, de *spaguetti alla marinara*, de botellas de chianti, de gritos y discusiones, y de los *o sea, ¿no?* y los *¿sabes?* implacablemente salpicados en la intrascendente cháchara de su compañero de viaje y de cama, hizo las maletas sin advertírselo, aprovechando que él había bajado a desayunar, y dejó a Miguel tirado en un hotel de Roma.

Raquel no sabe si María sabe, si María llegó a saber alguna vez que era ella la otra, la causa por la que Miguel la abandonó. Imagina que no, pues de haberlo sabido María probablemente no habría sido tan amable. Intentó no pensar mucho en ella cuando la cosa acabó, no pensar en la mujer a la que indirectamente había herido tanto, no intentar desentrañar las razones que la habían movido a actuar como lo hizo (¿envidia? ¿deseo? ¿amargura? ¿capricho?), pero lo cierto es que, cuando la imaginaba, tampoco la tenía en mucha consideración. No sentía la menor piedad por aquella niña monísima, tan digna y tan en su sitio, que lo había tenido todo desde pequeña, y que sin duda se merecía el bobo integral que le había caído en gracia, de la misma forma que se merecía que él la hubiera dejado.

Lo curioso es que ahora, cuando la ha reencontrado, ha creído ver a una mujer completamente diferente. No se trata de la misma María sumisa y apagada, María virginal, espejo de virtudes, un alma ordenada, pulcra y dócil tanto por dentro como por fuera, tan cortés y delicada en su brillante medianía. Se trata de una María nueva, más segura de sí, como si la hubieran redibujado, como si alguien hubiera acentuado sus colores. Atrás quedó la María en blanco y negro y ahora existe una María radiante, llamativa, tan real por sus propios méritos como por los de Raquel, que al mirarla y remirarla y admirarla, la reinventa.

María encamina sus pasos hacia la salida. Más allá de la puerta que delimita los confines de dos mundos (dentro, un torbellino de estrógeno y vidas enlazadas, un montón de mujeres que no saben lo que quieren, o que quizá lo saben, pero que saben que nunca van a conseguirlo; fuera, una ciudad que bulle sin nombre, miles de vidas quemadas en su fondo renegrido, indiferente al tránsito de cada cual, al sufrimiento inevitable que padecen aquéllas que se empeñan en perseguir la siempre esquiva felicidad) se abre el camino hacia su barrio, una cueva de colmenas y antros, un pueblo anónimo dentro de otro pueblo anónimo, dentro de otro pueblo anónimo, dentro de una inmensa megalópolis en la que a nadie le importa las angustias de Elsa, los recuerdos de Raquel, los delirios de Susi o las frustraciones de María, en la que a nadie le importa la vida de cuatro mujeres solas.

A dos pasos de la puerta a María la interrumpe una mano que se posa decidida en su hombro. Cuenta hasta cinco antes de darse la vuelta, esperando recibir un choque verde en los ojos. Pero a la que se encuentra es a Raquel, con dos copas, una de las cuales le tiende en un gesto de ofrenda.

–¿Para qué me pides una copa si te vas a ir inmediatamente? ¡Cómo eres, María...! Encima de que nos vemos de Pascuas a Ramos vas y me dejas tirada así... ¿Estás ida, o qué?

–Lo siento –dice María, consciente de que Raquel la ha pillado desprevenida–. Lo siento... –repite–. No me encuentro muy bien.

–¿No estarás huyendo de mí? –aventura Raquel con expresión coqueta–. Más vale que no, porque ya sabes que no soy de las que aceptan un no por respuesta.

A María le parece que el local entero gira como un bombo que contuviera un montón de bolitas con muchos nombres grabados, y en el que siempre salieran elegidos los nombres equivocados.

–Vaya, a eso le llamo yo ir avasallando –dice–. Vas a una velocidad...

–Yo no lo llamaría velocidad... –Raquel tiene la

voz pastosa de borracha y los ojos brillantes, demasiado brillantes–. Quizá obsesión...

Y entonces María imagina la vieja historia de siempre, la cantidad de veces que esas dos habrán dormido juntas, castamente o no, todas las ocasiones en que una le habrá dado celos a la otra, las mil y una noches en las que se habrán disputado una presa, las consabidas traiciones, los cicateros engaños, las falsas promesas, las llamadas predecibles hechas a horas intempestivas, la mutua dependencia que no tiene nombre: ni amor, ni amistad. Quizá obsesión. Una malévola expresión de triunfo transforma su rostro mientras hace un esfuerzo para enderezarse y sonreír. Y sin despegar los ojos de Susi, que desde la pista observa la escena con expresión lastimera, acepta la copa que Raquel le ofrece, y la vacía en dos tragos.

ÍNDICE